福建2021
调查年鉴

国家统计局福建调查总队　编

图书在版编目（CIP）数据

福建调查年鉴. 2021 / 国家统计局福建调查总队编
. -- 北京 ：中国统计出版社, 2021.8
ISBN 978-7-5037-9494-0

Ⅰ. ①福… Ⅱ. ①国… Ⅲ. ①统计资料－福建－2021－年鉴 Ⅳ. ①C832.57-54

中国版本图书馆 CIP 数据核字(2021)第 088458 号

福建调查年鉴 2021

作　　者/国家统计局福建调查总队
责任编辑/李　冲
编　　辑/张　洁
封面设计/李雪燕
出版发行/中国统计出版社有限公司
通信地址/北京市丰台区西三环南路甲 6 号　邮政编码/100073
电　　话/邮购（010）63376909　书店（010）68783171
网　　址/http://www.zgtjcbs.com
印　　刷/鑫艺佳利（天津）印刷有限公司
经　　销/新华书店
开　　本/880×1230mm　1/16
印　　张/11.25
字　　数/264 千字
版　　别/2021 年 8 月第 1 版
版　　次/2021 年 8 月第 1 次印刷
定　　价/280.00 元

《福建调查年鉴2021》
编委会和编辑人员

编辑委员会

主　　编：郭国云

副 主 编：林嗣杰　朱国勇　张爱光　周德同　王江明　陈志良

编　　委：（以姓氏笔画为序）

王尔中　王振洪　冯志强　苏良太　李　富　邱勇辉

余　新　张梓游　陈　桦　陈光政　林　勇　林秀琴

罗　萍　赵　龙　郭美花　曾大武　游源然

编辑工作人员

主任编辑：罗　萍

执行编辑：黄　岚　林　凯

编辑人员：林小静　张琳琅　徐海燕

编者说明

一、《福建调查年鉴 2021》，全书收录了 2020 年和历史主要年份福建省、市、县经济和社会发展等各方面的抽样调查数据，是一部从不同侧面反映福建经济和社会发展情况的资料性书籍。

二、全书内容分为六篇：1. 综合；2. 住户调查；3. 价格调查；4. 农村调查；5. 市县调查主要指标。并附录：全国及各省(区、市)调查主要指标。各篇首均有简要说明，各篇末均附有主要统计指标解释。

三、本资料使用的度量衡单位均采用国家统一标准计量单位。

四、本资料使用符号说明：

"#" 表示其中项；

"…" 表示不足小数位的数据；

"空格" 表示没有或未掌握该指标数据。

五、本资料部分数据由于单位取舍不同而产生的误差均未作调整。

六、本年鉴所涉及的全国性统计数据，除特殊注明外，均未包括香港、澳门特别行政区和台湾省数据。

目　　录

一、综　　合

二、住户调查

三、价格调查

四、农村调查

五、市县调查主要指标

附录　全国及各省（区、市）调查主要指标

一 综　合

资料整理：张琳琅

简 要 说 明

本篇主要内容和资料来源

一、本篇资料主要包括国民经济和社会发展统计公报、有关调查内容全年分析、全省行政区划及国民经济和社会发展主要指标四部分。

二、国民经济主要指标数据、统计公报部分资料来源于省统计局，全省行政区划资料来源于省民政厅，有关调查内容全年分析由国家统计局福建调查总队各专业处整理提供。

2020年福建省国民经济和社会发展统计公报

福 建 省 统 计 局
国家统计局福建调查总队

2021年3月1日

一、综合

初步核算，全年实现地区生产总值43903.89亿元，比上年增长3.3%。其中，第一产业增加值2732.32亿元，增长3.1%；第二产业增加值20328.80亿元，增长2.5%；第三产业增加值20842.78亿元，增长4.1%。三次产业增加值占地区生产总值的比重，第一产业为6.2%，第二产业为46.3%，第三产业为47.5%。

图1 2016-2020年地区生产总值及其增长速度

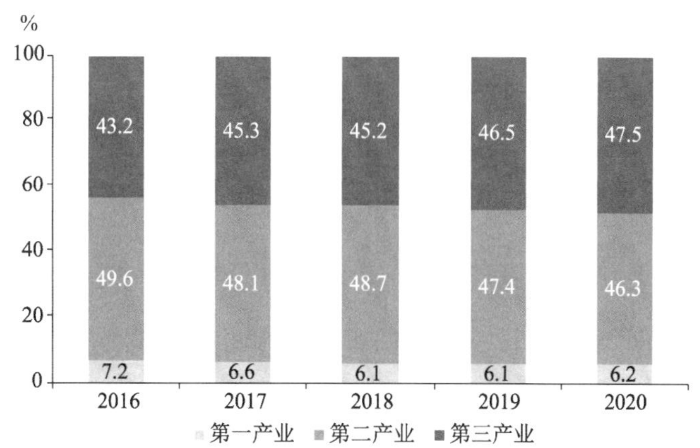

图2 2016-2020年三次产业增加值占地区生产总值比重

全年限额以上批发和零售企业实现网上商品零售额1405.92亿元，比上年增长14.2%。全年互联网重点企业实现互联网业务收入680.9亿元，比上年增长8.8%。

年末户籍人口数为3921.61万人，比上年末增加25.14万人。

全年城镇新增就业54.62万人，有24万名城镇失业人员实现了再就业。年末城镇登记失业率为3.82%，比上年末上升0.32个百分点。

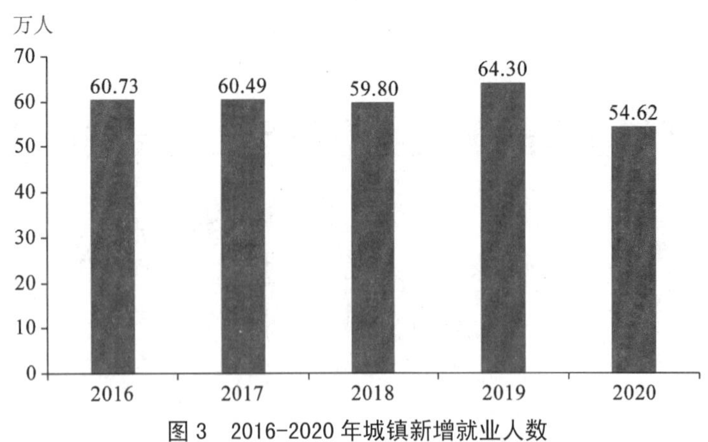

图 3 2016-2020 年城镇新增就业人数

全年居民消费价格比上年上涨 2.2%。工业生产者出厂价格下降 1.6%。工业生产者购进价格下降 1.4%。农产品生产者价格上涨 2.3%。12 月份，福州市、厦门市、泉州市新建商品住宅销售价格同比分别上涨 4.4%、4.5%和 5.5%。

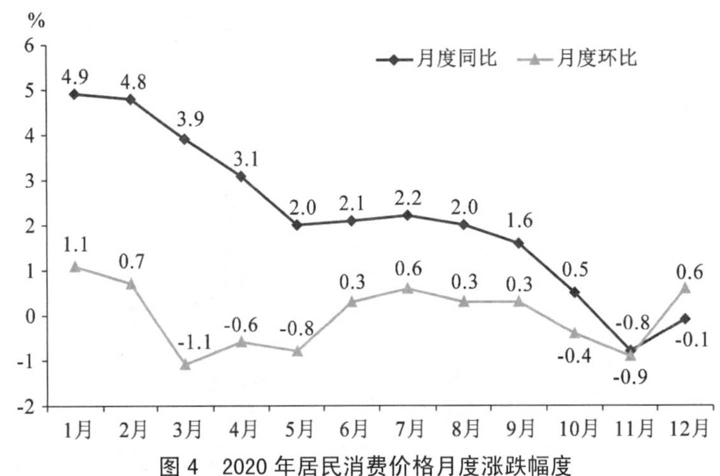

图 4 2020 年居民消费价格月度涨跌幅度

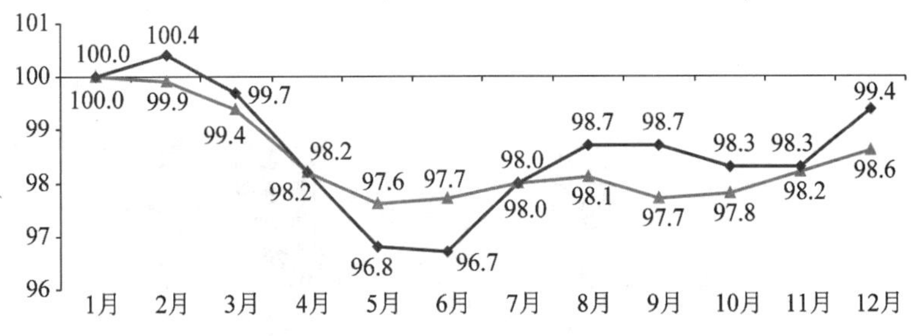

图 5 2020 年工业生产者价格同比指数情况（上年同月=100）

表 1 2020 年居民消费价格比上年涨跌幅度

指标	全省（%）	城市	农村
居民消费价格	2.2	2.2	2.1
食品烟酒	7.0	7.0	7.2
衣着	-0.1	-0.3	0.4
居住	0.0	0.3	-1.0
生活用品及服务	0.6	0.8	-0.2
交通和通信	-3.0	-3.1	-2.8
教育文化和娱乐	1.2	1.2	1.1
医疗保健	0.2	0.0	0.7
其他用品和服务	3.7	3.7	3.9

表 2 2020 年福州市、厦门市、泉州市新建商品住宅销售价格涨跌幅度（月度同比）

月 份	1 月	2 月	3 月	4 月	5 月	6 月	7 月	8 月	9 月	10 月	11 月	12 月
福 州	3.5	4.0	4.0	3.8	3.4	3.7	3.6	3.3	3.2	3.1	3.5	4.4
厦 门	4.4	4.2	3.5	2.8	3.0	3.1	2.4	1.9	2.8	3.7	4.4	4.5
泉 州	3.5	3.5	3.7	3.6	4.5	5.2	5.2	5.6	6.1	5.5	5.6	5.5

全年一般公共预算总收入 5158.35 亿元，比上年增长 0.2%，其中，地方一般公共预算收入 3078.96 亿元，增长 0.9%。一般公共预算支出 5214.61 亿元，增长 2.7%。全省（含厦门）税收收入（含海关代征）4687.68 亿元，下降 2.7%。

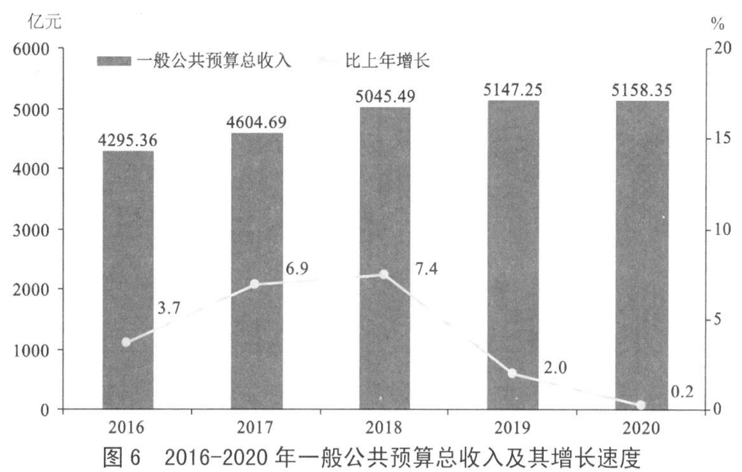

图 6 2016-2020 年一般公共预算总收入及其增长速度

“十三五”期间，全省生产总值接连跃上 3 万亿元、4 万亿元台阶，年均增长 7.1%；一般公共预算总收入累计达到 24251.14 亿元，地方一般公共预算收入累计达到 14603.16 亿元，一般公共预算支出累计达到 24084.78 亿元，分别是“十二五”时期的 1.4 倍、1.4 倍和 1.6 倍。

二、农业

全年农林牧渔业总产值 4901.07 亿元，比上年增长 3.3%。粮食播种面积 1251.65 万亩，比上年增加 18.00 万亩。其中，稻谷播种面积 902.58 万亩，增加 3.72 万亩。烟叶种植面积 71.29 万亩，减少 3.99 万亩；油料种植面积 118.97 万亩，增加 2.71 万亩；蔬菜种植面积 895.46 万亩，增加 25.76 万亩。

全年粮食产量 502.32 万吨，比上年增加 8.42 万吨，增长 1.7%。其中，稻谷产量 391.75 万吨，增加 2.96 万吨，增长 0.8%。

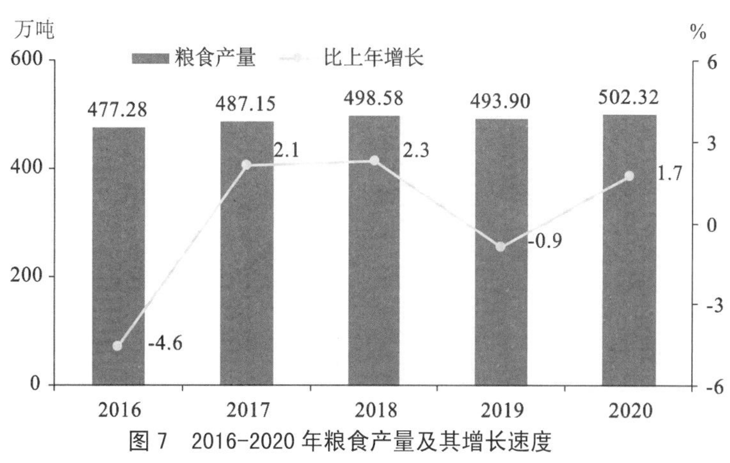

图 7 2016-2020 年粮食产量及其增长速度

表 3　2020 年主要农产品产量

产品名称	产量（万吨）	比上年增长（%）
粮食	502.32	1.7
春收	24.25	5.2
夏收	77.26	2.0
秋收	400.81	1.5
油料	22.73	3.2
其中：花生	21.68	3.0
油菜籽	0.96	5.3
甘蔗	26.98	2.8
烤烟	10.03	6.7
茶叶	46.14	4.9
水果	764.58	5.1
蔬菜	1492.30	3.8
食用菌	137.88	3.4

全年肉蛋奶总产量 330.88 万吨，比上年增长 3.8%。肉类总产量 259.39 万吨，增长 1.7%。其中，猪肉产量 103.75 万吨，增长 0.7%；主要禽肉产量 146.56 万吨，增长 3.3%；牛肉产量 2.46 万吨，增长 15.0%；羊肉产量 2.28 万吨，增长 3.0%。年末生猪存栏 910.90 万头，增长 42.0%；生猪出栏 1299.86 万头，增长 0.2%。牛奶产量 16.93 万吨，增长 17.1%。

全年水产品产量 830.34 万吨，比上年增长 1.9%。其中，淡水产品产量 92.49 万吨，增长 1.6%；近海捕捞产量 152.90 万吨，下降 5.1%；远洋捕捞产量 58.15 万吨，增长 12.6%；海水养殖 526.80 万吨，增长 3.1%。

三、工业和建筑业

全年全部工业增加值 15745.55 亿元，比上年增长 1.7%。规模以上工业增加值增长 2.0%，其中，国有控股企业增长 9.4%。在规模以上工业中，分经济类型看，国有企业增加值下降 6.1%，集体企业增长 13.6%，股份制企业增长 3.1%，外商及港澳台商投资企业下降 0.4%；私营企业增长 2.0%。分轻重工业看，轻工业下降 0.2%，重工业增长 4.3%。分工业门类看，采矿业增长 1.2%，制造业增长 1.9%，电力、热力、燃气及水生产和供应业增长 3.8%。工业产品销售率 96.53%，比上年下降 0.62 个百分点。

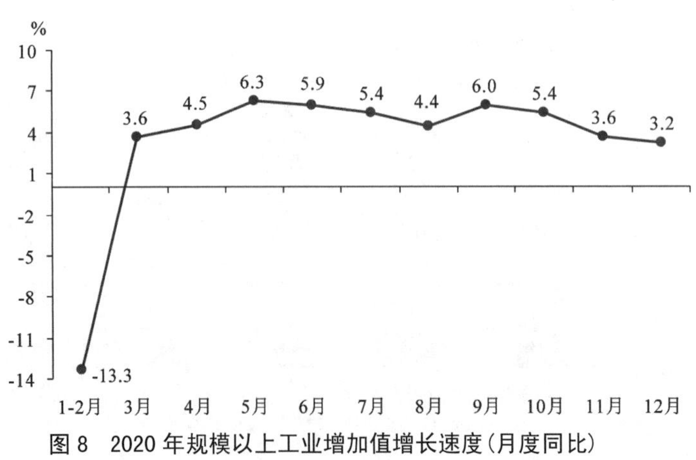

图 8　2020 年规模以上工业增加值增长速度（月度同比）

规模以上工业的38个行业大类中有21个增加值实现正增长。其中，医药制造业增长29.7%，化学纤维制造业增长23.7%，电气机械和器材制造业增长8.9%，化学原料和化学制品制造业增长7.4%，有色金属冶炼和压延加工业增长6.9%，计算机、通信和其他电子设备制造业增长6.6%。规模以上工业中三大主导产业增加值增长5.7%。其中，机械装备产业增长1.1%；电子信息产业增长6.6%；石油化工产业增长10.6%。六大高耗能行业增加值增长7.1%，占规模以上工业增加值的比重为26.3%。工业战略性新兴产业增加值增长4.5%，占规模以上工业增加值的比重为25.6%。高技术制造业增加值增长8.0%，占规模以上工业增加值的比重为12.8%。装备制造业增加值增长3.3%，占规模以上工业增加值的比重为23.4%。

表4　2020年规模以上工业企业主要工业产品产量

产品名称	单位	产量	比上年增长（%）
纱	万吨	543.45	-7.4
布	亿米	74.49	-26.0
化学纤维	万吨	856.36	4.0
卷　烟	亿支	886.45	0.8
彩色电视机	万台	1330.02	68.2
原　煤	万吨	645.85	-23.1
发电量	亿千瓦时	2636.49	2.5
其中：火电	亿千瓦时	1550.52	10.3
水电	亿千瓦时	291.77	-34.0
粗　钢	万吨	2466.50	3.2
钢　材	万吨	3861.65	3.5
十种有色金属	万吨	73.97	0.7
其中：精炼铜（电解铜）	万吨	66.78	2.9
原铝（电解铝）	万吨	7.05	-15.1
水　泥	万吨	9686.90	2.6
硫　酸（折100%）	万吨	343.73	0.3
纯　碱（碳酸钙）	万吨	25.49	-12.3
烧　碱	万吨	35.90	-7.9
农用氮、磷、钾化学肥料（折纯）	万吨	86.25	-4.5
发电设备	万千瓦	38.52	52.8
汽　车	万辆	18.04	11.4
其中：轿车	万辆	2.64	238.2
集成电路	亿块	16.95	37.5
移动通信手持机	万台	2382.81	32.2
微型计算机设备	万台	1493.63	-31.9

注：发电量为全社会口径。

全年规模以上工业企业实现利润3470.08亿元，比上年下降9.7%。分经济类型看，国有企业由上年同期盈利1.94亿元转为亏损1.10亿元；集体企业实现利润6.04亿元，增长8.8%；股份制企业2320.00亿元，下降6.3%；外商及港澳台商投资企业1111.15亿元，下降16.1%；私营企业1786.04亿元，下降7.6%。规模以上工业企业资产负债率50.4%，比上年下降0.4个百分点；每百元主营业务收入中的成本为86.51元，营业收入利润率为6.26%。

全年全社会建筑业实现增加值4654.13亿元，比上年增长5.8%。具有资质等级的总承包和专业承包建筑业企业完成建筑业总产值14117.80亿元，增长7.2%。

四、固定资产投资

全年固定资产投资下降0.4%。第一产业投资下降8.3%；第二产业投资增长0.7%，其中，工业投资增长 0.7%；第三产业投资下降 0.7%。基础设施投资下降 5.5%，占固定资产投资的比重为 24.7%。民间投资增长 1.0%，占固定资产投资的比重为 57.8%。高技术产业投资增长 11.3%，占固定资产投资的比重为 6.4%。从到位资金情况看，全年到位资金比上年增长 4.8%。其中，国家预算资金增长 25.3%，国内贷款下降 11.8%，利用外资下降 39.1%，自筹资金增长 4.2%，其他资金增长 26.4%。“十三五”期间，固定资产投资年均增长 7.7%。

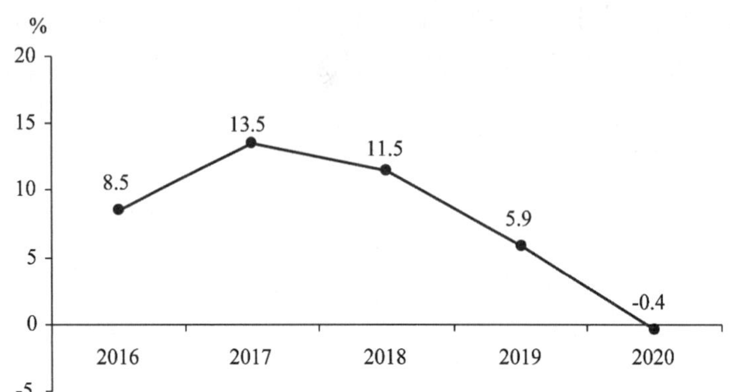

图 9　2016-2020 年固定资产投资增长速度

表 5　2020 年分行业固定资产投资情况

行　　业	投资额比上年增长（%）
农、林、牧、渔业	-6.4
采矿业	32.1
制造业	-2.3
电力、热力、燃气及水生产和供应业	19.8
建筑业	-32.5
批发和零售业	15.4
交通运输、仓储和邮政业	-16.1
住宿和餐饮业	25.0
信息传输、软件和信息技术服务业	7.4
金融业	20.1
房地产业	4.5
租赁和商务服务业	-13.8
科学研究和技术服务业	-13.0
水利、环境和公共设施管理业	-6.3
居民服务、修理和其他服务业	14.6
教育	2.1
卫生和社会工作	0.6
文化、体育和娱乐业	4.1
公共管理、社会保障和社会组织	-10.2

全年房地产开发投资 6026.80 亿元，比上年增长 6.2%。其中，住宅投资 4372.10 亿元，增长 7.3%；办公楼投资 214.56 亿元，下降 21.3%；商业营业用房投资 481.96 亿元，增长 7.1%。年末商品房待售面积 1807.37 万平方米，比上年末减少 54.67 万平方米。年末商品住宅待售面积 479.44 万平方米，比上年末减少 53.10 万平方米。

全年新开工建设城镇保障性安居工程住房 6.5 万套（户），基本建成城镇保障性安居工程住房 5.5 万套。

表 6　2020 年房地产开发和销售主要指标完成情况

指　　标	单位	绝对数	比上年增长（%）
投资完成额	亿元	6026.80	6.2
其中：住宅	亿元	4372.10	7.3
其中：90 平方米及以下	亿元	1378.25	12.9
房屋施工面积	万平方米	34556.77	1.2
其中：住宅	万平方米	22929.82	2.1
房屋新开工面积	万平方米	6637.99	3.7
其中：住宅	万平方米	4549.05	-1.4
房屋竣工面积	万平方米	3804.07	32.0
其中：住宅	万平方米	2403.09	32.5
商品房销售面积	万平方米	6607.18	2.3
其中：住宅	万平方米	5210.03	2.7
本年实际到位资金	亿元	7355.03	7.0
其中：国内贷款	亿元	753.75	-8.3
个人按揭贷款	亿元	1138.86	0.7
本年土地购置面积	万平方米	598.50	-42.0
土地购置费	亿元	2544.96	18.3

1257 个在建省重点项目完成投资 5494 亿元。全年建成或部分建成 307 个项目，新开工 362 个项目。

五、国内贸易

全年社会消费品零售总额 18626.45 亿元，比上年下降 1.4%。按销售单位所在地统计，城镇消费品零售额 16178.61 亿元，下降 1.5%；乡村消费品零售额 2447.84 亿元，下降 0.8%。按消费形态统计，商品零售额 16886.89 亿元，下降 0.8%；餐饮收入额 1739.56 亿元，下降 6.9%。“十三五”期间，社会消费品零售总额年均增长 8.7%。

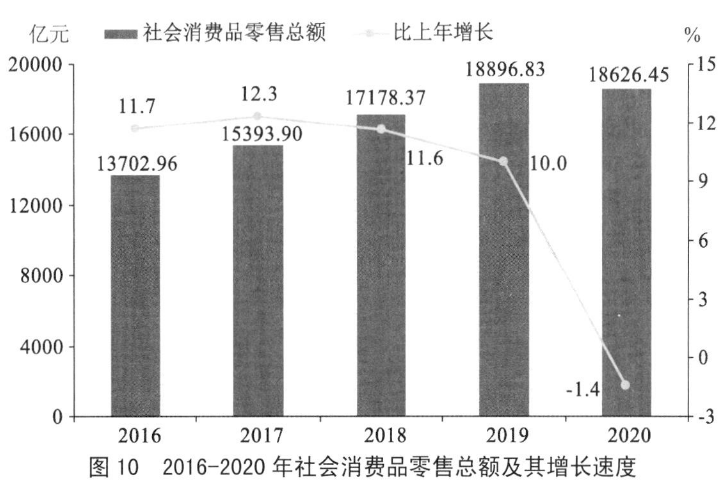

图 10　2016-2020 年社会消费品零售总额及其增长速度

在限额以上企业商品零售额中，日用品类零售额比上年增长 12.2%，金银珠宝类增长 9.4%，粮油食品类增长 6.7%，体育娱乐用品类增长 6.3%，服装鞋帽针纺织品类增长 5.9%，文化办公用品类增长 4.3%，家具类增长 2.1%，通讯器材类增长 0.8%，汽车类下降 2.4%，家用电器和音像器材类下降 4.5%，建筑及装潢材料类下降 6.5%，化妆品类下降 9.2%，石油及制品类下降 19.5%。

六、对外经济

全年进出口总额 14035.65 亿元，比上年增长 5.5%。其中，出口额 8474.41 亿元，增长 2.3%；进口额 5561.25 亿元，增长 10.6%。进出口顺差 2913.16 亿元。“十三五”期间，进出口总额年均增长 6.0%。其中，出口额年均增长 3.9%，进口额年均增长 9.8%。

表 7　2020 年进出口主要分类情况

指　　标	绝对数（亿元）	比上年增长（%）
进出口总额	14035.65	5.5
出口额	8474.41	2.3
其中：一般贸易	6007.48	1.4
加工贸易	1282.03	-10.9
其中：机电产品	3199.43	7.4
其中：高新技术产品	1016.49	3.8
进口额	5561.25	10.6
其中：一般贸易	4502.13	19.2
加工贸易	649.15	-12.9
其中：机电产品	1030.90	-4.9
其中：高新技术产品	740.96	-2.9

表 8　2020 年对主要国家和地区进出口情况

国家和地区	出口额（亿元）	比上年增长（%）	进口额（亿元）	比上年增长（%）
美国	1563.50	3.7	258.85	9.7
欧盟	1249.32	-2.7	344.41	1.2
东盟	1819.36	10.1	1011.65	21.0
日本	432.57	-1.7	241.63	13.6
香港地区	436.63	-13.2	14.40	94.4
台湾地区	399.04	19.9	430.62	3.6
韩国	261.51	13.1	166.11	-8.8
沙特阿拉伯	111.57	-2.7	245.45	-37.0

注：欧盟不含英国。

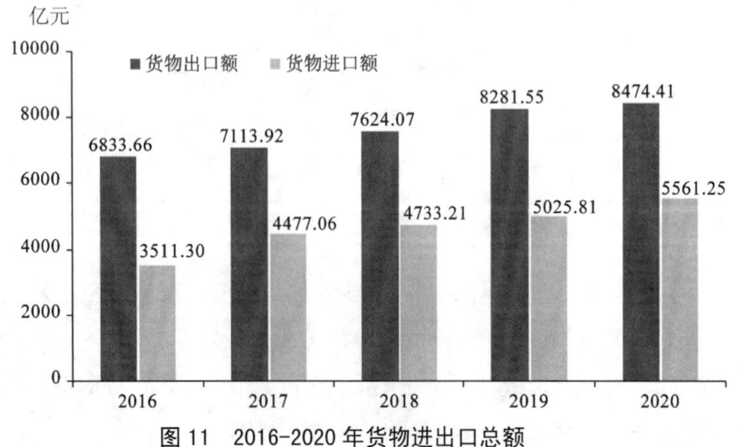

图 11　2016-2020 年货物进出口总额

新设外商直接投资企业 2234 家，比上年下降 6.6%。实际使用外商直接投资 347.91 亿元，增长 10.3%。

表 9　2020 年分行业外商直接投资情况

行　　业	实际使用金额（万元）	比上年增长（%）
总　计	3479111	10.3
其中：农、林、牧、渔业	11881	29.3
制造业	1399125	-14.8
电力、热力、燃气及水生产和供应业	17106	6.0
交通运输、仓储和邮政业	39936	-21.0
批发和零售业	294444	70.6
房地产业	300955	-8.4
租赁和商务服务业	616690	98.7
居民服务、修理和其他服务业	81812	16132.5

备案和核准对外直接投资项目 220 个，比上年下降 17.6%，中方协议投资额 52.3 亿美元，增长 36.4%。对外直接投资额 32.3 亿美元，下降 25.3%。

全年对外承包工程完成营业额 12.9 亿美元，比上年增长 26.6%；对外劳务合作劳务人员实际收入总额 8.6 亿美元，增长 1.4%。

七、交通、邮电和旅游

全年交通运输、仓储和邮政业实现增加值 1497.31 亿元，比上年增长 4.8%。公路通车里程 110118.21 公里，比上年增长 0.3%。高速公路网累计建成 6003.78 公里，增长 8.5%。铁路营业里程 3774.34 公里，比上年增长 7.5%。货运量 139926.97 万吨，比上年增长 4.7%。货物周转量 9020.34 亿吨公里，比上年增长 8.7%。

表 10　2020 年各种运输方式完成货物运输量情况

指　　标	单位	绝对数	比上年增长（%）
货运量	万吨	139926.97	4.7
铁路	万吨	3749.92	-8.2
公路	万吨	91136.61	4.4
水运	万吨	45017.65	6.5
民航	万吨	22.80	-17.7
货物周转量	亿吨公里	9020.34	8.7
铁路	亿吨公里	180.90	-5.6
公路	亿吨公里	1021.69	6.2
水运	亿吨公里	7811.73	9.5
民航	亿吨公里	6.02	-13.2

全年客运量 25489.75 万人，比上年下降 48.4%。旅客周转量 661.97 亿人公里，下降 44.4%。

表 11　2020 年各种运输方式完成旅客运输量情况

指　　标	单位	绝对数	比上年增长（%）
客运量	万人	25489.75	-48.4
铁路	万人	7539.34	-40.8
公路	万人	14882.10	-52.3
水运	万人	741.55	-59.3
民航	万人	2326.77	-35.7
旅客周转量	亿人公里	661.97	-44.4
铁路	亿人公里	223.16	-43.7
公路	亿人公里	90.64	-52.3
水运	亿人公里	0.77	-71.1
民航	亿人公里	347.40	-42.2

全年沿海港口完成货物吞吐量 6.21 亿吨，比上年增长 4.5%。其中，外贸货物吞吐量 2.35 亿吨，下降 0.9%。集装箱吞吐量 1720.19 万标箱，下降 0.3%。

年末汽车保有量 731.34 万辆（含三轮汽车和低速货车），比上年末增长 7.3%。其中，私人汽车保有量 632.67 万辆，增长 7.0%。轿车保有量 441.86 万辆，增长 6.4%。其中，私人轿车保有量 403.96 万辆，增长 6.4%。

全年完成邮电业务总量 4764.31 亿元，比上年增长 22.8%。其中，邮政业务总量 856.48 亿元，增长 32.6%；电信业务总量（按 2015 年不变单价测算）3907.83 亿元，增长 20.8%。邮政业全年完成邮政函件业务 3267.89 万件，包裹业务 67.17 万件，快递业务量 34.32 亿件。年末电话用户总数 5472.35 万户，下降 0.2%，其中，固定电话用户 733.07 万户，下降 4.0%；移动电话用户 4739.28 万户，增长 0.4%。固定互联网宽带接入用户 1831.02 万户，增长 2.9%；固定宽带家庭普及率为 135.4%。其中，光纤宽带用户 1689.5 万户，光纤用户渗透率 92.3%。移动互联网用户 3979.6 万户，移动宽带用户普及率为 100.3%。其中，5G 套餐用户 933.0 万户，增长 20.6 倍；4G 用户 3900.9 万户，增长 0.6%，4G 用户渗透率 82.3%。

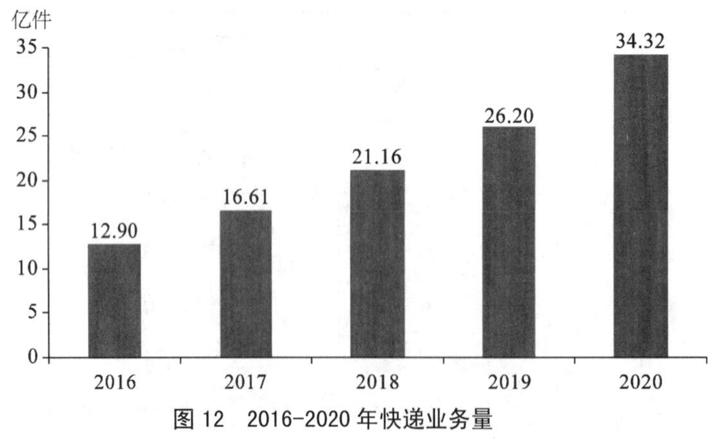

图 12　2016-2020 年快递业务量

全年接待入境游客 229.67 万人次，比上年下降 76.0%。其中，接待外国人 93.92 万人次，下降 74.8%；台湾同胞 83.02 万人次，下降 78.6%；港澳同胞 52.73 万人次，下降 73.3%。在入境旅游者中，过夜游客 225.77 万人次，下降 74.0%。国际旅游外汇收入 20.69 亿美元，下降 79.8%。全年接待国内旅游人数 36981.07 万人次，下降 29.8%；国内旅游收入 4927.72 亿元，下降 33.3%。旅游总收入 5070.41 亿元，下降 37.4%。

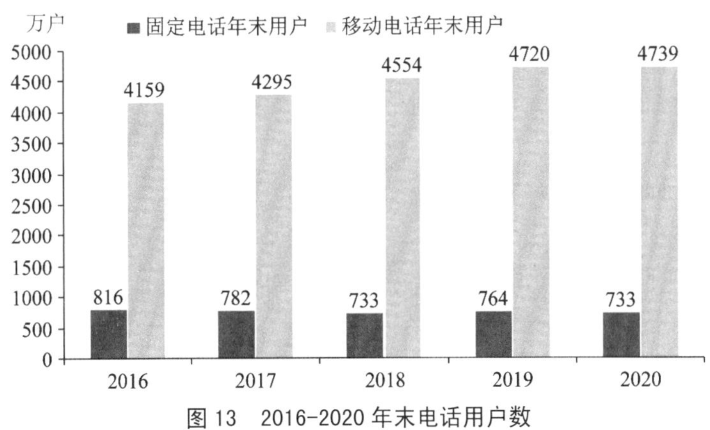

图 13 2016-2020 年末电话用户数

八、金融

年末金融机构本外币各项存款余额 56386.92 亿元，比上年末增长 13.1%；金融机构本外币各项贷款余额 59859.66 亿元，比上年末增长 13.7%。

年末农村合作金融机构人民币各项贷款余额 5012.75 亿元，比上年末增长 14.2%。中资金融机构人民币个人消费贷款余额 21343.60 亿元，比上年末增长 12.8%。

表 12 2020 年末全部金融机构本外币存贷款情况

指　　标	年末数（亿元）	比上年末增长（%）
各项存款	56386.92	13.1
其中：住户存款	24283.91	14.6
非金融企业存款	17229.09	15.8
其中：人民币存款	55160.49	13.1
各项贷款	59859.66	13.7
其中：短期贷款	18144.24	7.9
中长期贷款	38032.22	17.3
其中：人民币贷款	58589.49	14.0

年末境内 A 股上市公司 150 家，比上年增加 12 家，总市值 30872.67 亿元，增长 62.3%；B 股上市公司数量为 1 家，总市值 8.29 亿元，增长 30.3%。

全年内外资保险公司保费收入 1242.25 亿元，比上年增长 5.7%。其中，财产险保费收入 337.07 亿元；人身险保费收入 905.17 亿元（寿险保费收入 619.98 亿元，健康险和意外伤害险保费收入 285.20 亿元）。支付各类赔款及给付 393.23 亿元，其中，财产险赔款 203.14 亿元，寿险业务给付 86.50 亿元，健康险和意外伤害险赔款及给付 103.59 亿元。

九、人民生活和社会保障

全年居民人均可支配收入 37202 元，比上年增长 4.5%，扣除价格因素，实际增长 2.2%。按常住地分，农村居民人均可支配收入 20880 元，比上年增长 6.7%，扣除价格因素，实际增长 4.5%；城镇居民人均可支配收入 47160 元，比上年增长 3.4%，扣除价格因素，实际增长 1.1%。

全年居民人均生活消费支出 25126 元，比上年下降 0.7%，扣除价格因素，实际下降 2.9%。按常住地分，农村居民人均生活消费支出 16339 元，增长 0.4%，扣除价格因素，实际下降 1.7%；城镇居民人均生活消费支出 30487 元，下降 1.5%，扣除价格因素，实际下降 3.6%。

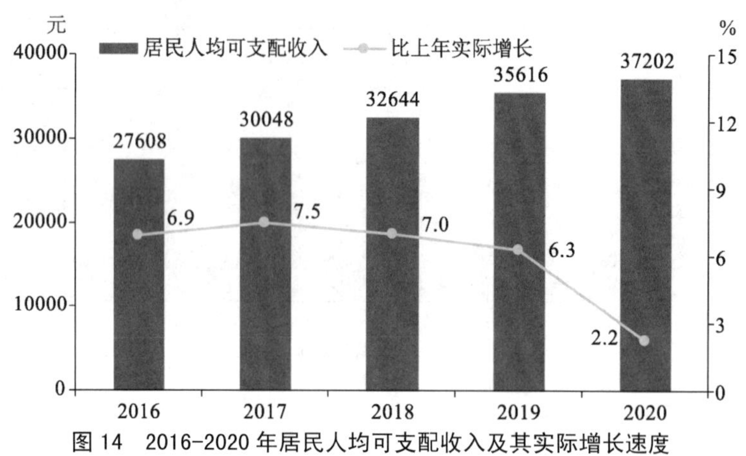

图 14　2016-2020 年居民人均可支配收入及其实际增长速度

年末参加城镇职工基本养老保险人数 1200.57 万人，比上年末增加 63.23 万人。其中，参保的职工 991.6 万人，参保的离退休人员 208.97 万人。企业参加基本养老保险离退休人员为 159.34 万人，全部实现养老金按时足额发放。参加基本医疗保险人数 3840.48 万人，其中，参保职工 893.13 万人，参保的城乡居民 2947.35 万人。参加失业保险人数 664.41 万人，比上年末增加 53.79 万人。

年末领取失业保险金人数 6.34 万人，比上年末增加 0.43 万人；纳入城市最低生活保障的居民 6.24 万人，比上年末增加 0.17 万人；纳入农村最低生活保障的居民 45.24 万人，比上年末增加 4.56 万人；城乡特困人员 6.79 万人。2020 年"造福工程"搬迁 2944 人。

年末各类养老床位数 24.75 万张，每千名老人拥有养老床位 37.1 张。建立社区服务中心（站）16661 个。全年销售社会福利彩票 30.61 亿元，筹集福利彩票公益金 10.16 亿元。

十、教育和科学技术

全年研究生教育招生 2.50 万人，在校生 6.73 万人，毕业生 1.55 万人。普通本专科招生 30.25 万人（含高职招生 15.60 万人），在校生 94.72 万人，毕业生 20.77 万人。普通高校毕业生就业率 88.86%。中等职业教育（不含技工校）招生 13.27 万人，在校生 35.81 万人，毕业生 9.86 万人。普通高中招生 23.29 万人，在校生 66.40 万人，毕业生 19.59 万人。初中招生 51.72 万人，在校生 145.25 万人，毕业生 42.70 万人。普通小学招生 61.70 万人，在校生 343.61 万人，毕业生 52.10 万人。特殊教育招生 0.51 万人，在校生 2.81 万人，毕业生 0.44 万人。学前教育在园幼儿 169.90 万人。九年义务教育巩固率为 99.36%，高中阶段毛入学率为 97.33%。

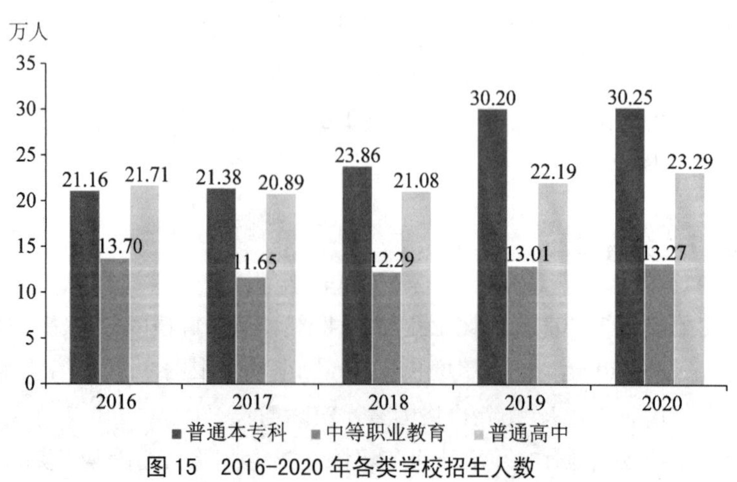

图 15　2016-2020 年各类学校招生人数

全省已布局建设 36 家省级产业技术研究院和 31 家省级产业技术创新战略联盟。拥有国家重点实验室 10 个、省创新实验室 4 个、省级重点实验室 235 个、国家级工程技术研究中心 7 个、省级工程技术研究中心 527 个、省级新型研发机构 156 家。建设国家专业化众创空间备案示范 3 家、国家备案众创空间 73 家、省级众创空间 277 家。科技企业孵化器备案 178 家，孵化器总面积 350.04 万平方米，在孵企业 3501 家、在孵企业从业人员 4.77 万人。全省入库备案科技型中小企业 3527 家、省级高新技术企业 3748 家。新认定国家高新技术企业 2946 家，总数 6481 家；新认定国家技术创新示范企业 1 家、国家企业技术中心 7 家、省级企业技术中心 113 家；新认定省科技小巨人领军企业 527 家，总数 2816 家。专利申请受理 180399 件，其中，发明专利申请 35161 件；专利授权 145929 件，其中，发明专利授权 10250 件。截至 2020 年底，有效发明专利 50756 件，同比增长 15.9%。全年共登记技术合同 10943 项，成交额 183.86 亿元。

年末共有 1474 家机构通过检验检测资质认定，比上年增加 136 家，国家产品质量监督检验中心 22 个，省级产品质量监督检测中心 38 个。现有独立的认证机构 8 个、分支机构 30 个，累计获得 81661 张产品及管理体系认证证书。共有法定计量技术机构 67 个，全年强制检定工作计量器具 129.6 万台（件）。全年参与制修订国家标准 134 项、行业标准 149 项，发布地方标准 87 项，累计共参与制修订国家标准 1645 项、行业标准 1464 项，发布地方标准 2060 项。

年末共有国家级地面气象观测站 70 个，高空气象观测站 3 个，天气雷达站 10 个，风廓线雷达站 19 个，大型海洋气象浮标站 5 个。共有地球物理台站（点）37 个，前兆测项 359 个，测震台站（点）88 个，强震动观测站位（点）123 个，GPS 观测基准站 61 个。共有 368 个渔业资源环境监测站位、234 个近岸海域环境监测站位、7 个重点海水养殖水域监测区域、16 个重点海域的 32 个生物质量样品、海漂垃圾监测区域航拍段 314 公里，共有 23 个海上水文气象观测浮标站位、22 个沿海自动验潮站、1 对中程高频地波雷达站、1 套卫星遥感信息反演软件、3 套海床基观测系统、5 套船基自动站。测绘地理信息部门审批通过了公开出版地图 136 件。

十一、文化、卫生和体育

年末文化系统共有国有艺术表演团体 69 个，公共图书馆 95 个，文化馆 97 个，博物馆 103 个，非国有博物馆 40 个。文化系统各类艺术表演团体演出 0.58 万场，本年度首演剧目 113 个，观众 210.65 万人次，其中，政府采购公益性演出 3480 场，观众 117.76 万人次。各级公共图书馆组织各类讲座 1264 次，书刊文献外借 1983.70 万册，总流通人数 1342.37 万人次；各级文化馆组织举办展览 684 个，组织文艺活动 2381 次、培训班 6445 期和公益性讲座 391 次，服务 261.16 万人次；博物馆举办 321 个基本陈列和 563 个临时展览，共有 995.33 万人次参观，其中，未成年人参观 281.27 万人次。举办社会教育活动 1243 次，共有 273.11 万人次参加。

年末共有影院 347 家，银幕 1989 块，年度电影票房 6.19 亿元。广播电台 4 座，电视台 4 座，广播电视台 68 座，教育电视台 1 座。有线电视用户 726.41 万户，数字化率 100%。广播节目综合覆盖率为 99.82%；电视节目综合覆盖率为 99.85%。

全年出版图书 4392 种，总印数 1.25 亿册；报纸 42 种（不含校报、副版），总印数 6.98 亿份；期刊 174 种，总印数 0.20 亿册。年末共有各级各类档案馆 125 个。

年末共有各级各类医疗卫生机构 2.82 万个，其中，医院 695 个，卫生院 890 个，村卫生室 1.72 万个。年末共有卫生技术人员 27.81 万人，其中，执业（助理）医师 10.53 万人，注册护士 12.23 万人。年末共有医疗机构床位 21.79 万张，乡村医生和卫生员 1.94 万人。

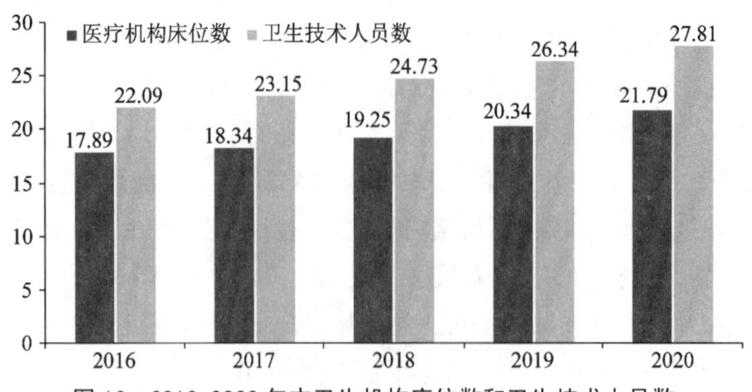

图 16 2016-2020 年末卫生机构床位数和卫生技术人员数

全年全省运动员在全国最高级别比赛中共获得 42 金 44 银 47 铜。举办 23 项全省青少年体育赛事，参与人数 8250 人。开展线上亲子体育夏令营工作，总参与人数超 3.5 万人。首次举办省“青少年国际象棋网络赛”，参与人数 651 人，线上对弈超过 2700 场。

为民办实事项目新建 3 个全民健身中心、60 个笼式足球场和 18 个智慧体育公园。以全民健身运动会为抓手，带动全省各地组织各类群众性活动 3000 多场，直接参与人数 150 多万人次。社会体育指导员人数超过 8.5 万名。新增国家级体育产业示范单位 3 项、示范项目 2 项，省级体育产业示范单位 7 项、示范项目 4 项。全年销售体育彩票 86.8 亿元。

十二、资源、环境和安全生产

全年全社会用电量增长 3.4%。

全年植树造林总面积 104.2 万亩，占任务的 115.8%，其中，人工荒山造林 7.2 万亩(含非规划林地造林 2.4 万亩)；人工迹地更新面积 55.1 万亩，低产低效林改造 20.4 万亩。商品材产量 510.8 万立方米，比上年减少 11.9%。竹材产量 9.6 亿根，增长 3.0%。城市（县城）新增建成区绿地面积 2500 公顷，建成区绿地率 40.8%；城市（县城）新增公园绿地面积 1048 公顷，人均公园绿地面积 15.05 平方米。

森林覆盖率 66.80%。宁化县、建宁县、安溪县、顺昌县、邵武市、武平县等 6 个县（市）获得国家生态文明建设示范市县命名；永春县和东山县被国家授予“绿水青山就是金山银山”实践创新基地称号。截至目前，共 22 个县（市、区）获得国家生态文明建设示范市县命名，3 个县被授予“绿水青山就是金山银山”实践创新基地称号。现有各类自然保护地 362 处，其中，国家公园体制试点 1 处、自然保护区 112 处、风景名胜区 54 处、森林公园 156 处、地质公园 24 处、湿地公园 8 处、海洋公园 7 处，批复总面积 75.4 万公顷（含交叉重叠面积）。拥有世界自然遗产（含双遗产）2 处、世界地质公园 2 处。

全省 12 条主要河流整体水质为优，Ⅰ-Ⅲ类水质比例为 97.9%；114 个县级以上集中式生活饮用水源地水质达标率为 100%。列入国家考核的 35 个国控点位中，近岸海域一、二类海水水质面积占比 82.9%。

全省九市一区空气质量达标天数比例 98.8%，$PM_{2.5}$ 年均浓度下降至每立方米 20 微克。9 个设区城市、58 个县级城市空气质量达到国家空气质量二级标准。全省九市一区、12 个县级市和长乐区、建阳区中，区域声环境质量“二级”的城市 14 个；道路交通声环境质量“一级”的城市 14 个，“二级”的城市 7 个。

市县生活垃圾无害化处理率 100%，市县污水处理率 94.95%。

地质灾害造成直接经济损失 669.40 万元。共发生森林火灾 55 起，其中，一般火灾 29 起，较大火灾 26 起；受害面积 356.26 公顷，受害率 0.04‰。全年海洋灾害造成直接经济损失约 1.24 亿元，比上年增长 93.8%。全年发生（现）海洋赤潮 7 次，比上年减少 2 次；累计赤潮面积 32.5 平方公里，比上年减少 78.04 平方公里。

发生各类生产安全事故 1186 起、死亡 735 人，分别比上年下降 16.5%和 13.5%。亿元地区生产总值生产安全事故死亡人数 0.017 人，比上年下降 15.0%。

注：

1. 本公报未包括金门县和连江县的马祖列岛。

2. 本公报所列数据为初步统计数，部分合计数或相对数由于单位取舍不同而产生的计算误差，均不做机械调整。

3. 本公报地区生产总值、各产业增加值按现价计算，增长速度按可比价格计算。

4. 本公报卫生机构数含村卫生室。

5. 社区服务中心（站）统计口径调整，将党群服务中心、村/社区综合服务站等纳入社区服务中心（站）的统计范围。

6. 受新冠肺炎疫情影响，年度国际赛事暂停或延迟，因此本公报无参加世界三大赛获得奖牌的相关数据。

7. 本公报未涉及常住人口相关数据，常住人口数据待第七次全国人口普查公报正式公布。

资料来源：

本公报中城镇新增就业、登记失业率、社会保障数据来自省人社厅；财政数据来自省财政厅；税收数据来自省税务局；重点项目投资数据来自省发展改革委；新建公路里程、公路运输、水运、港口货物吞吐量数据来自省交通运输厅；铁路数据来自中国铁路南昌局集团有限公司；户籍人口数据、民用汽车数据来自省公安厅；保障性住房、城市污水处理、公园绿地面积数据来自省住建厅；货物进出口数据来自福州海关；外商直接投资、对外直接投资、对外承包工程、对外劳务合作等数据来自省商务厅；邮政业务数据来自省邮政管理局；互联网业务收入、电话用户、电信业务总量等数据来自省通信管理局；旅游、艺术表演团体、博物馆、公共图书馆、文化馆数据来自省文旅厅；货币金融数据来自人行福州中心支行；上市公司数据来自福建证监局；保险业数据来自福建银保监局；省级企业技术中心、国家技术创新示范企业数据来自省工信厅；工程技术研究中心、技术合同等数据来自省科技厅；教育数据来自省教育厅；专利数据、质量检验数据来自省市场监督管理局；气象数据来自省气象局；地震数据来自省地震局；测绘数据、地质灾害数据来自省自然资源厅；水产品产量数据、海洋数据来自省海洋与渔业局；广播、电视数据来自省广电局；电影、报纸、期刊、图书数据来自省委宣传部；档案数据来自省档案局；体育数据来自省体育局；卫生数据来自省卫健委；医保数据来自省医保局；低保数据来自省民政厅；造福搬迁工程数据来自省农业农村厅；环境监测数据来自省生态环境厅；安全生产数据来自省应急管理厅；林业数据来自省林业局；其他数据来自福建省统计局和国家统计局福建调查总队。

2020 年福建居民消费价格同比上涨 2.2%

2020 年，福建居民消费价格（CPI）同比上涨 2.2%，涨幅比 2019 年缩小 0.4 个百分点。其中：城市上涨 2.2%，农村上涨 2.1%；消费品价格上涨 3.2%，服务价格上涨 0.3%。

一、CPI 运行总体情况

（一）同比涨幅回落，月度波动较大

从月同比看，1—5 月涨幅逐月走低，由 1 月的 4.9%回落至 2.0%，6—8 月涨幅稳定在 2.1%左右，9—12 月总体回落，11—12 月分别下降 0.8%和 0.1%。从月环比看，总体呈不规则“W”型走势，1—2 月分别上涨 1.1%和 0.7%，3—5 月分别下降 1.1%、0.6%和 0.8%，6—9 月均保持上涨，10—11 月分别下降 0.4%和 0.9%，12 月有所反弹，涨幅为 0.6%。

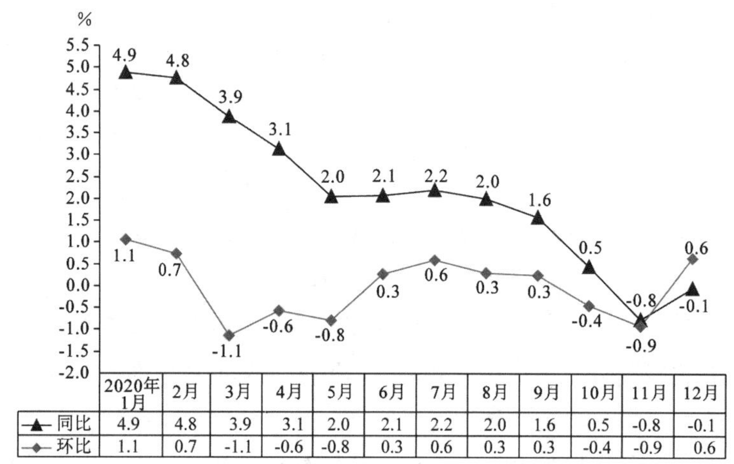

	2020年1月	2月	3月	4月	5月	6月	7月	8月	9月	10月	11月	12月
同比	4.9	4.8	3.9	3.1	2.0	2.1	2.2	2.0	1.6	0.5	-0.8	-0.1
环比	1.1	0.7	-1.1	-0.6	-0.8	0.3	0.6	0.3	0.3	-0.4	-0.9	0.6

图 1　2020 年福建 CPI 月度同比、环比涨跌幅

（二）八大类商品和服务价格“五升一平二降”

2020 年，食品烟酒类、其他用品和服务类、教育文化和娱乐类、生活用品及服务类、医疗保健类分别上涨 7.0%、3.7%、1.2%、0.6%、0.2%；居住类持平；交通和通信类、衣着类分别下降 3.0%和 0.1%。

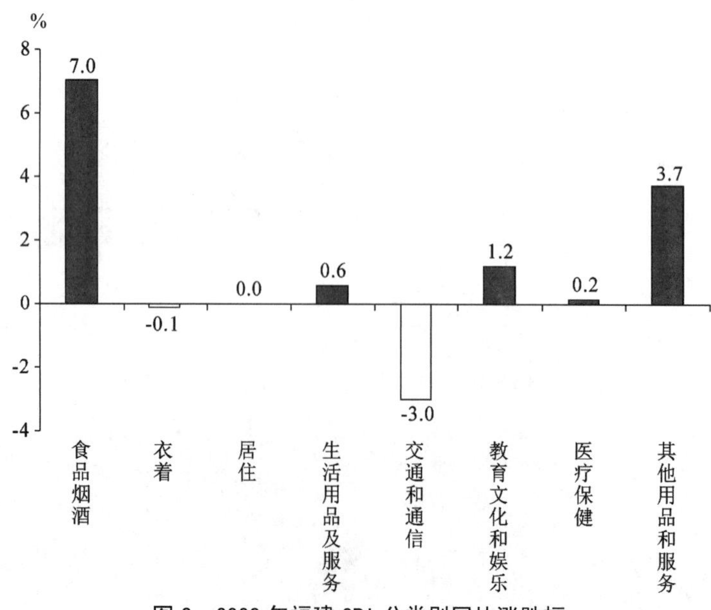

图 2　2020 年福建 CPI 分类别同比涨跌幅

（三）福建 CPI 涨幅低于全国

2020 年，福建 CPI 同比上涨 2.2%，比全国平均上涨 2.5%低 0.3 个百分点，按指数从高到低排序，居全国各省（区、市）第 23 位。

二、价格变动主要特征

（一）食品烟酒类价格是影响 CPI 上涨的主要因素

2020 年，福建食品烟酒类价格同比上涨 7.0%，拉动 CPI 上涨 2.21 个百分点。其中，食品类价格同比上涨 9.3%，所调查的 14 类食品呈“12 升 2 降”，除干鲜瓜果类、蛋类价格分别下降 11.2%和 10.0%外，其余均不同程度上涨，畜肉类、薯类、食用油等价格涨幅明显，分别上涨 37.0%、5.8%和 4.6%。

1.猪肉价格月同比涨幅前高后低。2020 年，猪肉价格同比上涨 46.4%，拉动 CPI 上涨 1.63 个百分点。从月同比看，1—9 月涨幅走势前高后低，2 月涨幅 118.4%为 2020 年最高，随后涨幅逐渐回落，9 月份上涨 26.3%，10 月份结束 22 个月连续上涨态势，10—12 月分别下降 2.7%、14.8%和 3.9%。从月环比看，总体呈波浪型走势，1 月、2 月、7 月和 12 月分别上涨 6.3%、11.0%、9.5%和 5.8%，3—5 月、10—11 月降幅在 5.6%～7.8%之间。主要原因：一是受 2019 年翘尾因素影响。2019 年，受非洲猪瘟疫情和环保整治等因素影响，生猪供应量减少，猪肉价格高涨。二是受 2020 年上半年新冠肺炎疫情、部分地区洪涝灾害等影响，物流受限、生猪调运难度加大，市场供应一度偏紧。三是生猪养殖成本增加。据调查，2020 年仔畜、产品畜、饲料价格同比分别上涨 60.6%、56.2%和 4.2%。四是生猪出栏价格涨跌频繁。据省发改委价格监测，2020 年 1 月 1 日生猪出栏价格为每公斤 36.0 元，受新冠肺炎疫情影响，2 月 19 日涨至 43.18 元，之后逐步回落；6 月份起有所反弹，随后又从 8 月 5 日的 40.38 元高位回落至 10 月 28 日的 30.27 元；11 月逐渐回升至 12 月 30 日的 36.64 元，回到 1 月初的价格水平。

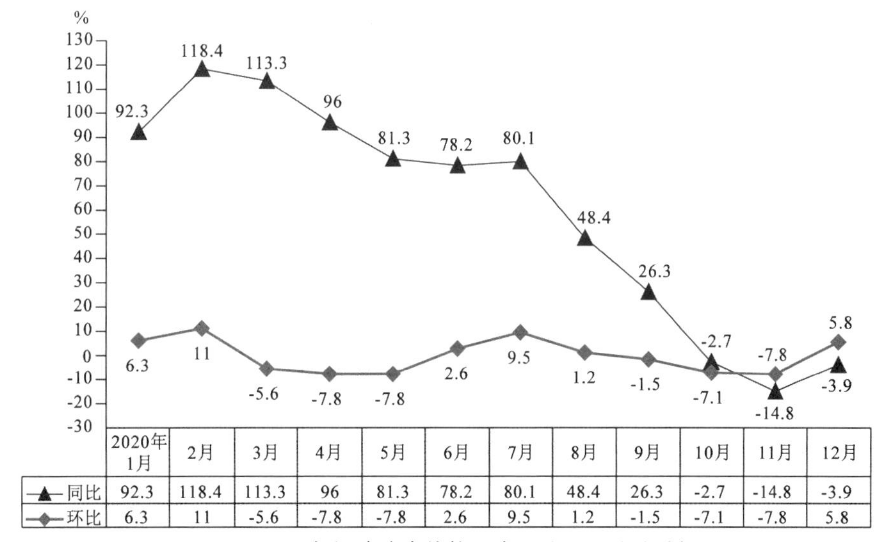

	2020年1月	2月	3月	4月	5月	6月	7月	8月	9月	10月	11月	12月
同比	92.3	118.4	113.3	96	81.3	78.2	80.1	48.4	26.3	-2.7	-14.8	-3.9
环比	6.3	11	-5.6	-7.8	-7.8	2.6	9.5	1.2	-1.5	-7.1	-7.8	5.8

图 3　2020 年福建猪肉价格月度同比、环比涨跌幅

2.畜肉副产品、牛肉、羊肉等价格分别上涨 34.4%、14.3%和 10.3%，主要受猪肉价格上涨的带动及替代消费因素影响。

3.鲜菜价格小幅上涨。受新冠肺炎疫情、节日效应、供需及气候等因素影响，鲜菜价格同比上涨 1.8%。从月同比看，除 3 月、4 月、5 月和 11 月分别下降 13.3%、6.0%、12.8%、0.3%外，其余各月均上涨，其中，10 月上涨 14.6%，为全年最高涨幅。从月环比看，各月涨跌变动频繁。除 3 月、5 月、10 月、11 月分别下降 10.7%、12.6%、2.6%和 14.5%外，其余 8 个月均上涨，6 月涨幅 13.7%，为全年最高。

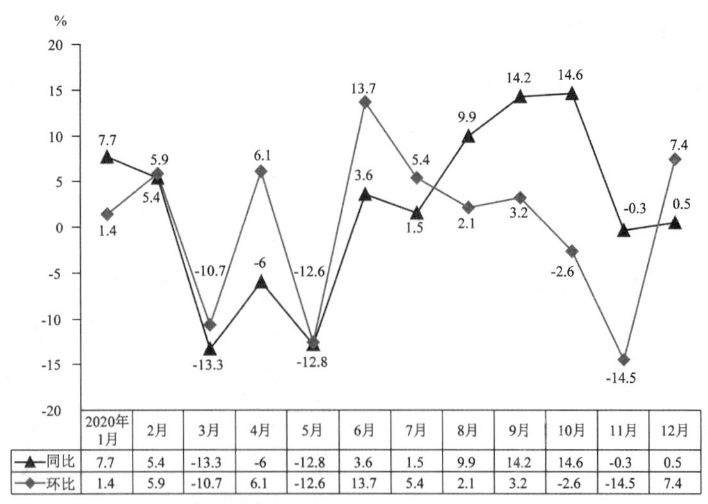

	2020年1月	2月	3月	4月	5月	6月	7月	8月	9月	10月	11月	12月
同比	7.7	5.4	-13.3	-6	-12.8	3.6	1.5	9.9	14.2	14.6	-0.3	0.5
环比	1.4	5.9	-10.7	6.1	-12.6	13.7	5.4	2.1	3.2	-2.6	-14.5	7.4

图 4　2020 年福建鲜菜价格月度同比、环比涨跌幅

4.鲜瓜果价格同比降幅明显。2020 年，鲜瓜果价格同比下降 14.4%，拉动 CPI 下降 0.26 个百分点。从月同比看，1—9 月各月同比均下降，自 10 月起止跌回升，10—12 月分别上涨 2.4%、7.6%和 7.9%。主要是由于 2019 年基期价格较高。从月环比看，受新冠肺炎疫情及春节效应等因素影响，1—2 月鲜瓜果价格分别上涨 5.1%和 4.7%，随着疫情得到有效控制，交通物流恢复、供应增加，3—12 月鲜瓜果价格涨跌互现，波动正常。

5.蛋类价格持续回落。2020 年，蛋类价格同比下降 10.0%，拉动 CPI 下降 0.05 个百分点，其中，鸡蛋价格下降 11.0%。从月环比看，2019 年 12 月至 2020 年 6 月，鸡蛋环比价格连续 7 个月下降，7—9 月、12 月分别上涨 4.1%、12.8%、0.7%和 1.1%。主要原因：一是受新冠肺炎疫情影响，年初鸡蛋库存持续积压，随着疫情得到有效控制，鸡蛋集中上市，供给增加；二是疫情使得餐饮消费需求一度大幅减少，助推价格下跌。

（二）服务项目价格涨幅小幅回落

2020 年，服务项目价格同比上涨 0.3%，涨幅比 2019 年缩小 0.5 个百分点，拉动 CPI 上涨 0.13 个百分点。所调查的 65 种服务项目中，33 种价格上涨，7 种持平，25 种下降，涨价面为 50.8%。

1.政策调价因素影响。受 2020 年福建各地上调城乡居民基本医疗保险个人缴费标准的影响，其他保险价格同比上涨 3.0%；受 2019 年 12 月及 2020 年 12 月部分高铁动车组列车票价调整影响，火车票价格同比上涨 1.5%；受三明等地出台减免公租房房租政策影响，公房房租价格同比下降 1.2%。

2.成本上升因素影响。受人工费上涨、经营成本增加因素影响，部分服务价格涨幅明显。衣着加工、车辆修理与保养、家庭服务、住房装潢维修、教育服务、养老服务等价格同比分别上涨 5.3%、4.6%、4.1%、2.7%、2.0%和 1.9%。

3.新冠肺炎疫情影响。受疫情影响，交通、旅游、住宿、娱乐等行业停业或受到管制，飞机票、电影票、旅馆住宿和美容等价格同比分别下降 18.7%、4.6%、2.6%和 1.5%。

（三）工业品价格同比下降

2020 年，工业品价格同比由 2019 年上涨 0.5%转为下降 0.6%，拉动 CPI 下降 0.17 个百分点。

1.政策调价因素影响。受国家调整成品油价格影响，汽油、柴油价格分别下降 14.2%、15.5%；受部分市县调整管道燃气和居民用水价格影响，管道燃气价格下降 3.6%，水价上涨 1.5%。

2.受原材料、人工等成本增加及供需影响，书报杂志、水泥、药品及医疗器具等价格同比分别上涨 2.7%、1.9%和 1.0%；受国际金价波动影响，金饰品价格同比上涨 24.3%。

3.受市场竞争、商家促销、产品更新换代等影响，小型汽车、通信工具和家用器具价格同比分别下降 2.3%、1.4%和 1.2%。

执笔：郭晓洁
核稿：孔令军
会审：罗　萍

2020年福建工业生产者价格走势分析

2020年，新冠肺炎疫情对全球经济造成较大冲击，国内经济在疫情得到控制后稳定恢复，加之部分国际大宗商品价格攀升，工业生产者价格降幅逐步收窄。全省全年工业生产者出厂价格指数（PPI）由上年上涨0.6%转为下降1.6%；全年工业生产者购进价格指数（IPI）下降1.4%，降幅比上年扩大0.4个百分点。

一、工业生产者价格运行总体情况

（一）月同比指数降幅收窄

2020年全省工业生产者出厂价格月同比指数除1月份持平外，其余月份均在负区间运行，5月份为97.6，创2016年4月份以来新低。随着国内疫情得到有效控制，国内经济和制造业逐步复苏，生产需求得到改善，6月份PPI略回升至97.7，结束了自2月份以来连续4个月降幅逐月扩大态势，之后波动回升，12月份PPI回升至98.6。购进价格与出厂价格走势基本一致，但指数波动幅度更大（详见图1）。

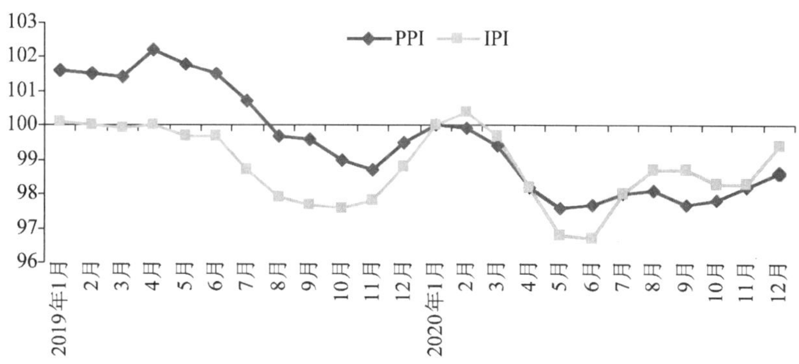

图1　2019-2020年福建省工业生产者价格月同比指数

（二）环比指数呈“W”型走势

2020年全省工业生产者出厂价格环比指数呈先降后升，再小幅波动走势。1月份环比指数为99.9，走低至4月份的99.2（为全年最低点），然后连续2个月回升，6月份由负转正（100.2），之后指数走低，在9月份到达低点后保持上升趋势，12月份指数为100.6，达到全年最高。购进价格指数与出厂价格指数走势基本一致，但涨跌幅度更大（详见图2）。

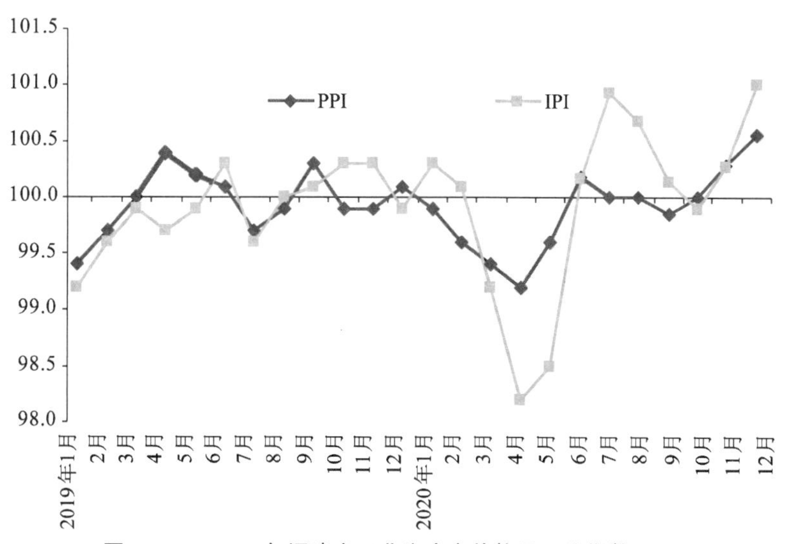

图2　2019-2020年福建省工业生产者价格月环比指数

二、工业生产者价格运行特点

（一）生产资料价格下降是影响出厂价格下降的主要因素

2020 年全省生产资料出厂价格比上年下降 2.9%，影响全省工业生产者出厂价格下降 1.84 个百分点。其中，原材料价格下降 6.8%，影响生产资料价格下降 1.15 个百分点。生活资料出厂价格比上年上涨 0.8%，拉动全省工业生产者出厂价格上涨 0.29 个百分点，其中食品、衣着和一般日用品类价格分别上涨 1.7%、0.6% 和 1.0%，耐用消费品类价格下降 2.2%。

（二）近 5 成大类行业出厂价格下降

在调查的 38 个行业大类中，有 18 个行业出厂价格比上年下降，占 47.4%。其中，价格降幅超过 10.0% 的行业有：石油加工、煤炭及其他燃料加工业, 化学纤维制造业出厂价格分别下降 18.6%和 13.7%。

（三）九大类购进价格“4 涨 1 平 4 降”

2020 年全省工业生产者购进价格比上年下降 1.4%。其中，降幅较大的有：燃料、动力类下降 7.9%，化工原料类下降 7.3%；涨幅较大是农副产品类，上涨 10.6%（详见表 1）。

表 1　2020 年九大类购进价格同比涨跌幅

项目名称	同比涨跌幅（%）
总指数	**-1.4**
燃料、动力类	-7.9
黑色金属材料类	0.9
有色金属材料及电线类	4.5
化工原料类	-7.3
木材及纸浆类	-1.2
建筑材料及非金属类	0.2
其他工业原材料及半成品类	0.0
农副产品类	10.6
纺织原料类	-0.8

（四）工业品购销价格呈“低进高出”格局

2020 年全省工业生产者出厂价格比上年下降 1.6%，工业生产者购进价格下降 1.4%，购进价格指数比出厂价格指数高 0.2 个百分点，形成正剪刀差。分月看，1-12 月大部分月份均呈“高进低出”格局，其中剪刀差绝对值最大为 6 月份和 9 月份的 1.0 个百分点，最小为 1 月份、4 月份和 7 月份的 0.0 个百分点（详见表 2）。

表 2　2020 年工业生产者价格购销剪刀差情况表

指　标	1 月	2 月	3 月	4 月	5 月	6 月	7 月	8 月	9 月	10 月	11 月	12 月	1-12 月
出厂价格同比涨幅（%）	0.0	-0.1	-0.6	-1.8	-2.4	-2.3	-2.0	-1.9	-2.3	-2.2	-1.8	-1.4	-1.6
购进价格同比涨幅（%）	0.0	0.4	-0.3	-1.8	-3.2	-3.3	-2.0	-1.3	-1.3	-1.7	-1.7	-0.6	-1.4
剪刀差（百分点）	0.0	0.5	0.3	0.0	-0.8	-1.0	0.0	0.6	1.0	0.5	0.1	0.8	0.2

三、影响出厂价格下降的主要行业

2020 年石油、煤炭及其他燃料加工业，纺织业，化学原料和化学制品制造业，化学纤维制造业，计算机、通信和其他电子设备制造业等 5 大行业共影响全省工业生产者出厂价格下降 1.80 个百分点。

（一）原油价格大幅下跌

受疫情全球蔓延影响，市场担忧情绪浓厚，原油需求明显下降，叠加沙特-俄罗斯石油价格战，国际原油价格暴跌，5 月份后受市场需求回暖、新冠疫苗开发取得重大突破、欧佩克+达成 2021 年减产协议等因素影响，原油价格有所回升，但仍处于低位，布伦特油价由年初的 66 美元/桶左右，下跌至 12 月末的 51 美元/桶左右。石油、煤炭及其他燃料加工业同比下降 18.6%，影响全省工业生产者出厂价格下降 0.56 个百分点。其中，煤油、柴油和汽油出厂价格分别下降 36.6%、18.9%和 16.4%。

（二）纺织品价格下跌

受疫情影响，市场需求疲软，订单减少，出口受限，国际国内市场均出现明显萎缩，加之涤纶丝、棉花等原材料价格下降，纺织业产品出厂价格同比下降 5.6%，影响全省工业生产者出厂价格下降 0.31 个百分点。其中，化纤织造加工、纱出厂价格分别下降 22.2%和 10.7%。

（三）化工价格下降

受国际原油价格大幅下跌影响，化学原料和化学制品制造业产品出厂价格同比下降 7.8%，影响全省工业生产者出厂价格下降 0.30 个百分点。其中，烧碱、芳烃和硫酸出厂价格分别下降 27.5%、23.0%和 20.7%。

（四）化纤价格大幅走低

受下游织造市场行情较冷淡，需求尚未恢复以及原材料（石油衍生品）价格下降等因素影响，化学纤维制造业产品出厂价格同比下降 13.7%，影响全省工业生产者出厂价格下降 0.30 个百分点。其中，人造纤维短纤维、锦纶纤维制造和涤纶纤维制造出厂价格分别下降 22.4%、16.5%和 11.7%。

（五）电子产品价格下降

受中美贸易摩擦影响，我国对美订单锐减，为清理库存，液晶电视机价格大幅下降，且受疫情冲击，显示屏市场需求不足，价格趋降。计算机、通信和其他电子设备制造业产品出厂价格同比下降 3.7%，影响全省工业生产者出厂价格下降 0.30 个百分点。其中，液晶（LCD）电视机、挠性印制电路板出厂价格分别下降 11.0%和 7.2%。

四、福建与全国价格走势相近，出厂价格指数位次后移

2020 年全省工业生产者出厂价格月同比指数走势与全国相近，走低至 5 月份后波动回升，全省工业生产者出厂价格下降幅度与全国差距逐步缩小后又小幅扩大，10 月份福建工业生产者出厂价格与全国差距最小，为 0.1 个百分点（详见图 3）。

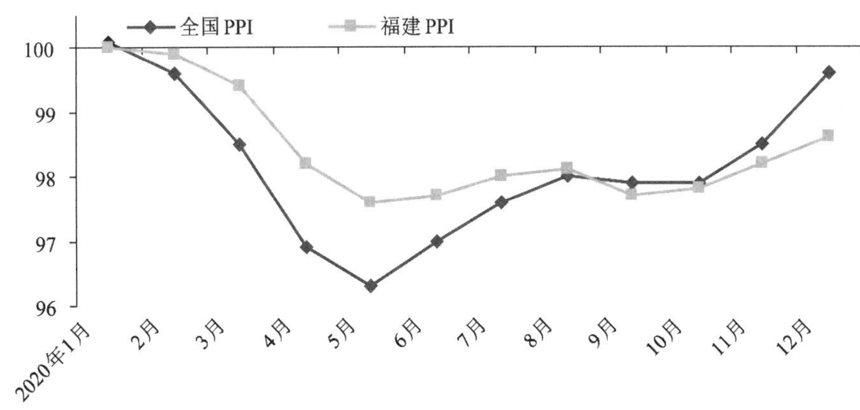

图 3　2020 年福建和全国工业生产者价格月同比指数

2020 年全省工业生产者出厂价格比上年下降 1.6%，降幅比全国下降 1.8%低 0.2 个百分点，按指数从高到低排序，居全国 31 个省（区、市）第 15 位，位次比上年后移 12 位；全省工业生产者购进价格比上年下降 1.4%（全国下降 2.3%），居全国 30 个省（区、市）（不含西藏）第 7 位，位次比上年前移 14 位。

执笔：陈嘉玲
核稿：张梓游
会审：罗　萍

2020 年福建居民收支情况分析

据住户调查，2020 年福建全体居民人均可支配收入 37202 元，比上年增长 4.5%,扣除价格因素实际增长 2.2%。其中，城镇居民人均可支配收入 47160 元，增长 3.4%，扣除价格因素实际增长 1.1%；农村居民人均可支配收入 20880 元，增长 6.7%，扣除价格因素实际增长 4.5%。

一、居民收入主要特点

2020 年初以来，由于新冠肺炎疫情影响，福建居民收入呈现出低开高走的增长趋势。一季度全体居民人均可支配收入同比增长仅为 1.1%，随着疫情基本控制和各项复工复产政策措施的稳步推进，上半年回升至 2.2%，前三季度为 3.5%。2020 年福建全体居民人均可支配收入 37202 元，比上年增长 4.5%，增幅虽较上年回落 4.6 个百分点，但较前三季度回升 1.0 个百分点。其中，四大项收入较上年呈现“三升一降”态势，除经营净收入增速尚未由负转正，工资性收入、财产净收入和转移净收入均实现不同程度增长。分城乡看，城镇居民人均可支配收入增长 3.4%，增幅较前三季度回升 0.9 个百分点；农村居民人均可支配收入增长 6.7%，增幅较前三季度回升 1.2 个百分点。

表 1　2020 年福建居民收入情况

指　　标	全体居民		城镇居民		农村居民	
	绝对数（元）	增幅（%）	绝对数（元）	增幅（%）	绝对数（元）	增幅（%）
可支配收入	37202	4.5	47160	3.4	20880	6.7
（一）工资性收入	21651	4.7	29119	4.0	9411	5.2
（二）经营净收入	6567	-0.2	5992	-3.5	7510	4.6
（三）财产净收入	4011	13.7	6219	12.8	393	14.0
（四）转移净收入	4972	3.0	5830	-1.3	3567	15.2

（一）城乡居民收入差距进一步缩小

自 2011 年以来，福建农村居民人均可支配收入增长速度连续十年快于城镇居民，城乡居民收入差距持续缩小。2020 年，福建城乡居民人均可支配收入分别为 47160 元和 20880 元，城乡居民收入比由上年的 2.33∶1 进一步缩小为 2.26∶1。农村居民可支配收入迈入 2 万元大关。

（二）工资性收入支撑可支配收入增长

在疫情对社会经济和居民收入造成较大影响的背景下，工资性收入成为支撑福建居民收入增长的最重要因素。2020 年全体居民工资性收入 21651 元，增长 4.7%；增幅虽较上年回落 4.2 个百分点，但仍拉动可支配收入增长 2.7 个百分点；占可支配收入比重达到 58.2%，较上年上升 0.1 个百分点。分城乡看，城镇居民对工资性收入的依赖程度超过农村居民。全年城镇居民工资性收入增幅虽然低于农村居民，但拉动可支配收入增长 2.5 个百分点，比农村居民的拉动幅度高 0.1 个百分点；占可支配收入比重达到 61.7%，也高于农村居民的 45.1%。

（三）经营净收入增幅回落较大

经营净收入在福建居民四大项收入中受到疫情影响最严重，2020 年比 2019 年下降 0.2%，增幅回落 9.6 个百分点。内部结构来看，三产经营净收入受到的影响较为显著，全年下降 3.3%；二产经营净收入则因复工复产情况良好及下半年出口回升的拉动，增长 7.1%。分城乡看，农村居民经营净收入在年初的疫情后恢复较为迅速，一季度同比下降 13.5%后，至上半年降幅迅速收窄，全年增长 4.6%；城镇居民经营净收入则恢复缓慢，全年下降 3.5%，其中三产经营净收入下降 5.9%，拉动城镇居民经营净收入下降 4.8 个百分点。

（四）财产净收入维持高增长

2020 年福建居民财产净收入实现了 13.7%的高增长，受疫情影响较小。主要原因，一是利息与红利收入快速增长，两项人均合计较上年增加 208 元，共拉动财产净收入增长 5.9 个百分点；二是居民持有房产的自然增值，全年居民房屋虚拟租金收入较上年增长 12.1%，拉动财产净收入增长 8.6 个百分点。分城乡看，城镇居民财产净收入增长慢于农村居民。疫情对城镇居民出租房屋收入造成较大影响，全年下降 4.0%。

（五）转移净收入稳定增长

在疫情影响下，转移支付成为政府维持居民收入稳定的重要手段。全年福建居民转移净收入增长 3.0%，增幅较上年回落 5.1 个百分点，主要受到家庭外出从业人员寄回带回收入下降 33.3%的影响，其拉动转移净收入下降 12.6 个百分点。与此同时，养老金或离退休金增长 15.5%，政策性生活补贴增长 68.4%，报销医疗费增长 31.4%，现金政策性惠农补贴增长 32.0%，合计拉动转移净收入增长 12.9 个百分点，体现了疫情以来出台的各项政策减免惠及民生的良好效果。分城乡看，城镇居民家庭外出从业人员寄回带回收入受到的影响较为严重，全年下降 47.3%，拉动城镇居民转移净收入下降 17.2 个百分点；农村居民此项收入则实现了全年 3.8%的增长。

二、居民收入增长主要因素

（一）“六稳”“六保”政策组合拳抵御疫情冲击

为应对新冠肺炎疫情给经济社会带来的冲击，福建省出台了一系列政策，全力做好“六稳”工作，落实“六保”任务。

1.财政金融多方支持，推动复工复产。一是 2 月以来就积极实施阶段性减免企业社保费政策。截至 10 月底，全省共减免企业社会保险费 244.09 亿元，惠及 47.7 万家企业、789.9 万名参保职工。二是设立百亿纾困专项资金。全年共投放两期 200 亿元纾困专项资金，为 4600 多家受到新冠肺炎疫情影响的企业解决了暂时的流动性困难。三是对交通运输、餐饮、住宿、旅游等四类受疫情影响严重行业企业出台贷款贴息政策。截至 2020 年 10 月中旬，受疫情影响严重行业企业贷款共发放 414 笔，贷款金额达 8.01 亿元。四是减免企业租金。截至 2020 年 6 月 30 日，全省行政事业单位共减免租金 3.3 亿元，其中省级行政事业单位减免 0.93 亿元。五是加快增值税留抵退税进度。2020 年 1-7 月，全省共计向 1584 户企业兑现增值税留抵退税 143.46 亿元，政策落实成效居全国前列，有效减轻了企业负担。

2.积极出台保障政策，全力稳定就业。随着疫情影响的产生和扩大，福建省高效反应、迅速应对，密集出台各项政策措施稳定居民就业。省政府在 2 月份印发《关于支持企业疫情防控期间复工稳岗的通知》，出台 12 条措施推进复工稳岗后，5 月份又印发《关于进一步做好稳就业保就业工作若干措施的通知》，出台 15 条措施加快恢复和稳定就业。6 月份，省人社厅还出台了《关于组织实施以工代训工作的通知》，支持企业稳岗扩岗，促进城乡劳动者稳定就业。截至 2020 年 7 月底，全省有 14.86 万家企业享受失业保险稳岗补贴，受益企业户数是 2019 年全年的 2.4 倍，中小微企业受益率大幅提高。稳岗返还政策惠及 306.88 万名企业职工，全省共返还失业保险费 17.96 亿元，发放失业保险金、一次性生活补助 5.71 亿元。

3.及时加大脱贫兜底投入力度。2020 年 4 月份，省财政下达专项扶贫资金 1.7 亿元，用于支持贫困户发展产业、就业和贫困村集体经济发展。同月，省发改委等六部门又联合出台《关于印发福建省社会救助和保障标准与物价上涨挂钩联动机制的通知》，要求 2020 年 3 月至 6 月阶段性加大社会救助和保障标准与物价上涨挂钩联动机制的价格临时补贴力度，以现行联动机制测算的补贴标准为基础，阶段性提高每月价格临时补贴标准 1 倍。

4.刺激消费促进经营商户营收。为全面复商复市，2020 年 4 月份福建省商务厅与阿里巴巴签订了《促消费合作协议》。5-6 月期间，福州、南平、宁德、平潭等地通过支付宝渠道发放了近 2 亿元消费券。7 月 1 日-17 日，阿里巴巴旗下支付宝又在全省举办“717 生活狂欢节”活动，发放超亿元消费券，有力推动全省消费回暖。8 月份，省新冠肺炎疫情应对工作领导小组综合协调组印发《福建省促进消费行动方案》。根据《行动方案》，福建省从 2020 年 8 月起至 2021 年 3 月，在全省开展以“全闽乐购”福建促消费行动为主题的系列活动。《行动方案》提出，通过实施“百千万亿”行动，撬动全省消费 1000 亿元。

（二）常规性增资政策有效拉动居民收入增长

1.提高最低工资标准。根据《福建省人力资源和社会保障厅关于公布我省最低工资标准的通知》（闽人社发〔2019〕6 号）文件决定，2020 年 1 月 1 日起，各地调整最低工资标准。调整后鲤城区、丰泽区、洛江区、泉港区、石狮市、晋江市、南安市、惠安县的最低工资标准为 1720 元，安溪县、永春县、德化县的最低工资标准为 1570 元。比之前人均提高 200 元左右。三明市月最低工资标准由五档缩减为四档，分别为 1800 元、1720 元、1570 元、1420 元，分别比原标准提高了 40 元至 100 元不等。非全日制用工小时最低工资标准也相应设四个档，分别为 18.5 元、18 元、16.5 元、15 元。与调整前相比，月最低工资标准各档平均值平均增幅达 8.4%。

2.提高居民医保补助标准。8 月份，省财政厅会同省医保局、税务局出台《关于做好 2020 年城乡居民基本医疗保障工作的通知》，将福建省城乡居民医保政府补助标准提高 30 元，达到每人每年不低于 550 元。福建省居民医保政府补助标准从 2009 年的 80 元提高至 2020 年的 550 元，已实现连续 11 年增长。

3.提高城乡居民基础养老金最低标准。2020 年，福建省城乡居民养老保险基础养老金最低标准从 7 月 1 日起上调，由每人每月 123 元提高到 130 元，这一政策惠及全省 487.6 万名 60 周岁以上参保人员。

4.提高农村居民最低生活保障标准。2020 年，福建省省级下达农村低保补助资金 11.68 亿元，农村低保省定最低标准由家庭年人均收入 3700 元提高至 4050 元，较 2019 年底提高 9.4%。全省各县（市、区）自定的农村低保最低标准为每年 7152 元（顺昌、浦城、光泽、松溪、政和），高于省定最低标准 76.6%，全省各县（市、区）自定的平均标准为每年 8260 元。

（三）线上销售井喷式发展，助力整体营商环境回暖

为适应疫情防控需要，催生并加速了由传统实体经营向线上交易物流配送销售等方式转变，新零售模式得到迅速普及推广。各地也通过财政奖补等方式，发挥朴朴、京东、拼多多、永辉生活等平台作用，加大生鲜农产品线上销售。朴朴、永辉生活等电商平台的销售额井喷式增长，疫情期间最高增长达到 500%以上。仅 2020 年 1-5 月份全省农产品网络销售额已超过 140 亿元，同比增长 30%。同时，三农主管部门也充分利用网络新媒体，牵头组织开展“县长带你买好货”网络直播带货系列活动。由县市政府主要领导代言，推动福建绿色优质农产品销售，直播现场销售农产品达 2400 多万元，带动农产品销售超过 2 亿元。

三、居民消费支出情况

2020 年福建居民人均消费支出 25126 元，比上年下降 0.7%，增幅较上年回落 10.8 个百分点，扣除价格因素实际下降 2.9%。分城乡看，城镇居民消费支出 30487 元，下降 1.5%，扣除价格因素实际下降 3.6%；农村居民消费支出 16339 元，增长 0.4%，扣除价格因素实际下降 1.7%。

（一）居民消费支出受到疫情的全面影响

2020 年因为受到新冠肺炎疫情的影响，一季度居民消费支出同比下降 7.5%，后三季度随着疫情逐步得到控制及政府和商家促进消费的各项措施不断出台，居民消费有所回暖，但全年福建居民消费支出仍低于 2019 年。居民消费支出八大类的同比增幅呈现“四升四降”态势，所有消费类别增幅均低于上年。受疫情影响最严重的是教育文化娱乐支出，下降 24.4%；增长幅度最大的是医疗保健支出，增长 5.1%。

表 2 2020 年福建居民消费情况

指 标	全体居民		城镇居民		农村居民	
	绝对数（元）	增幅（%）	绝对数（元）	增幅（%）	绝对数（元）	增幅（%）
生活消费支出	25126	-0.7	30487	-1.5	16339	0.4
1.食品烟酒	8385	3.6	9673	1.4	6274	8.5
2.衣着	1182	-10.4	1443	-13.0	755	-2.6
3.居住	7305	4.7	9356	4.5	3943	3.8
4.生活用品及服务	1275	0.4	1519	-2.4	874	8.0
5.交通通信	2972	-1.6	3755	1.1	1688	-11.3
6.教育文化娱乐	1896	-24.4	2301	-25.0	1232	-23.7
7.医疗保健	1583	5.1	1774	4.9	1271	5.0
8.其他用品和服务	527	-14.8	665	-13.0	302	-21.8

（二）居民消费恩格尔系数显著回升

因疫情对居民消费的全面影响，福建居民的各类消费支出均呈现增幅不同程度回落乃至下降。食品支出因其需求刚性较强，在消费支出中的占比明显上升。2020 年福建居民恩格尔系数达到 33.4%，比 2019 年高 1.4 个百分点，回升至 2018 年前水平（2018 年为 32.9%）。分城乡看，城镇居民恩格尔系数达到 31.7%，较上年回升 0.9 个百分点；农村居民恩格尔系数达到 38.4%，较上年回升 2.9 个百分点。

（三）服务性消费支出增长受疫情影响较大

服务性消费支出因其在居民消费中的需求刚性较弱，在疫情期间受到的影响相对较大，2020 年一季度同比下降 12.5%。随着省内疫情的逐渐平息，社会经济活动逐步回归正轨，其增幅虽然也呈现出持续回暖态势，但全年来看仍比上年下降 8.3%。2020 年福建居民服务性消费支出占消费支出比重为 43.9%，较上年下降 3.6 个百分点。

执笔：杨 威
核稿：冯志强
会审：罗 萍

2020 年福建省农产品价格运行情况分析

据抽样调查，2020 年福建省农产品生产者价格同比上涨 2.3%，比全国平均水平低 12.7 个百分点，按指数从高到低排序，居全国各省（区、市）第 30 位，总体较为平稳。

一、农产品价格“两升两降”

2020 年，福建省农、林、牧、渔业四个行业农产品价格呈现“两升两降”态势。种植业产品和畜牧业产品价格同比分别上涨 0.1%和 19.7%，林业产品和渔业产品价格同比分别下跌 10.9%和 4.2%（如图 1）。

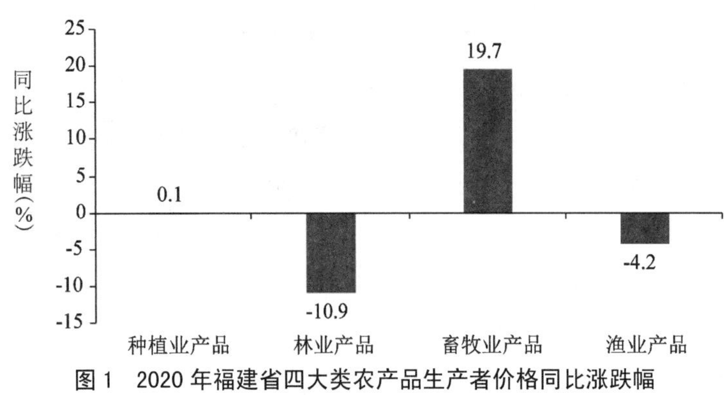

图 1 2020 年福建省四大类农产品生产者价格同比涨跌幅

从价格走势看，2020 年福建省农产品生产者价格一季度高速上涨后，呈逐步回落态势。其中，一至三季度同比分别上涨 18.5%、2.7%和 0.7%，四季度下跌 3.2%（如图 2）。

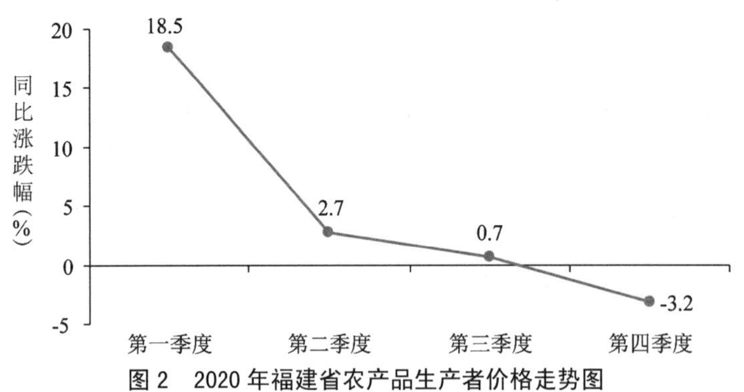

图 2 2020 年福建省农产品生产者价格走势图

（一）种植业产品价格平稳运行

种植业产品价格年内波动较小，一季度、二季度和四季度同比分别下跌 0.7%、1.8%和 2.7%，三季度同比上涨 0.1%（如图 3）。分品种看，谷物、油料、烟草、蔬菜、茶叶价格基本稳定，薯类价格有所上涨，食用菌、水果、中药材跌幅较大。其中，薯类、油料、谷物和蔬菜价格同比分别上涨 13.9%、2.4%、2.3%和 1.4%，水果、中草药材、食用菌、烟草、茶叶价格同比分别下跌 7.2%、6.5%、6.3%、2.7%和 0.8%。

（二）林业产品价格同比降幅明显

分季度看，林业产品价格一季度保持平稳，二季度急速下跌，三、四季度逐步回升，但仍低于上年水平。其中，一季度同比上涨 0.7%，二至四季度同比分别下跌 16.9%、14.6%和 5.3%（如图 3）。分品种看，各品种林业产品价格均有不同程度下跌。其中，原木、薪材、竹材和其他林产品价格分别下跌 11.8%、4.5%、

4.6%和 13.8%。

（三）畜牧业产品价格大幅上涨

分季度看，畜牧业产品价格呈高位逐步回落态势。其中，一至三季度同比分别上涨 67.3%，40.3%和 16.2%，四季度同比下跌 8.3%（如图 3）。分品种看，活猪价格大幅上涨，活鸡、活鸭和禽蛋价格有所下跌。2020 年，全省活猪价格同比上涨 51.9%，是影响畜牧业产品价格走势的主要因素。其中一至三季度同比分别上涨 135.9%、98.0%和 56.0%，四季度同比下跌 9.8%，总体呈高位震荡回落态势。而活鸡、活鸭和禽蛋价格分别下跌 2.0%、6.1%和 9.3%。

（四）渔业产品价格下滑后回升

分季度看，渔业产品价格一季度价格小幅下跌，二季度受新冠疫情影响快速下滑后，三、四季度迅速回升。其中，一至三季度同比分别下跌 1.1%、10.4%和 5.8%，四季度同比上涨 0.5%。分品种看，捕捞类水产品价格上涨，养殖类水产品价格下降。其中，海水捕捞产品价格上涨 5.0%，海水养殖产品和淡水养殖产品价格分别下跌 5.8%和 8.9%。

二、重要农产品价格分化明显

（一）粮食价格总体稳定

2020 年，福建省粮食价格总体稳定，主要原因有两个方面：一是粮食生产稳定，随着发放地力补贴、加强粮食稳产保供等系列政策出台，近几年我国粮食产量总体稳定；二是粮食储备充足，可有效应对疫情等突发状况发生。在经历国内疫情暴发、国际疫情尚在蔓延、部分国家禁止粮食出口形势下，粮食价格仍保持一贯的平稳。据上杭县某烟叶、水稻综合服务专业社反映，2020 年四季度晚稻价格为 2.94 元/公斤，与上年同期基本持平。

（二）水果涨跌互现

一方面，受疫情影响，海南、广东、广西等地水果输出受阻，福建省内部分水果价格走高。葡萄、香蕉、芒果、番石榴、桃和李子价格分别上涨 16.6%、5.2%、12.5%、7.8%、20.7%和 40.0%。另一方面，因气候适宜，全省部分水果品种 2020 年产量较高，供大于求，价格有所下降。柑橘、橙、柚类、龙眼、荔枝、枇杷、西瓜和其他热带水果价格分别下跌 3.4%、15.3%、11.9%、35.5%、43.2%、16.2%、6.5%和 1.4%。

（三）猪肉价格上涨成为影响农产品价格上行的主导力量

2020 年福建省生猪价格同比上涨 51.9%，涨幅较大，带动农产品价格总指数同比上涨 5.0%。主要原因有两个方面：一是受非洲猪瘟影响，全国生猪存栏数量较少，市场供应量下降；二是受饲料、运输等费用攀升影响，生猪养殖成本有所上涨。

（四）禽蛋类产品价格持续走低

2020 年，福建省禽蛋类产品价格同比下跌 9.3%。分季度看，一至四季度分别下跌 2.4%、8.1%、13.4%和 12.4%。禽蛋类产品价格持续走低主要原因有三个方面：一是年初受禽流感影响，大量活禽市场关闭，活鸡、活鸭等活禽出现积压；二是受疫情影响，年初作为禽蛋类产品大需求客户的学校、工厂出现停学停工现象，导致其对禽蛋类产品需求大幅减少；三是全国蛋鸡存栏量增加，鸡蛋出现供大于求现象。

（五）部分水产品价格明显下降

部分水产品市场需求减少，价格明显下降，如养殖淡水罗非鱼、海水养殖鲍、海水养殖南美白对虾和养殖淡水鳙鱼价格同比分别下跌 28.9%、16.1%、14.5%和 11.4%。主要原因有两个方面：一是受国内疫情影响，宴席大规模取消，高端水产品需求急剧下降；二是受国外疫情影响，部分水产品出口受阻，大量积压。连江县黄岐镇某鲍鱼场负责人表示，受疫情影响，鲍鱼价格在 2020 年初已跌至冰点。目前，随着疫情的缓解以及市场供需的平衡，鲍鱼价格慢慢回升，但仍低于上年水平。据福清市某养殖场、福清市某水产养殖农民专业合作社反映，受疫情影响，当地烤鳗场对外出口销售基本暂停，导致鳗鱼需求量大幅减少，价格快速下跌。

三、2021年农产品生产者价格走势预判

（一）粮食价格预计总体稳定

一方面，2020年福建粮食喜获丰收，全省全年粮食总产量为502.32万吨，增加8.42万吨，增长1.7%。另一方面，近期外地粮食收购平稳有序，价格持平，预计2021年粮食价格将保持平稳运行。

（二）蔬菜、水果、水产品价格或将趋向常年水平

随着疫情进入常态化防控，交通恢复正常，物流高效快捷，农产品运输成本已恢复至正常水平，预计2021年蔬菜、水果、水产品价格或将趋向常年水平。

（三）活猪价格预计将逐步回落

一方面，各级出台鼓励养殖户恢复生猪生产的措施，生猪养殖规模逐步扩大；另一方面，随疫情得到控制，交通运输恢复，外地区的冻肉冷链产品已有序流入全省市场，预计活猪价格将逐步回落。

（四）活鸡、活鸭和鸡蛋价格有望复苏

随着复商复市的进一步推进，活鸡、活鸭和鸡蛋的需求预计会有所上升，禽流感对活禽和鸡蛋销售市场影响已逐步减弱，预计活鸡、活鸭和鸡蛋价格有望复苏。

执笔：林　丹
核稿：余　新
会审：罗　萍

2020年福建粮食生产稳中向好

2020 年，福建省全面贯彻落实习近平总书记关于疫情防控和农业农村工作的重要讲话指示批示精神，按照党中央、国务院关于做好“六稳”“六保”工作要求，全力抓好粮食生产各项工作，取得良好成效，全年粮食生产实现“面积、单产、总产”三增长。

一、全年粮食生产情况

据国家统计局核定，2020 年，福建省全年粮食种植面积 834.43 千公顷，同比增长 1.5%；单产 6019.86 公斤/公顷,同比增长 0.2%；总产量 502.32 万吨，同比增长 1.7%。

（一）粮食种植面积稳中略增

全年粮食种植面积 834.43 千公顷，较上年增加 12.00 千公顷，增长 1.5%。

分季节看，春收粮食面积为 55.34 千公顷，增长 3.9%；夏收粮食面积为 138.87 千公顷，增长 1.8%；秋收粮食面积为 640.23 千公顷，增长 1.2%。分品种看，谷物面积为 639.17 千公顷，增长 0.8%；豆类面积为 42.40 千公顷，增长 6.2%；薯类面积为 152.86 千公顷，增长 2.9%。

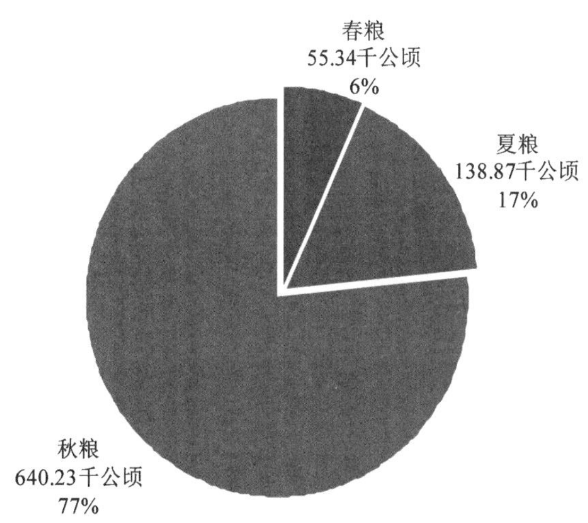

图 1　2020 年福建省分季节粮食作物播种面积图

（二）粮食单产水平略有提高

全省平均单产 6019.86 公斤/公顷，较上年增产 14.50 公斤/公顷，增长 0.2%。其中春收粮食单产 4382.27 公斤/公顷，较上年增产 52.90 公斤/公顷，增长 1.2%；夏收粮食单产 5563.63 公斤/公顷，较上年增产 8.71

表 1　2020 年福建省主要粮食作物单产水平

单位:公斤/公顷

作物品种	单产	同比增产
稻谷	6510.46	22.37
玉米	4464.98	57.54
大豆	2756.45	-13.77
马铃薯	4302.07	60.88
甘薯	5894.89	63.61

公斤/公顷，增长 0.2%；秋收粮食单产 6260.36 公斤/公顷，较上年增产 16.87 公斤/公顷，增 0.3%。分品种看，谷物单产 6385.99 公斤/公顷，增长 0.6%；豆类单产 2827.95 公斤/公顷，减少 0.7%；薯类单产 5374.35 公斤/公顷（折粮），增长 1.3%。

（三）粮食总产稳中略增

总产量为 502.32 万吨，增加 8.42 万吨，增长 1.7%。

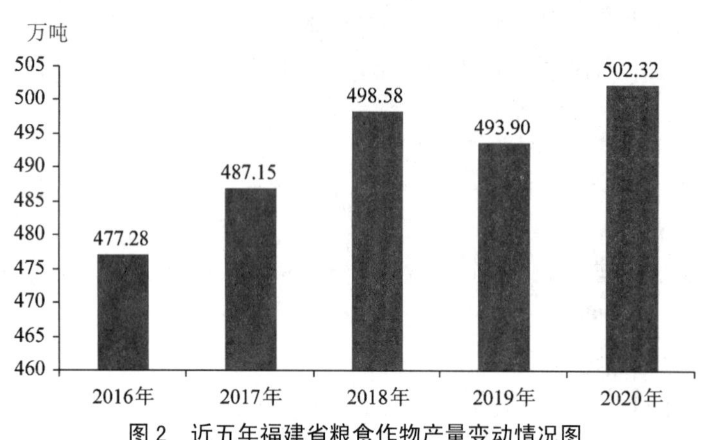

图 2　近五年福建省粮食作物产量变动情况图

从分季粮食生产看：春收粮食产量为 24.25 万吨，增长 5.2%；夏收粮食产量为 77.26 万吨，增长 2.0%；秋收粮食产量为 400.81 万吨，增长 1.5%。从分品种粮食生产看：谷物类产量为 408.17 万吨，增长 1.1%；豆类产量为 11.99 万吨，增长 5.4%；薯类产量为 82.15 万吨，增长 4.3%。

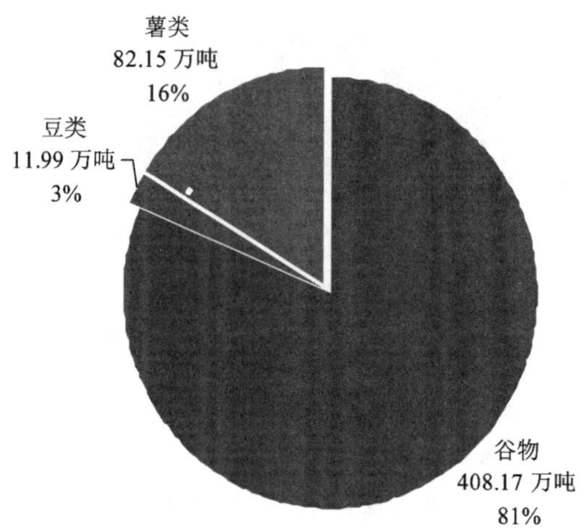

图 3　2020 年福建省分品种粮食作物产量图

二、主要影响因素分析

（一）稳粮政策落实有力

2020 年以来，福建省委、省政府高度重视粮食生产，全省各级党委、政府按照中央对粮食生产提出的“三稳”要求，大力发展粮食生产，先后制定全面推动农业复工复产扎实抓好农业生产二十条措施、不误农时抓好春耕备耕九条措施、加强春季粮食生产八条措施，实行规模种植和抛荒复垦奖补等政策。加大优质品种推广，加强水稻生产功能区建设，推广普及水稻高产品种和工厂化机械育秧等粮食增产关键技术，稳步提高粮食单产，进一步调动了农民种粮积极性。

（二）农业气象条件总体有利

气象条件总体适宜，未出现影响粮食生产的极端天气。一是早稻生长期间虽出现短暂的暴雨灾害，导致部分低洼地带早稻受灾，但由于是间歇性降雨，稻田内退水比较及时，仅对非早稻主产区南平市和三明市产生局部影响，主产区龙岩市影响面积较小，对产量影响有限。二是秋收粮食作物生长期间气象条件利大于弊，秋粮作物主要生长期和关键发育期温光水等条件匹配较好，农业气象灾害发生程度轻。收获期基本上以晴好天气为主，有利于水稻开镰收割、脱粒扬场、晾晒归仓。从总体上看，春、夏播以来，全省光温条件良好，稻谷生长发育气象条件与去年相比略好；全省农田大部土壤湿度适宜，温度接近常年，光照充足，气象条件总体有利于玉米、甘薯及其他旱粮作物粒重增加、果实饱满。

（三）粮食生产技术指导有方

全省不断加大粮食生产技术指导力度，狠抓田间管理，深入一线指导。一是组织标准化项目推广。实施粮食产能区增产模式攻关，扶持建设水稻工厂化机插育秧，开展育秧、机耕、机插等社会化服务，积极发展病虫害专业化统防统治、测土配方施肥，实施标准化种植。二是组织增产技术推广。大力发展佳辐占、泉珍 12 号等优质水稻品种，组织编印《春耕生产技术操作指南》《秋粮增产增效技术要点汇编》，把技术送给粮农。三是组织专业人员一线指导。组织福建农林大学、福建省农科院和各级农技推广机构专业技术人员 1520 名，组建千支服务小分队，深入全省 1.2 万多个村、近 10 万个新型农业经营主体和小农户开展农业技术咨询和指导服务，走进田间地头，帮助解决粮食生产等技术难题。

（四）农田防控措施扎实有效

持续推进农田防控工作，加强对台风、干旱、洪涝、寒潮冰冻、病虫害等灾害灾情的监测预警。一是强化病虫害监测，及时编发各类病虫情报信息。2020 年，全省组织开展草地贪夜蛾防治 19.2 万亩次，防治处理率达 90%以上，危害损失率控制在 5%以内；组织开展水稻病虫害防治 2440 万亩次，其中绿色防控 358 万亩次，实现水稻主要病虫害有效防控。全年粮食生产期间，全省整体上未见大规模病虫害影响，各地普遍反映主要粮食品种稻谷的病虫害发生程度较常年轻。二是积极应对不利天气影响。针对 7 月份高温少雨天气，农业农村、气象、水利等部门密切配合，组织采取人工增雨、农艺节水、抗旱浇灌等措施，防止对在田粮食生产、晚稻等秋粮移栽造成影响。

三、当前粮食生产面临的主要问题

（一）农民种粮效益偏低

2020 年，福建省早籼稻、中晚籼稻最低收购价格比 2019 年每 50 公斤上涨 1 元，粳稻价格与 2019 年持平，收购价格虽有微涨，但仍处于较低水平，且近年来人工和农资等各项成本逐年上涨，生产成本增加，减弱了国家各项补贴政策的政策效应。农民种粮积极性不高，部分农户选择调减或放弃种植稻谷，改种水果、蔬菜等经济作物。

（二）农业基础设施薄弱

福建省素有“八山一水一分田”之称，且耕地中平原地少，梯田坡地多，农业基础设施较为薄弱，农业水利化发展程度不够，粮食生产抗灾能力不强。2020 年以来，虽然光照充足，没有其他自然灾害影响，但夏播时期降水较往年偏少，部分地区没有河流经过，水利设施较差，对农作物种植影响大，许多种植户因为缺水无法进行灌水整地种植稻谷，纷纷选择种植其他抗旱的作物。

（三）山垅田抛荒问题依然存在

福建省山区山垅田较多，存在不同程度抛荒。近年来，山区大量农民工外出就业，种粮人口不断减少，导致粮食生产劳动力投入严重不足。山垅田地处偏远交通不便，缺少机耕路，灌溉水渠也年久失修，难以进行机耕、机收。山垅田块普遍较小，农户整合地块投入较大，难以进行连片种植，种植效益偏低。各地虽然想引导耕地流转发展粮食生产，但没有主体愿意承包。

（四）农业机械化社会化服务发展不足

目前，福建省农业机械化社会化服务产品较少且发展不均衡。粮食生产环节中简单服务如机耕、机插、机收的服务者较多，但是从事育秧育苗、粮食加工、包装销售等服务较少。大部分服务组织处于初级发展阶段，缺乏相应的制度规范和专业管理人员，服务人员专业培训不够，存在一定的安全隐患。部分服务组织运作不规范，没有与农户签订规范的服务合同，大多停留在口头协议。

（五）农业规模经营存在困难

部分合作社受限于缺乏优质、连片耕地，难以扩大种植规模。目前福建各地土地流转多为农户自发行为，规模小、期限短、程序不规范，口头约定占多数，签订流转合同的多为 5 年以内，无法实现农地长久开发利用，规模效益难以发挥。许多农民认为耕地是其赖以生存与发展的根本保障，即使在外打工，其耕地宁可粗放经营也不愿将承包地转让出去，限制了土地的相对集中，加大了农业规模经营的难度。

四、建议

（一）加大农业基础设施投入力度

针对当前水利设施、机耕道路等涉农基建不完善情况，应优化整合资金，加快对农业基础设施翻新修整。一是按照各村实际耕地情况设计机耕路网，优先安排水稻种植区农田水利设施建设项目，对于涉及影响种植面积较大的水利设施安排优先建设或修缮。二是进一步向抛荒耕地集中区倾斜和灌溉条件较差的边远山区倾斜。另外，在修建大型基建项目时应合理规避农田，尽量减少对生态环境的破坏。

（二）分类指导抛荒耕地复耕复种

一是对于缺乏劳动力产生的抛荒耕地，鼓励群众积极流转土地，或者采取农业社会化服务进行代耕代种，推动其尽快恢复耕种。二是对于耕种条件较差而产生的抛荒耕地，如低洼地、山坡地等，符合立项条件的可以有计划逐步纳入高标准农田建设等改造计划，尽早恢复耕种。三是对于种植效益低造成的抛荒耕地，结合农业结构调整，按照“因地制宜、粮经结合、三产融合”的思路，积极推广优质高效农作物，如水稻、甘薯、大豆等，优化种植结构，提高种植效益，增强农民耕种积极性。

（三）着力提升农业机械化服务水平

一是加强农业机械的科研开发与应用，加快引进先进农业生产设备，大力推广适合福建省实际的农业机械。二是建立和完善农业机械服务体系，从农机生产、销售、培训、维修等环节，确保农机的推广与使用，解除后顾之忧，并做好信息反馈，实现农机的持续改进和提高。三是以农业合作组织推进农业机械化，减轻农民使用农机的成本，提高农机的利用率，做到良性循环。

（四）积极推动农业集约化经营规模

一是加大高标准农田建设。抓好耕地质量提升工程，进一步改良土壤、培肥地力，提高耕地综合生产能力。二是加强粮食关键增产技术示范推广。通过组织开展农技人员现场观摩会，以及合作社、种粮大户等经营主体的示范带动，进一步提升农民种粮科技水平。三是进一步优化资源配置，鼓励多种形式的粮食适度规模经营，重点向种粮大户、家庭农场、农民合作社和农业社会化服务组织等新型经营主体倾斜，体现“谁多种粮食，就优先支持谁”，进一步稳定粮食播种面积。

（五）稳步提高农业从业人员科技水平

一是制定更加优惠的政策措施吸引一批有知识、有志于农村发展的人才投身农业生产领域，不断改善农业生产环境和农村生活环境，留住一批有文化、懂技术、会经营的新型职业农民。二是通过多种形式组织开展农户培训，使用微信、QQ 等新媒体工具，及时发布气象预警和农业生产技术信息，组织线上培训；农技人员下乡开展现场培训会、发放技术要领传单、及时农村广播等传统模式，加强粮食增产技术示范推广。

执笔：郑骁喆

核稿：余　新

会审：罗　萍

2020年福建生猪产能持续恢复　牛羊禽产量稳中有增

2020 年，面对突如其来的新冠肺炎疫情，福建省委、省政府认真贯彻落实党中央、国务院决策部署，统筹推进疫情防控和复工复产，狠抓生猪稳产保供政策措施落地，生猪产能持续恢复，牛羊禽产量稳步增长，在稳定市场供应、满足消费需求、增加农民收入、促进农村经济发展等方面发挥积极作用。

一、主要畜禽生产情况

（一）生猪生产情况

1.生猪产能持续回升。

2020 年，福建生猪生产恢复成效明显。2020 年末，生猪存栏 910.90 万头，比上年末增加 269.38 万头，同比增长 42.0%；比三季度末增加 82.11 万头，环比增长 9.9%。其中，能繁母猪存栏 92.77 万头，比上年末增加 32.42 万头，同比增长 53.7%；比三季度末增加 7.82 万头，环比增长 9.2%。生猪存栏自 2019 年第四季度止跌回升后，连续五个季度环比保持恢复性增长。

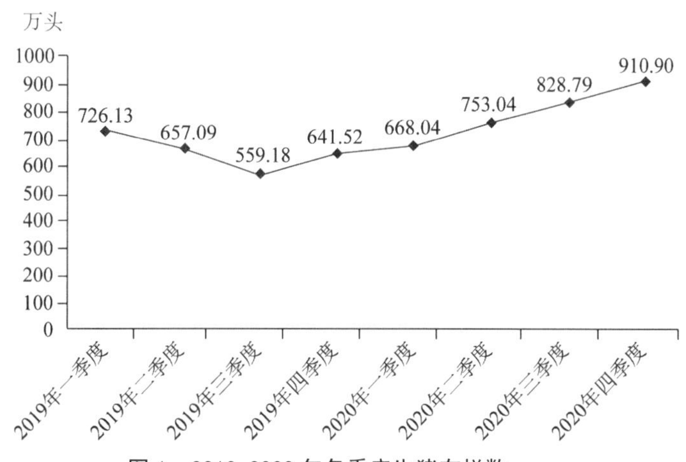

图 1　2019-2020 年各季度生猪存栏数

产能持续恢复的主要原因：一是政府稳产保供政策成效显著。福建各级政府加大政策扶持和资金投入，通过加快养殖场新改扩建等举措扩大生猪产能，积极推动和鼓励中小型养殖场进行改造升级，推进生猪复产与转型升级。福州市 4 月份出台《福州市生猪稳产保供工作实施方案》，加快生猪新增产能项目建设，促进生猪产业转型升级。截至 2020 年 11 月末，全市完成建设 89 个计划新增产能的生猪规模养殖场。二是疫情防控常态化，养殖信心恢复。随着新冠肺炎和非洲猪瘟疫情防控常态化，养殖户在疫情暴发前期的恐慌心理逐渐消退，养殖信心不断恢复。三是“公司+农户”生产模式稳步发展，大型集团引领带动作用明显。6 家生猪大型集团在漳州市年末生猪存栏达到 30.45 万头，联结（加盟）农户 267 户。四是养殖收益较好。生猪价格一直维持在高位，养殖利润丰厚，养殖预期收益看好，养殖户增养补栏积极性较高。据龙海市某畜牧发展有限公司介绍，2020 年 12 月出售一头 125 公斤的肥猪纯利润为 2000 元左右，养殖效益依然十分可观。五是母猪和仔猪供应增加。随着全国疫情环境逐渐稳定，生猪调运情况好转，同时生猪生产形势向好，能繁母猪和仔猪供应得到改善。2020 年 12 月，刚断奶仔猪价格在 1300 元/头左右，比 2020 年初下降约 27.8%。2020 年四季度厦门市某猪场改扩建项目完工，陆续从周边省份购进生猪约 9.3 万头。

2.生猪供应基本稳定。

2020 年，福建生猪出栏 1299.86 万头，比上年增加 2.59 万头，同比增长 0.2%；猪肉产量 103.75 万吨，比上年增加 0.72 万吨，同比增长 0.7%。随着产能不断恢复，生猪出栏量比上年有所增加，但是生猪供应总体依然偏紧。由于产能的释放尚需时日，可供出售肥猪数量有限，同时全国多地进口冷冻猪肉外包装上检出新冠病毒核酸阳性，抑制了冻猪肉的进口和消费，供应偏紧的局面仍将持续一段时间。

3.生猪价格持续高位运行。

受生猪市场供需矛盾和养殖成本上升等因素影响，2020 年生猪出栏均价持续高位运行。永定区某生态农业有限公司表示，由于防疫成本增加，加上人员工资、饲料价格上涨，养殖成本比往年增加 40%左右。

主要畜禽监测调查数据显示，1-4 季度全省生猪出栏均价分别为 38.8 元/公斤、33.7 元/公斤、37.1 元/公斤和 32.3 元/公斤。受季节性消费需求变动和市场行情预期影响，养殖户存在阶段性集中出栏和压栏惜售的情况，生猪出栏均价总体在高位区间波动。由于产能恢复仍需时日，随着春节等节假日来临，猪肉市场需求旺盛，预计后期一段时间生猪出栏价格仍将保持高位运行。

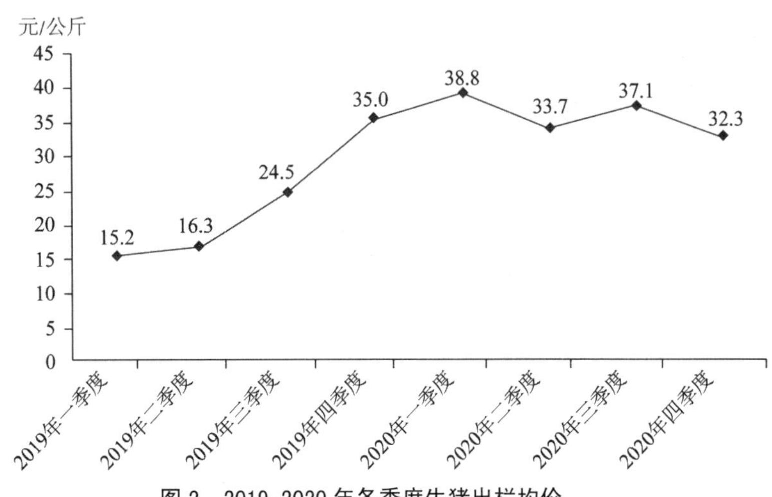

图 2　2019-2020 年各季度生猪出栏均价

（二）牛羊生产情况

2020 年，福建牛羊生产形势向好，产品产量供应持续增加。2020 年末，牛、羊存栏分别为 31.64 万头和 105.90 万头，比上年增长 6.5%和 0.2%。

2020 年，福建牛出栏 22.07 万头，比上年增长 12.8%；牛肉产量 2.46 万吨，增长 15.0%；生牛奶产量 16.93 万吨，增长 17.1%。羊出栏 159.06 万头，增长 2.1%；羊肉产量 2.28 万吨，增长 3.0%。

福建牛羊生产发展潜能较大，同时，随着居民生活水平的不断提高，畜牧产品消费更加多元，牛羊产品市场需求有所增加，有利于牛羊养殖业的发展，后期总体将保持良好的发展态势。

（三）家禽生产情况

近年来，福建各级政府不断优化畜牧业养殖结构，积极引导和扶持节粮型、污染较小的家禽和草食动物的养殖，取得较好成效，同时，2020 年猪肉价格高企产生的替代影响，市场对禽类产品需求增加，进一步促进了家禽生产的持续发展。2020 年末，福建家禽存栏 20700.94 万只，比上年末增加 1249.39 万只，增长 6.4%。

2020 年，家禽出栏 103102.07 万只，比上年增加 3664.30 万只，增长 3.7%；禽肉产量 146.56 万吨，比上年增加 4.68 万吨，增长 3.3%；禽蛋产量 53.66 万吨，比上年增加 5.08 万吨，增长 10.5%。

圣农、温氏等龙头企业在福建的养殖规模较大，具有技术和资金优势，抗风险能力较强，总体生产较为稳定。预计后期家禽生产不会出现较大幅度变动，总体仍将保持平稳发展态势。

二、需关注的问题

（一）养殖用地有限，制约产能扩大

福建水系发达，水资源丰富，生态环境好，森林覆盖率高，存在大量水源地、生态林和天然林地，外

加农保地限制，各地畜禽可养殖面积有限，制约畜禽生产规模扩大。莆田市农业农村部门积极引进某生猪养殖公司投资建设猪场，由于尚未找到合适地块，2020 年底仍未能签约落地。

（二）基层防疫力量不足，疫病风险仍然存在

一方面，基层畜牧兽医专业技术人员编制不足，存在畜牧兽医专业技术人员身兼多职的情况。永定全区 24 个乡镇中，有 5 个乡镇畜牧站是由水产人员或其他人员负责，岐岭镇有 1 名专业人员，但还兼任党政办主任。同时，村级防疫员待遇偏低。永定区现有兽医（村级防疫员）每人每月只领取 100 元工资和 50 元绩效，全年总计 1800 元，但是要负责村级免疫、宣传等，工作积极性受到影响。另一方面，动物疫病复杂多变，目前非洲猪瘟疫苗尚未研发成功，主要依靠养殖场提升生物防控能力，对于中小型养殖场来说，提升生物防控能力的成本过大，多数只配简单的进场消毒池，甚至消毒池里没有消毒药水，防控能力有限，疫病传染风险较高。同时，周边国家持续有不同程度的禽流感疫情暴发，非洲猪瘟和禽流感等重大疫病风险依然存在。

（三）饲料价格上涨明显，推动养殖成本上升

2020 年饲料价格上涨明显，玉米和大豆价格持续走高。据上杭县某畜牧养殖有限公司负责人介绍，2020 年底，玉米价格为 3000 元/吨左右，比年初上涨了 900 元/吨左右，上涨约 42.9%；大豆价格为 3300 元/吨左右，比年初上涨了 800 元/吨左右，上涨约 32.0%。福州市某养殖有限公司反映，玉米是饲料中“大头”，由于玉米价格持续走高，2020 年日均玉米饲料成本比往年多出 5500 元，该场的蛋鸡养殖处于亏损状态。

三、相关建议

（一）加快构建现代养殖体系

推进畜牧业生产转型升级是解决畜牧业生产与环境保护突出矛盾，应对养殖风险，确保畜产品供给，实现高质量、可持续发展的重要途径。一是推进标准化规模养殖。积极探索发展现代化集约生产模式，引进大型企业集团在可养区内新建高标准养殖场，进一步提升规模化养殖水平，提高养殖效率。二是加快良种培育与推广。继续实施畜禽遗传改良计划和现代种业提升工程，健全产学研联合育种机制。三是提升畜牧业机械化水平。制定主要畜禽品种规模化养殖设施装备配套技术规范，推进养殖工艺与设施装备的集成配套。

（二）保障畜牧业发展用地

一是按照畜牧业发展规划目标，在考虑环保、交通运输及生态等方面基础上，结合地方国土空间规划编制，统筹支持解决畜禽养殖用地需求。二是引导养殖户合理选址，在统筹保护耕地、合理利用土地的前提下，充分利用荒山荒坡、滩涂等未利用和低效闲置的土地，科学规模化畜禽养殖用地，并指导和规范养殖场建立相应的环保标准设施。三是逐步规范设施农用地的使用，指导、督促养殖企业按要求签订土地协议，完善用地协议备案手续，将设施农业用地合法化。

（三）加强防疫及生产指导

持续加强疫情排查监测，积极引导中小型养殖企业重视企业规模化管理，强化专业技术人员的培养，加强乡镇畜牧兽医站建设，配备与养殖规模和工作任务相适应的防疫检疫等专业技术人员。提高村级防疫员工资待遇，按规定落实兽医专业人员的津补贴等。

（四）加强饲料供应保障

一是切实加强饲料业发展的领导。各级地方政府要充分认识发展饲料业的重要性，促进饲料业持续健康发展。二是建设安全优质高效的饲料生产体系。面向市场，依靠科技，科学利用和综合开发各类饲料资源，积极推进安全优质高效和替代进口饲料产品的生产。三是健全和完善饲料安全监管体系。建立与国际接轨的饲料质量标准体系、健全饲料监测体系和规范的饲料安全监管体系。

执笔：郭宏杨

核稿：吴大强

会审：罗　萍

福建省2020年城镇就业形势分析

2020年福建省委省政府及相关职能部门高度重视就业工作，把稳就业放在更加突出位置，强化就业优先政策，努力保障民生。据国家统计局福建调查总队对全省3424户城镇家庭开展的月度劳动力调查显示，2020年福建城镇就业形势逐季好转、总体保持稳定，但也存在待业时间延长、灵活就业人员劳动权益保障不足、中年职场困境等问题。

一、2020年城镇就业主要特点

（一）就业总体保持稳定

受疫情影响，2020年一季度全省城镇就业人口比为58.2%，环比下降2.9个百分点，同比下降5.1个百分点。随着疫情防控形势好转，各地复工复产进入“快进”模式，城镇就业人口比逐步回升，二至四季度分别为59.3%、59.6%和60.0%。

（二）就业人口进一步向城镇集中

城镇地区就业渠道广、产业发展完备、公共服务完善，对人才有持续吸引力。2020年四季度，城镇就业人员中外来人口所占比重为31.6%，分别比一至三季度上升4.0、1.5和1.1个百分点。其中，外来农业人口占17.1%，比一季度上升1.9个百分点；外来非农人口占14.5%，比一季度上升2.1个百分点。

（三）就业人员返岗率持续回升

2020年初，各地严格落实疫情防控措施，部分就业人员推迟返岗时间。一季度在岗工作人口占全部就业人口的比重为78.5%，环比下降21.1个百分点，同比下降20.8个百分点。其中，教育、住宿和餐饮业以及建筑业受疫情冲击较大，人员返岗速度较慢，返岗率分别为61.6%、67.1%和69.6%。随着各地相继出台支持复工复产有力措施，就业人员有序返岗。2020年二至四季度就业人员返岗率陆续回升至98.7%、98.9%和99.7%。

（四）求职方式更加多元

疫情发生后，人们找工作的途径更加多样化。2020年一季度，53.4%的求职人员主要委托亲戚朋友介绍工作，其次是浏览招聘网站或招聘广告，占15.7%。四季度，委托亲戚朋友介绍工作的求职人员比重较一季度下降7.0个百分点，参加招聘会、为找工作进行培训实习、自主创业和参与线上招聘的比重分别较一季度上升3.0～4.0个百分点。

（五）就业人员工作时间持续拉长

2020年企业复工复产态势良好，四季度城镇就业人员周平均工作时间48.9小时，较前三季度分别提高4.5、1.5和0.3小时。不充分就业（周平均工作时间少于20小时）的情况也有一定好转，四季度城镇就业人员中不充分就业人口的比重为2.4%，与第三季度持平，比一、二季度分别下降4.3和0.8个百分点。

二、存在的问题

（一）求职人群找工作时间增加

疫情后续影响犹存，就业市场上人岗匹配需要更长时间。2020年四季度求职者平均找工作时间为5.5个月，较一至三季度分别增加0.3、0.9和0.1个月。短期求职者占比下降，中长期求职者占比上升。四季度，找工作时间在半年以下的求职者占求职人群的比重为79.0%，较一季度下降2.2个百分点；找工作时间在半年至一年的求职者比重为12.8%，较一季度上升1.0个百分点；找工作时间在一年以上的求职者比重为8.2%，较一季度上升 1.2 个百分点。

（二）灵活就业人员劳动权益保障不足

调查数据显示，就业人员签订劳动合同的比重为 58.0%。在所有签订劳动合同的人员中，单位或雇主有为其缴纳社保的占 90.3%，享受带薪休假的占 79.4%。而灵活就业人员仅 2.7%有签订劳动合同，劳动权益有待进一步提高。家住厦门的肖女士利用某在线视频互动平台做唱歌直播，根据流量取得相应报酬，目前仅就收入分成与平台达成协议，未签订任何涉及劳动权益保障的合同。

（三）高校学生就业压力犹存，“慢就业”现象凸显

2020 年，部分企业缩减招聘规模，教师招考、公务员录用等招聘考试受疫情影响延期，加之疫情在一定程度上限制了人员流动，参加线下招聘会、参与岗前实习的机会减少，增加了大学生的求职难度。调查中，20-24 岁本科及以上学历人员还未找到工作的比例较 2019 年上升 8.7 个百分点。出于学术追求或就业竞争力提升的考虑，越来越多的应届毕业生选择继续深造。泉州某大学应届毕业生一宿舍，仅 1 位同学找工作，其余 3 位同学认为目前就业压力较大，准备参加研究生考试。厦门某高校调查了三间毕业生宿舍共 17 名学生，其中 11 名准备考研。

（四）中年人口失业比重提升

多数企业对应聘人员有年龄要求，部分岗位仅定向招收应届毕业生，中年求职群体可选择的岗位数量有限。疫情过后，职场中年危机现象更为普遍。从接受调查的失业人口年龄结构看，2020 年，30 岁以下青年失业人口占全部失业人口的比重比 2019 年有所下降，而 30-49 岁失业人口占全部失业人口的比重为 46.3%，较 2019 年上升 5.1 个百分点。

三、几点建议

（一）加强人力资源市场建设

强化就业市场信息收集和发布工作，完善就业信息服务，提升人岗匹配效率。一是加强人力资源市场数字化建设，整合人力资源市场、招聘企业和求职人员等资源，形成互联互通、高效便捷的服务网络。二是有效收集求职者简历以及岗位招聘信息，科学、规范做好人力资源市场供求信息的统计和分析工作，准确反映市场动态。三是定期及时发布就业相关资讯，包括就业形势政策、行业企业信息、招聘求职信息、职业指导、就业市场景气和职位供求状况分析等，引导劳动力合理有序流动。

（二）强化灵活就业劳动权益保障

灵活就业是劳动者增收的重要途径，2020 年劳动力调查显示，受访的就业人员中有 9.5%为自由职业或灵活就业人员，其劳动合同签订率不足 3%，灵活就业人员在工作中的合法权益得不到保障。为保障劳动者的基本报酬权、休息权和职业安全，一是探索建立职业责任保险，对被保险人在执业过程中因非故意因素造成的第三方损失依法给予经济赔偿。二是根据行业特点制定职业责任保险操作办法，明确投保人和被保险人的基本权利义务、保险期限、保险费率、赔偿限额、争议处理方法等。三是加大职业责任保险的推广力度，以对参保单位和个人予以财政补贴、税费减免、专项奖励等方式，调动各方参保积极性。

（三）全力促进高校毕业生充分就业

一是做好高校毕业生就业见习和社会实践工作。选择符合条件的社会组织，设立大学生就业见习和社会实践基地，对其给予一定比例的补贴。通过参加职业见习和志愿服务，促进大学生在实践中积累工作经验，提升就业能力。二是加强毕业生就业创业观念引导，鼓励毕业生服务基层。推进做好“特岗计划”“西部计划”“三支一扶”“大学生村官”等基层就业项目，引导和鼓励大学生到社区就业创业。三是关心基层服务大学生的成长发展，加大从基层就业项目和社区工作者中招录公务员或事业单位工作人员的比例，拓展基层就业人员的职业空间。

（四）多措并举降低失业风险提升再就业能力

一是保住市场主体，为稳定就业提供保障。全面落实援企稳岗措施，实施阶段性减免企业社会保险费、

降低社保费率等政策，用好吸纳就业补贴、见习补贴等政策，扩大稳岗返还受益面，切实减轻疫情对企业生产经营的影响。二是通过开发社区公益性岗位安置就业困难人员、给予用人单位岗位补贴以鼓励企业吸纳下岗失业人员等方式加大对就业困难群体的帮扶力度。三是职场人士自身应做好职业生涯规划。根据外部环境的变化不断提高综合能力和技能水平，提升核心竞争力。

执笔：陈　晶
核稿：王振洪
会审：罗　萍

1-1　全省行政区划(2020年底)

设区市名称	县级行政单位数(个)				县级行政单位名称
	合计	县	县级市	市辖区	
总　计	**85**	**44**	**12**	**29**	
福州市	13	6	1	6	鼓楼区 仓山区 台江区 马尾区 晋安区 长乐区 福清市 闽侯县 连江县 罗源县 闽清县 永泰县 平潭县
厦门市	6			6	思明区 海沧区 湖里区 集美区 同安区 翔安区
莆田市	5	1		4	城厢区 涵江区 荔城区 秀屿区 仙游县
三明市	12	9	1	2	三元区 梅列区 永安市 明溪县 清流县 宁化县 大田县 尤溪县 沙　县 将乐县 泰宁县 建宁县
泉州市	12	5	3	4	鲤城区 丰泽区 洛江区 泉港区 石狮市 晋江市 南安市 惠安县 安溪县 永春县 德化县 金门县
漳州市	11	8	1	2	芗城区 龙文区 龙海市 云霄县 诏安县 漳浦县 长泰县 东山县 南靖县 平和县 华安县
南平市	10	5	3	2	延平区 建阳区 邵武市 武夷山市 建瓯市 顺昌县 浦城县 光泽县 松溪县 政和县
龙岩市	7	4	1	2	新罗区 永定区 漳平市 长汀县 上杭县 武平县 连城县
宁德市	9	6	2	1	蕉城区 福安市 福鼎市 霞浦县 古田县 屏南县 寿宁县 周宁县 柘荣县

注：县级数包括金门县。

1-2 国民经济和社会发展

项目	总量指标			
	1978年	1990年	2000年	2010年
人口与就业				
年末总人口(万人)	2446	3037	3410	3693
#城镇人口		642	1432	2109
年末从业人员(万人)	924	1496	1794	2114
城镇登记失业人员(万人)	20.82	9.00	9.10	14.49
城镇单位在岗职工平均工资(元)	567	2162	10584	32647
国民经济核算				
地区生产总值(亿元)	66.37	522.28	3764.54	15002.51
第一产业	23.93	147.01	616.37	1269.87
第二产业	28.19	174.47	1622.33	7705.25
第三产业	14.25	200.80	1525.83	6027.39
主要行业				
工业	23.85	150.55	1422.34	6532.27
建筑业	4.34	23.92	206.11	1201.07
人均地区生产总值(元)	273	1763	11194	40773
固定资产投资				
固定资产投资(亿元)	9.45	90.51	995.38	8067.33
项目投资		77.04	788.01	6248.48
房地产投资		13.47	207.37	1818.86
能源生产与消费				
一次能源生产总量(万吨标准煤)	461.00	966.52	1654.17	3260.42
能源消费总量(万吨标准煤)	688.00	1458.30	2942.60	9189.42
财政				
一般公共预算总收入(亿元)	15.13	57.06	369.67	2056.01
地方一般公共预算收入(亿元)			234.11	1151.49
一般公共预算支出(亿元)	15.14	68.45	324.18	1695.09
金融				
金融机构人民币各项存款余额(亿元)	25.95	359.45	3114.32	18309.45
#财政存款			39.59	678.08
金融机构人民币各项贷款余额(亿元)	31.43	381.93	2438.82	15231.36
#短期贷款			1728.01	6594.50
中长期贷款			510.32	8372.64
保险公司赔款及给付金额(亿元)			17.76	102.90
价格指数(上年=100)				
居民消费价格指数	100.2	99.3	102.1	103.2
工业生产者出厂价格指数			100.5	103.2
工业生产者购进价格指数			112.4	107.7
农业				
农林牧渔业总产值(亿元)	36.33	227.12	1037.27	2226.41
主要农产品产量(万吨)				
粮食	744.90	879.64	854.68	584.65
油料	13.80	17.66	25.79	22.08
甘蔗	288.03	344.28	82.71	55.69
烤烟	1.23	4.26	9.14	11.52
茶叶	2.03	5.82	12.60	25.83
园林水果	10.10	75.78	356.44	495.03

总量和速度指标

2019年	2020年	平均增长速度(%)				2020年比上年增长(%)
		1979－2020年	1991－2020年	2001－2020年	2011－2020年	
4137	4161	1.27	1.06	1.00	1.20	0.58
2808	2861		5.11	3.52	3.10	1.89
2210	2206	2.09	1.30	1.04	0.43	-0.18
16.81	35.74	1.29	4.70	7.08	9.45	112.61
84374	91072	12.9	13.3	11.4	10.8	7.9
42326.58	43903.89	11.8	12.0	10.6	8.9	3.3
2595.53	2732.32	5.3	4.8	3.2	3.3	3.1
20065.48	20328.80	14.2	14.6	12.2	9.5	2.5
19665.57	20842.78	12.3	11.4	10.3	9.0	4.1
15654.00	15745.55	14.6	14.9	12.2	9.5	1.7
4482.03	4654.13	8.5	12.6	11.8	9.6	5.8
102722	105818	10.5	10.8	9.4	7.6	2.5
		21.2	21.5	18.7	14.3	-0.4
			21.2	18.7	14.6	-3.4
5673.13	6026.80		22.6	18.3	12.7	6.2
4353.87	3997.99	5.3	4.8	4.5	2.1	-8.2
13718.31	13905.19	7.4	7.8	8.1	4.2	1.4
5147.25	5158.43	14.9	16.2	14.1	9.6	0.2
3052.93	3079.04			13.7	10.3	0.9
5077.93	5216.10	14.9	15.5	14.9	11.9	2.7
48754.92	55160.49	20.0	18.3	15.5	11.7	13.1
1017.18	1053.15			17.8	4.5	3.5
51396.64	58589.49	19.6	18.3	17.2	14.4	14.0
16552.98	17843.60			12.4	10.5	7.8
32205.10	37789.19			24.0	16.3	17.3
364.19	393.23			16.8	14.3	8.0
102.6	102.2	4.7	3.7	2.0	2.3	2.2
100.6	98.4			0.1	0.1	-1.6
99.0	98.6			2.0	0.2	-1.4
4636.56	4901.07	5.7	5.3	3.4	3.5	3.3
493.90	502.32	-0.9	-1.9	-2.6	-1.5	1.7
22.03	22.73	1.2	0.8	-0.6	0.3	3.2
26.25	26.98	-5.5	-8.1	-5.4	-7.0	2.8
9.40	10.03	5.1	2.9	0.5	-1.4	6.7
43.99	46.14	7.7	7.1	6.7	6.0	4.9
681.61	717.05	10.7	7.8	3.6	3.8	5.2

1-2 续表 1

项目	总量指标			
	1978年	1990年	2000年	2010年
肉类	24.27	71.83	145.92	192.61
禽蛋		12.94	40.69	30.54
奶类	0.93	4.87	9.91	13.24
水产品	54.44	145.59	527.89	587.42
食用菌		18.24	46.25	76.27
造林面积(万亩)	292.07	455.87	36.75	44.81
工业				
工业总产值(亿元)	63.14	531.49	3994.86	23805.32
规模以上工业主要产品产量				
原煤(万吨)	423.05	925.37	375.03	2442.73
原盐(万吨)	94.67	67.21	28.37	33.39
罐头(万吨)	4.10	14.41	26.78	203.21
布(亿米)	1.12	2.26	5.59	31.20
纱(万吨)	1.84	5.48	14.36	184.74
机制纸及纸板(万吨)	20.08	52.09	85.07	432.06
农用化肥(万吨)	16.40	43.64	61.38	57.87
烧碱(万吨)	4.32	8.70	15.64	20.11
水泥(万吨)	120.45	540.04	1513.64	5921.20
平板玻璃(万重量箱)	43.59	66.06	479.87	2765.35
生铁(万吨)	26.57	62.60	149.37	558.81
钢材(万吨)	13.82	56.28	283.79	1340.56
彩色电视机(万台)		123.14	204.19	903.10
微型电子计算机(万台)			88.77	738.27
汽车(万辆)	0.09	0.07	2.96	19.50
发电量(亿千瓦小时)	40.69	136.65	403.73	1356.32
规模以上工业企业主要经济指标(亿元)				
资产总计			3368.64	16058.70
主营业务收入		352.56	2468.69	21479.37
利润总额	6.75	16.09	110.80	1754.18
建筑业				
建筑业企业从业人员(万人)	4.54	30.98	41.37	229.57
建筑业总产值(亿元)	3.31	32.54	271.15	3062.17
房屋施工面积(万平方米)	416.57	969.35	4085.40	28406.86
房屋竣工面积(万平方米)	183.40	499.30	1729.00	9095.78
交通运输邮电				
铁路营业里程(公里)	1009	1021	1454	2110
公路通车里程(公里)	29109	41011	53506	91015
#高速公路			351	2351
内河通航里程(公里)	3629	3888	3701	3245
客运量(万人)	7928	39495	44203	77153
铁路	718	1234	1428	3640
公路	6285	36639	41696	70714
水运	924	1567	726	1444
民航	1	55	353	1356
货运量(万吨)	4871	20321	29483	66159
铁路	1261	1902	2475	3765
公路	2671	16710	22924	45575
水运	929	1708	4078	16803
民航	0.02	0.83	5.84	15.81
沿海主要港口货物吞吐量(万吨)	408.13	1496.50	6944.17	32687.01

		平均增长速度(%)				2020年比上年增长(%)
2019年	2020年	1979−2020年	1991−2020年	2001−2020年	2011−2020年	
255.15	259.39	5.8	4.4	2.9	3.0	1.7
48.58	53.66		4.9	1.4	5.8	10.5
14.99	17.48	7.2	4.4	2.9	2.8	16.6
814.58	830.34	6.7	6.0	2.3	3.5	1.9
133.36	137.88		7.0	5.6	6.1	3.4
14.97	7.34	-8.4	-12.9	-7.7	-16.6	-51.0
63172.56	63476.68	17.2	17.5	14.2	10.4	2.0
831.72	645.85	1.0	-1.2	2.8	-12.5	-22.3
21.83	26.54	-3.0	-3.0	-0.3	-2.3	21.6
297.96	281.80	10.6	10.4	12.5	3.3	-5.4
102.75	74.49	10.5	12.4	13.8	9.1	-27.5
580.91	543.45	14.5	16.6	19.9	11.4	-6.4
805.13	798.49	9.2	9.5	11.8	6.3	-0.8
90.27	86.25	4.0	2.3	1.7	4.1	-4.5
38.98	35.90	5.2	4.8	4.2	6.0	-7.9
9443.13	9686.90	11.0	10.1	9.7	5.0	2.6
5113.94	5361.63	12.1	15.8	12.8	6.8	4.8
1038.08	1106.21	9.3	10.0	10.5	7.1	6.6
3737.66	3861.65	14.4	15.1	13.9	11.2	3.3
790.85	1330.02		8.3	9.8	3.9	68.2
2192.40	1493.63			15.2	7.3	-31.9
16.95	18.04	13.5	20.3	9.5	-0.8	6.4
2406.44	2537.12	10.3	10.2	9.6	6.5	5.4
39551.81	41995.99			13.4	10.1	6.2
56787.62	53220.66		18.2	16.6	9.5	-6.3
4326.54	3949.87	16.4	20.1	19.6	8.5	-8.7
457.00	483.79	11.8	9.6	13.1	7.7	5.9
13164.44	14117.80	22.0	22.4	21.9	16.5	7.2
76606.34	82671.20	13.4	16.0	16.2	11.3	7.9
17810.53	18231.74	11.6	12.7	12.5	7.2	2.4
3509	3774	3.2	4.5	4.9	6.0	7.6
109785	110118	3.2	3.3	3.7	1.9	0.3
5347	5635			14.9	9.1	5.4
3245	3245	-0.3	-0.6	-0.7		
49379	25490	2.8	-1.4	-2.7	-10.5	-48.4
12741	7539	5.8	6.2	8.7	7.6	-40.8
31199	14882	2.1	-3.0	-5.0	-14.4	-52.3
1821	742	-0.5	-2.5	0.1	-6.4	-59.3
3618	2327	19.9	13.3	9.9	5.5	-35.7
133693	139927	8.3	6.6	8.1	7.8	4.7
4086	3750	2.6	2.3	2.1	0.0	-8.2
87317	91137	8.8	5.8	7.1	7.2	4.4
42263	45018	9.7	11.5	12.8	10.4	6.5
27.71	22.80	18.2	11.7	7.0	3.7	-17.7
59483.99	62132.47	12.7	13.2	11.6	6.6	4.5

1—2 续表 2

项目	总量指标			
	1978年	1990年	2000年	2010年
邮电业务				
函件(万件)	8790	16228	24163	25198
移动电话年末用户(万户)			441.00	3022.00
固定电话年末用户(万户)	5.88	22.82	562.70	1046.00
国内贸易				
社会消费品零售总额(亿元)	30.56	207.74	1393.93	6015.22
进出口				
海关进出口总额(亿美元)	2.03	43.39	212.23	1087.80
出口总额	1.90	24.49	129.08	714.93
进口总额	0.13	18.90	83.15	372.87
旅游				
接待入境游客人数(万人次)		70.79	161.33	368.14
外国人		10.54	49.75	115.27
台湾同胞		36.28	47.79	156.92
港澳同胞		23.97	63.80	95.94
国际旅游外汇收入(亿美元)			8.94	29.78
教育				
在校学生数(万人)				
普通高等学校	2.05	5.56	13.14	64.78
普通中等学校	119.98	120.69	269.46	260.22
普通小学	370.23	337.08	369.10	238.89
科技				
研究与试验发展经费内部支出(亿元)			21.19	170.90
技术市场成交额(亿元)		0.44	17.26	38.12
专利情况(项)				
申请量		540	4211	21994
授权量		276	3003	18063
发明专利拥有量				3295
文化				
图书出版总印数(万份)	6818	16312	20298	7749
期刊出版总印数(万份)	388	3157	4463	2940
报纸出版总印数(万份)	14784	41455	68897	99982
电视节目制作时间(小时)			16519	55424
公共图书馆(座)	23	74	81	86
博物馆(个)	13	58	81	94
居民生活				
城镇居民人均可支配收入(元)	371	1749	7432	21781
城镇居民人均消费支出(元)	285	1431	5639	14750
城镇居民人均住房建筑面积(平方米)		18.1	28.0	38.5
农村居民人均可支配(纯)收入(元)	138	764	3230	7427
农村居民人均生活消费支出(元)	113	708	2410	5498
卫生				
卫生机构数(个)	3809	4885	9807	6999
#医院、卫生院	1111	1198	1323	1325
卫生技人员数(人)	54855	86772	97569	140133
医生	22097	35696	41461	55402
卫生机构床位数(张)	51505	68073	90091	112334
#医院、卫生院	45331	60664	82389	103933

		平均增长速度(%)				2020年比上年增长(%)
2019年	2020年	1979—2020年	1991—2020年	2001—2020年	2011—2020年	
4755	3268	-2.3	-5.2	-9.5	-18.5	-31.3
4720.32	4739.28			12.6	4.6	0.4
763.71	733.07	12.2	12.3	1.3	-3.5	-4.0
18896.83	18626.45	16.5	16.2	13.8	12.0	-1.4
1930.86	2033.17	17.9	13.7	12.0	6.5	5.3
1201.83	1223.87	16.6	13.9	11.9	5.5	1.8
729.03	809.30	23.1	13.3	12.1	8.1	11.0
958.28	229.67		4.0	1.8	-4.6	-76.0
373.23	93.92		7.6	3.2	-2.0	-74.8
387.64	83.02		2.8	2.8	-6.2	-78.6
197.40	52.73		2.7	-0.9	-5.8	-73.3
102.43	20.69			4.3	-3.6	-79.8
86.12	94.72	9.6	9.9	10.4	3.9	10.0
242.69	257.68	1.8	2.6	-0.2	-0.1	6.2
334.40	343.61	-0.2	0.1	-0.4	3.7	2.8
753.75						
145.94	183.86		22.3	12.6	17.0	26.0
153279	180399		21.4	20.7	23.4	17.7
98955	145929		23.2	21.4	23.2	47.5
43791	50756				31.5	15.9
14385	13620	1.7	-0.6	-2.0	5.8	-5.3
2158	2017	4.0	-1.5	-3.9	-3.7	-6.5
73810	69515	3.8	1.7	0.0	-3.6	-5.8
70246	55417			6.2	0.0	-21.1
93	97	3.5	0.9	0.9	1.2	4.3
130	132	5.7	2.8	2.5	3.5	1.5
45620	47160	12.2	11.6	9.7	8.0	3.4
30946	30487	11.8	10.7	8.8	7.5	-1.5
43.5	43.8		3.0	2.3	1.3	0.7
19568	20880	12.7	11.7	9.8	10.9	6.7
16281	16339	12.6	11.0	10.0	11.5	0.4
10192	10979	2.6	2.7	0.6	4.6	7.7
1560	1585	0.8	0.9	0.9	1.8	1.6
263427	278397	3.9	4.0	5.4	7.1	5.7
99532	105546	3.8	3.7	4.8	6.7	6.0
202374	216753	3.5	3.9	4.5	6.8	7.1
188416	202189	3.6	4.1	4.6	6.9	7.3

1−3 国民经济和社会发展结构指标

单位：%

项　　目	1978年	1990年	2000年	2010年	2019年	2020年
一、人口						
(一)性别结构						
男	51.7	51.4	51.5	51.4	50.9	51.7
女	48.3	48.6	48.5	48.6	49.1	48.3
(二)城乡结构						
城镇			42.0	57.1	67.9	68.8
乡村			58.0	42.9	32.1	31.2
二、就业产业结构						
第一产业	75.1	58.4	46.8	28.4	16.7	14.6
第二产业	13.4	20.5	24.5	36.6	33.7	32.6
第三产业	11.4	21.1	28.7	35.0	49.6	52.8
三、国民经济核算						
地区生产总值产业结构						
第一产业	36.0	28.1	16.4	8.5	6.1	6.2
第二产业	42.5	33.4	43.1	51.4	47.4	46.3
第三产业	21.5	38.4	40.5	40.2	46.5	47.5
四、固定资产投资						
(一)产业结构						
第一产业				1.6	1.8	1.7
第二产业				35.8	30.5	30.8
第三产业				62.6	67.7	67.5
(二)登记注册类型结构						
#国有企业				32.9	13.2	7.2
集体企业				2.8	1.0	0.6
私营企业				24.5	32.3	41.8
外商及港澳台投资企业				13.3	6.0	6.8
五、能源						
能源消费结构						
#煤炭	63.7	67.0	54.4	55.4	47.3	48.3
石油	12.9	12.1	23.3	24.8	23.0	23.6
天然气				4.2	4.8	4.7
水电	23.4	20.9	22.3	15.2	9.6	6.2
核电					13.5	13.9
六、农业						
(一)农林牧渔业产值结构						
农业	77.7	52.1	40.6	40.4	38.3	37.1
林业	6.4	9.5	7.9	8.5	9.0	8.0
牧业	10.5	22.9	20.1	18.6	19.7	23.3
渔业	5.5	15.6	31.4	28.8	29.4	28.0
农林牧渔服务业				3.7	3.6	3.6
(二)农作物播种面积						
粮食作物	81.9	75.8	65.5	55.3	49.9	49.6
非粮作物	19.1	24.2	34.5	44.7	50.1	50.4
七、工业						
规模以上工业企业资产结构						
大型企业			22.0	23.7	38.5	38.5
中型企业			13.5	40.9	27.9	27.0
小微企业			64.5	35.4	33.6	34.6
八、建筑业						
建筑业总产值结构						
国有企业	56.8	41.1	48.6	14.6	5.6	5.7
集体企业	39.9	34.7	33.0	2.0	1.3	1.3
港澳台商投资企业				1.1	0.2	0.8
外商投资企业				0.08	0.01	0.20
其他				82.2	92.8	92.0

1-3　续表

单位：%

项　　目	1978年	1990年	2000年	2010年	2019年	2020年
九、交通运输业						
(一)货运量结构						
铁路	25.9	9.4	8.4	5.7	3.1	2.7
公路	54.8	82.2	77.8	68.9	65.3	65.1
水运	19.1	8.4	13.8	25.4	31.6	32.2
民航			0.020	0.024	0.021	0.016
(二)客运量结构						
铁路	9.1	3.1	3.2	4.7	25.8	29.6
公路	79.3	92.8	94.3	91.7	63.2	58.4
水运	11.7	4.0	1.6	1.9	3.7	2.9
民航	0.0	0.1	0.8	1.8	7.3	9.1
十、国内贸易						
社会消费品零售总额结构						
按销售单位所在地分组						
城镇				86.8	86.6	86.9
乡村				13.2	13.4	13.1
按商品形态分						
餐饮收入额					11.0	9.3
商品零售额					89.0	90.7
十一、海关货物进出口						
(一)进口货物总额						
初级产品			12.3	27.5	56.1	58.0
工业制成品			87.7	72.5	43.9	42.0
(二)出口货物总额						
初级产品			10.6	7.4	8.3	8.2
工业制成品			89.4	92.6	91.7	91.8
十二、国际旅游						
来华旅游人数结构						
外国人		14.9	30.8	31.3	38.9	40.9
台湾同胞		51.3	29.6	42.6	40.5	36.1
港澳同胞		33.9	39.5	26.1	20.6	23.0
十三、科技						
(一)研究与试验发展经费来源						
#政府资金			14.6	10.3	11.1	
企业资金			74.5	86.9	86.9	
国外资金			1.7	0.8		
(二)研究与试验发展经费支出						
基础研究			3.1	2.5	4.8	
应用研究			6.7	5.6	6.7	
试验发展			86.4	92.0	88.5	
十四、居民消费						
(一)城镇居民消费结构						
食品烟酒			44.7	39.3	30.8	31.7
衣着			8.7	8.7	5.4	4.7
居住			9.4	10.9	28.9	30.7
生活用品及服务			8.6	6.6	5.0	5.0
交通通信			8.6	14.9	12.0	12.3
教育文化娱乐服务			10.4	12.1	9.9	7.5
医疗保健			4.7	4.2	5.5	5.8
其他用品及服务			4.9	3.4	2.5	2.2
(二)农村居民消费结构						
食品烟酒			48.7	46.1	35.5	38.4
衣着			4.9	5.6	4.8	4.6
居住			14.6	15.7	23.3	24.1
生活用品及服务			4.6	5.3	5.0	5.3
交通通信			8.6	11.6	11.7	10.3
教育文化娱乐服务			10.6	8.4	9.9	7.5
医疗保健			3.6	4.6	7.4	7.8
其他用品及服务			4.6	2.6	2.4	1.8

1-4 国民经济和社会发展比例和效益指标

项　　目	1978年	1990年	2000年	2010年	2019年	2020年
一、人口与就业						
出生率(‰)	25.35	24.44	11.60	11.27	12.90	9.20
死亡率(‰)	6.31	6.71	5.85	5.16	6.10	5.10
自然增长率(‰)	19.04	17.73	5.75	6.11	6.80	4.10
城镇登记失业率(%)	9.10	2.60	2.60	3.77	3.50	3.82
二、国民经济核算						
工业增加值占地区生产总值比重(%)	35.9	28.8	37.8	43.5	37.0	35.9
人均地区生产总值(元)	273	1763	11194	40773	102722	105818
全员劳动生产率(元/人)		3733	21149	71731	191004	198840
三、财政金融						
一般公共预算总收入相当于地区生产总值比例(%)	22.8	10.9	9.8	13.7	12.2	11.7
一般公共预算支出相当于地区生产总值比例(%)	22.8	13.1	8.6	11.3	12.0	11.9
金融机构年末人民币存款余额相当于地区生产总值比例(%)	39.1	68.8	82.7	122.0	115.2	125.6
金融机构年末人民币贷款余额相当于地区生产总值比例(%)	47.4	73.1	64.8	101.5	121.4	133.4
四、能源						
能源消费弹性系数		0.52	0.66	0.72	0.59	0.42
电力消费弹性系数		0.73	1.45	1.14	0.51	1.03
单位地区生产总值能耗上升或下降(±%)				-3.42	-2.78	-1.83
五、农业						
每亩农产品产量(千克)						
粮食	219	282	312	363	400	401
油料	85	105	138	160	190	191
六、工业						
规模以上工业						
总资产贡献率(%)			9.26	18.80	15.55	12.93
资产负债率(%)			57.52	52.74	50.65	50.68
流动资产周转次数(次)			1.89	2.87	2.87	2.62
成本费用利润率(%)			4.76	8.83	8.17	7.74
产品销售率(%)			96.95	97.76	97.15	96.53
七、建筑业						
建筑业劳动生产率(按产值计算)(元/人)			64884	134520	269231	285578
产值利税率(%)		1.5	5.2	6.4	6.1	5.7
八、交通运输业						
铁路网密度(公里/万平方公里)	81.37	82.34	117.26	170.24	282.98	304.35
公路网密度(公里/万平方公里)	2347.5	3307.34	4315.00	7339.92	8853.63	8880.48
九、对外贸易						
进出口总额相当于地区生产总值比例		43.4	46.7	49.1	31.4	32.1
#出口总额相当于地区生产总值比例(%)		24.5	28.4	32.3	19.6	19.3
机电产品出口占出口总额的比重(%)				41.1	36.4	37.8
高新技术产品出口占出口总额的比重(%)				18.4	11.8	12.0
十、自然资源						
森林覆盖率(%)	39.50	43.20	60.50	63.10	66.80	66.80
十一、居民生活						
全体居民人均可支配收入(元)					35616	37202
城镇居民人均可支配收入与农村居民人均可支配(纯)收入之比(以农民人均纯收入为1)	2.69	2.29	2.30	2.93	2.33	2.26
十二、科技教育卫生						
每万人口发明专利拥有量(件)				0.89	10.59	12.20
学龄前儿童毛入学率(%)		99.10	99.86	100.00	98.53	
小学毕业生升学率(%)		64.96	97.27	96.70	99.05	99.28
初中毕业生升学率(%)		49.71	49.97	92.90	88.12	83.86
每千人口拥有卫生技术人员数(人)	2.23	2.92	2.82	3.79	6.39	6.71
#医生	0.9	1.2	1.2	1.5	2.4	2.5
每千人口拥有卫生机构床位数(张)	2.1	2.2	2.6	3.0	4.9	5.2

1-5 平均每天主要社会经济活动

项 目	1978年	1990年	2000年	2010年	2019年	2020年
一、全省每天创造的财富						
地区生产总值(亿元)	0.18	1.43	10.29	41.10	115.96	119.96
农林牧渔总产值(亿元)	0.10	0.62	2.83	6.10	12.70	13.43
工业总产值(亿元)	0.17	1.46	10.91	65.22	173.08	169.32
一般公共预算总收入(亿元)	0.04	0.16	1.01	5.63	14.10	14.09
#地方一般公共预算收入			0.64	3.15	8.36	8.41
一般公共预算支出(亿元)	0.04	0.19	0.89	4.64	13.91	14.25
原煤(吨)	11590	25353	10247	66924	22787	17646
原盐(吨)	2594	1841	775	915	598	725
发电量(万千瓦时)	1114.79	3743.84	11030.87	37159.45	65929.86	69320.22
粗钢(吨)	443	1415	3414	29778	65487	67391
钢材(吨)	379	1542	7754	36728	102402	105509
生铁(吨)	728	1715	4081	15310	28441	30224
水泥(吨)	3300	14796	41356	158718	258716	264669
平板玻璃(重量箱)	1194	1810	13111	74385	140108	146493
布(万米)	30.68	61.92	152.64	854.80	2815.20	2035.22
纱(吨)	50	150	392	5061	15915	14848
服装(万件)		30.46	108.95	800.75	1452.06	1505.74
机制纸及纸板(吨)	550	1427	2324	11837	22058	21817
农用化肥(吨)	449	1196	1677	1586	2473	2356
烧碱(吨)	118	238	427	551	1068	981
彩色电视机(台)		3374	5579	24742	21667	36339
卷烟(箱)	558	2093	2695	4623	4816	4844
罐头(吨)	112	395	732	5567	8163	7700
粮食(吨)	20408	24100	23352	16018	13532	13725
油料(吨)	378	484	705	605	604	621
甘蔗(吨)	7891	9432	2260	1526	719	737
茶叶(吨)	56	159	344	747	1205	1261
水果(吨)	277	2076	9765	13993	18674	19592
肉类(吨)		1968	3987	5277	6990	7087
水产品(吨)	1492	3989	14423	16094	22317	22687
食用菌(吨)		500	1264	2090	3654	3767
二、全省每天消费量						
能源消费量(万吨标准煤)	1.88	4.00	8.04	25.18	37.58	37.99
社会消费品零售总额(亿元)	0.08	0.57	3.81	16.48	51.77	50.89
三、每天其他经济活动						
国际旅游外汇收入(万美元)			244.21	815.96	2806.43	565.20
能源生产总量(万吨标准煤)	1.26	2.65	4.52	8.93	11.93	10.92
货运周转量(亿吨公里)	0.20	0.75	1.88	8.17	22.73	24.65
客运周转量(万人公里)	978.90	4805.48	9124.86	17774.25	32603.29	18086.61
货物进出口总额(万美元)	55.62	1188.79	5798.72	29802.81	52900.35	55551.19
出口总额(万美元)	52.05	670.98	3526.85	19587.16	32926.90	33439.08
进口总额(万美元)	3.56	517.81	2271.87	10215.66	19973.45	22112.11
主要港口货物吞吐量(万吨)	1.12	4.10	18.97	89.55	162.97	169.76
邮电业务总量(万元)	27.67	200.55	6730.60	32717.53	106322.19	130189.62
邮寄函件(万件)	24.08	44.46	66.02	69.04	13.03	8.93
图书出版总印数(万份)	18.68	44.69	55.46	21.23	39.41	37.21
杂志出版总印数(万份)	1.06	8.65	12.19	8.06	5.91	5.51
报纸出版总印数(万份)	40.50	113.58	188.24	273.92	202.22	189.93
四、全省每天婚姻变动						
结婚对数(对)			714	1038	658	562
离婚对数(对)			33	120	267	255

1-6 全省法人单位数和从业人员数(2020年)

单位：个

项　　目	法人单位数		
		单产业法人	多产业法人
按登记注册类型分	**1156978**	**1133545**	**23433**
内资	1140856	1118080	22776
国有	39931	36609	3322
集体	8493	7819	674
股份合作	418	365	53
联营	313	310	3
国有联营	37	36	1
集体联营	94	93	1
国有与集体联营	28	28	
其他联营	154	153	1
有限责任公司	23671	22252	1419
国有独资公司	2309	2048	261
其他责任有限公司	21362	20204	1158
股份有限公司	1765	1375	390
私营	989691	974173	15518
私营独资	65677	65218	459
私营合伙	13067	13001	66
私营有限责任公司	906699	891998	14701
私营股份有限公司	4248	3956	292
其他	76574	75177	1397
港澳台商投资	10780	10408	372
合资经营(港或澳、台资)	2480	2378	102
合作经营(港或澳、台资)	83	80	3
港、澳、台商独资经营	7946	7702	244
港、澳、台商投资股份有限公司	154	133	21
其他港澳台商投资	117	115	2
外商投资	5342	5057	285
中外合资	1411	1339	72
中外合作	33	32	1
外商独资	3739	3541	198
外商投资股份有限公司	75	64	11
其他外商投资	84	81	3
按机构类型分	**1156978**	**1133545**	**23433**
企业	1031865	1012895	18970
事业单位	26700	25526	1174
机关	7706	5859	1847
社会团体	18154	18106	48
其他	72553	71159	1394
按行业分	**1156978**	**1133545**	**23433**
农、林、牧、渔业	59673	59503	170
农业	31690	31618	72
林业	6301	6264	37
畜牧业	8700	8677	23
渔业	7312	7294	18
农、林、牧、渔服务业	5670	5650	20

1-6　续表 1

单位：个

项　　目	法人单位数	单产业法人	多产业法人
采矿业	1811	1770	41
煤炭开采和洗选业	142	136	6
石油和天然气开采业			
黑色金属矿采选业	237	224	13
有色金属矿采选业	185	180	5
非金属矿采选业	1177	1160	17
开采辅助活动	41	41	
其他采矿业	29	29	
制造业	158080	156392	1688
农副食品加工业	6177	6072	105
食品制造业	4795	4708	87
酒、饮料和精制茶制造业	6474	6362	112
烟草制品业	12	11	1
纺织业	5821	5761	60
纺织服装、服饰业	10831	10694	137
皮革、毛皮、羽毛及其制品和制鞋业	11686	11597	89
木材加工和木、竹、藤、棕、草制品业	6427	6367	60
家具制造业	5585	5540	45
造纸和纸制品业	4063	4036	27
印刷和记录媒介复制业	3237	3191	46
文教、工美、体育和娱乐用品制造业	10598	10512	86
石油加工、炼焦和核燃料加工业	289	282	7
化学原料和化学制品制造业	3962	3896	66
医药制造业	1297	1269	28
化学纤维制造业	274	271	3
橡胶和塑料制品业	8404	8345	59
非金属矿物制品业	19460	19283	177
黑色金属冶炼和压延加工业	564	558	6
有色金属冶炼和压延加工业	727	717	10
金属制品业	13018	12920	98
通用设备制造业	8497	8416	81
专用设备制造业	8075	8009	66
汽车制造业	1860	1836	24
铁路、船舶、航空航天和其他运输设备制造业	1023	1013	10
电气机械和器材制造业	5325	5257	68
计算机、通信和其他电子设备制造业	3946	3883	63

1-6 续表 2

单位：个

项目	法人单位数	单产业法人	多产业法人
仪器仪表制造业	1160	1140	20
其他制造业	2348	2335	13
废弃资源综合利用业	880	866	14
金属制品、机械和设备修理业	1265	1245	20
电力、热力、燃气及水生产和供应业	6853	6640	213
电力、热力生产和供应业	5488	5340	148
燃气生产和供应业	179	145	34
水的生产和供应业	1186	1155	31
建筑业	55581	51329	4252
房屋建筑业	17425	15054	2371
土木工程建筑业	10652	9409	1243
建筑安装业	4375	4184	191
建筑装饰和其他建筑业	23129	22682	447
批发和零售业	404677	399969	4708
批发业	224222	222217	2005
零售业	180455	177752	2703
交通运输、仓储和邮政业	23530	22724	806
铁路运输业	73	71	2
道路运输业	13585	13235	350
水上运输业	1421	1373	48
航空运输业	148	140	8
管道运输业	8	8	
多式联运和运输代理业	5243	5135	108
装卸搬运和仓储业	1988	1945	43
邮政业	1064	817	247
住宿和餐饮业	16900	16177	723
住宿业	5455	5291	164
餐饮业	11445	10886	559
信息传输、软件和信息技术服务业	70248	69699	549
电信、广播电视和卫星传输服务	861	782	79
互联网和相关服务	21107	20992	115
软件和信息技术服务业	48280	47925	355
金融业	4734	4204	530
货币金融服务	1422	1157	265
资本市场服务	2136	2123	13
保险业	531	289	242
其他金融业	645	635	10

1-6　续表 3

单位：个

项　　目	法人单位数	单产业法人	多产业法人
房地产业	26042	24738	1304
房地产业	26042	24738	1304
租赁和商务服务业	124636	122824	1812
租赁业	9370	9244	126
商务服务业	115266	113580	1686
科学研究和技术服务业	54197	53077	1120
研究和试验发展	10602	10539	63
专业技术服务业	20978	20063	915
科技推广和应用服务业	22617	22475	142
水利、环境和公共设施管理业	7619	7468	151
水利管理业	657	634	23
生态保护和环境治理业	1178	1159	19
公共设施管理业	4769	4670	99
土地管理业	1015	1005	10
居民服务、修理和其他服务业	20506	20065	441
居民服务业	9047	8819	228
机动车、电子产品和日用产品修理业	7867	7722	145
其他服务业	3592	3524	68
教育	23600	22593	1007
教育	23600	22593	1007
卫生和社会工作	8314	8141	173
卫生	5840	5689	151
社会工作	2474	2452	22
文化、体育和娱乐业	30424	30072	352
新闻和出版业	342	332	10
广播、电视、电影和影视录音制作业	4698	4645	53
文化艺术业	10621	10530	91
体育	3670	3567	103
娱乐业	11093	10998	95
公共管理、社会保障和社会组织	59553	56160	3393
中国共产党机关	1550	1415	135
国家机构	14967	13117	1850
人民政协、民主党派	272	260	12
社会保障	265	259	6
群众团体、社会团体和其他成员组织	25138	25074	64
基层群众自治组织	17361	16035	1326

1-7 各设区市按行业门类分的法人单位数(2020年)

单位：个

项　　目	福建省	福州市	厦门市	莆田市	三明市	泉州市	漳州市	南平市	龙岩市	宁德市
农、林、牧、渔业	59673	7697	1389	2417	7677	6974	8597	8436	5508	10978
采矿业	1811	69	14	18	551	260	153	170	469	107
制造业	158080	15518	23233	7770	5852	66710	14702	8103	5964	10228
电力、热力、燃气及水生产和供应业	6853	693	176	161	1294	869	911	871	1155	723
建筑业	55581	14295	10077	2948	2416	11233	5016	3174	3469	2953
批发和零售业	404677	64092	76151	42475	12127	125299	28333	18755	19918	17527
交通运输、仓储和邮政业	23530	4963	5641	855	1264	4367	2457	1477	1238	1268
住宿和餐饮业	16900	3670	4286	930	568	3389	1443	723	1051	840
信息传输、软件和信息技术服务业	70248	16792	17574	2773	1474	21288	3325	2159	2853	2010
金融业	4734	1729	1494	94	157	537	211	141	200	171
房地产业	26042	5569	5208	1348	1246	5210	2473	1533	1620	1835
租赁和商务服务业	124636	30189	26630	5179	3524	31582	8683	5848	4925	8076
科学研究和技术服务业	54197	12854	12814	2419	1836	12139	4609	2248	2879	2399
水利、环境和公共设施管理业	7619	1224	1035	430	675	1229	1121	670	598	637
居民服务、修理和其他服务业	20506	4557	5452	991	697	4107	1693	972	1079	958
教育	23600	4169	4727	1630	1251	4237	3130	1448	1687	1321
卫生和社会工作	8314	2327	963	347	1184	1107	647	759	487	493
文化、体育和娱乐业	30424	5882	7511	1418	1208	7011	2340	1772	1930	1352
公共管理、社会保障和社会组织	59553	11378	2760	4113	6161	9531	6706	6967	5237	6700
国际组织										

1-8 各设区市按机构类型分的法人单位数(2020年)

单位：个

地　区	法人单位数					
		企业法人	事业法人	机关法人	社团法人	其他法人
福建省	**1156978**	**1031865**	**26700**	**7706**	**18154**	**72553**
福州市	207667	187013	4509	1289	4146	10710
厦门市	207135	201110	1223	405	1330	3067
莆田市	78316	71213	1995	459	817	3832
三明市	51162	36720	2956	1004	1684	8798
泉州市	317079	298087	4157	1091	3734	10010
漳州市	96550	80820	3915	1088	1406	9321
南平市	66226	50297	3729	868	2329	9003
龙岩市	62267	51479	1994	685	1538	6571
宁德市	70576	55126	2222	817	1170	11241

1-9　各设区市按营业状态分的企业法人单位数(2020年)

单位：个

地　区	企业法人单位数	营　业	停业(歇业)	筹　建	其　他
福建省	**1031865**	**823653**	**38561**	**167643**	**2008**
福州市	187013	145480	6848	34216	469
厦门市	201110	171955	9319	19829	7
莆田市	71213	47178	957	23071	7
三明市	36720	31343	2053	3206	118
泉州市	298087	236554	8817	51628	1088
漳州市	80820	60486	2297	17870	167
南平市	50297	39575	2540	8047	135
龙岩市	51479	47158	1890	2425	6
宁德市	55126	43924	3840	7351	11

1-10　各设区市按登记注册类型分的企业法人单位数(2020年)

单位：个

地　区	企业法人单位数	内资企业	#国有企业	#集体企业	#股份合作企业
福建省	**1031865**	**1015748**	**2644**	**4132**	**382**
福州市	187013	183762	610	986	57
厦门市	201110	195165	167	194	67
莆田市	71213	70781	78	195	19
三明市	36720	36423	262	476	27
泉州市	298087	294213	372	719	45
漳州市	80820	79361	352	465	71
南平市	50297	50030	422	483	25
龙岩市	51479	51063	179	336	45
宁德市	55126	54950	202	278	26

1-10　续表

单位：个

地　区	#联营企业	#有限责任公司	#股份有限公司	#私营企业	港澳台商投资企业	外　商投资企业
福建省	**99**	**23506**	**1756**	**983054**	**10775**	**5342**
福州市	28	4852	461	176717	2170	1081
厦门市	15	5138	414	189170	3745	2200
莆田市	5	2060	95	68324	291	141
三明市	7	1423	101	34126	214	83
泉州市	17	3845	196	289005	2816	1058
漳州市	7	1978	138	76336	985	474
南平市	11	1232	98	47742	167	100
龙岩市	4	1461	155	48835	299	117
宁德市	5	1517	98	52799	88	88

二 住户调查

资料整理：李　君　陈　岚

简 要 说 明

一、本篇资料的主要内容

本篇资料反映全省城乡居民收入、消费及其他生活状况，以及农民工监测调查情况。住户调查内容主要包括居民现金和实物收支情况、住户成员及劳动力从业情况、居民家庭食品和能源消费情况、住房和耐用消费品拥有情况、家庭经营和生产投资情况、社区基本情况以及其他民生状况等。农民工监测调查的主要内容包括农村劳动力就业基本情况；外出从业人员及本地非农务工人员工作条件、收支情况、生活情况和社会保障情况；农村劳动力本地非农自营和创业情况；农民工子女教育情况；调查小区人口、劳动力及举家外出情况等。

二、本篇资料来源

住户调查的数据来源于国家统计局福建调查总队居民收支调查处统一组织开展的住户收支与生活状况调查，是对全省居民家庭抽样调查汇总的结果。农民工调查的数据来源于国家统计局福建调查总队住户监测处组织开展的农民工监测调查。

三、住户调查方法

住户调查是依据国家统计局统一制定的住户调查方案收集资料，逐级审核，汇总整理调查数据。全省住户调查的抽样方法是使用国家统计局统一的抽样框，以省为总体，在对县级调查网点代表性进行评估的基础上，采用分层、多阶段随机抽样方法抽选调查住宅，确定调查户。参加全省汇总的调查样本户为5000户。

四、农民工监测调查方法

农民工监测调查方法是以人口普查为抽样框资料，以省为总体，采用分层、多阶段、PPS抽样方法随机抽选调查小区。在抽中调查小区内，按照系统抽样方法随机抽选调查住宅和住户。

2－1　全省居民家庭基本情况(2017—2020年)

指　　标	单位	2017年	2018年	2019年	2020年
一、基本情况					
户均常住成员	人/户	3.15	3.00	3.14	3.04
户均常住从业人数	人/户	1.70	1.57	1.58	1.53
平均每户家庭从业人口比重	%	53.97	52.33	50.32	50.33
平均每一从业人口负担人数(包括从业者本人)	人	1.85	1.91	1.99	1.99
二、户主文化程度					
(一)未上过学	%	2.17	2.93	2.73	2.55
(二)小学	%	23.97	26.49	26.51	26.32
(三)初中	%	39.07	38.75	37.27	37.32
(四)高中	%	19.83	16.19	17.23	16.68
(五)大学专科	%	8.30	7.90	8.29	8.53
(六)大学本科	%	6.50	7.41	7.64	8.31
(七)研究生	%	0.16	0.33	0.32	0.30
三、常住从业人员就业类型					
(一)雇主	%	0.49	0.66	0.69	0.75
(二)公职人员	%	2.61	2.47	2.37	2.19
(三)事业单位人员	%	6.76	4.96	5.08	4.91
(四)国有企业雇员	%	3.98	3.17	3.06	3.03
(五)其他雇员	%	50.69	57.79	59.59	60.34
(六)农业自营	%	19.56	17.13	14.38	13.74
(七)非农自营	%	15.91	13.81	14.83	15.04
四、常住从业人员从事主要行业					
(一)第一产业	%	21.43	19.19	16.43	16.26
(二)第二产业	%	26.27	31.36	30.88	30.21
(三)第三产业	%	52.30	49.44	52.69	53.53
五、常住户家庭收入与支出					
居民可支配收入	元/人	30047.75	32643.93	35616.09	37202.43
居民消费支出	元/人	21249.35	22996.04	25314.30	25125.79

2-2　全省居民人均可支配收入(2017—2020年)

单位：元

指　　标	2017年	2018年	2019年	2020年
可支配收入	**30047.75**	**32643.93**	**35616.09**	**37202.43**
工资性收入	17380.09	18996.93	20679.46	21651.40
经营净收入	5600.14	6015.29	6582.51	6567.37
财产净收入	2885.08	3165.47	3527.63	4011.39
转移净收入	4182.43	4466.25	4826.48	4972.27

2-3　全省居民人均可支配收入构成(2017—2020年)

单位：%

指　　标	2017年	2018年	2019年	2020年
可支配收入构成	**100.00**	**100.00**	**100.00**	**100.00**
工资性收入	57.84	58.19	58.06	58.20
经营净收入	18.64	18.43	18.48	17.65
财产净收入	9.60	9.70	9.90	10.78
转移净收入	13.92	13.68	13.55	13.37

2-4 全省居民人均生活消费支出(2017—2020年)

单位：元

指　　标	2017年	2018年	2019年	2020年
生活消费支出	21249.35	22996.04	25314.30	25125.79
食品烟酒	7212.72	7572.91	8095.61	8385.06
食品	5472.38	5212.45	5683.49	6143.68
烟酒	619.26	706.96	726.99	737.80
饮料	177.18	177.33	171.72	178.00
饮食服务	943.91	1476.17	1513.40	1325.59
衣着	1119.14	1212.06	1319.60	1182.43
衣类	923.79	1015.12	1132.20	1010.05
鞋类	195.35	196.94	187.40	172.39
居住	5533.00	6130.01	6974.94	7304.81
租赁房房租	283.90	420.90	427.92	433.42
住房维修及管理	585.54	628.24	805.47	674.25
水电燃料及其他	993.48	1027.13	1068.81	1152.95
自有住房折算租金	3670.08	4053.75	4672.74	5044.19
生活用品及服务	1179.01	1223.13	1269.66	1274.82
家具及室内装饰品	191.41	175.43	198.40	188.75
家用器具	288.47	299.64	284.17	315.49
家用纺织品	91.47	81.17	88.56	82.42
家庭日用杂品	323.83	311.58	324.70	335.58
个人用品	204.20	266.74	282.95	267.99
家庭服务	79.63	88.57	90.88	84.59
交通通信	2642.78	2923.34	3019.38	2972.03
交通	1764.10	2059.01	2172.09	2100.66
通信	878.68	864.34	847.30	871.37
教育文化娱乐	1966.44	2194.01	2508.97	1895.90
教育	1231.27	1426.76	1720.37	1415.94
文化娱乐	735.16	767.25	788.60	479.96
医疗保健	1105.28	1234.79	1506.79	1583.24
医疗器具及药品	359.14	370.93	365.20	389.16
医疗服务	746.14	863.87	1141.60	1194.08
其他用品及服务	490.98	505.78	619.35	527.49
其他用品	295.37	264.09	290.86	239.57
其他服务	195.61	241.69	328.49	287.91

2–5 全省居民人均生活消费支出构成(2017–2020年)

单位：%

指　　标	2017年	2018年	2019年	2020年
生活消费支出	100.00	100.00	100.00	100.00
食品烟酒	33.94	32.93	31.98	33.37
食品	25.75	22.67	22.45	24.45
烟酒	2.91	3.07	2.87	2.94
饮料	0.83	0.77	0.68	0.71
饮食服务	4.44	6.42	5.98	5.28
衣着	5.27	5.27	5.21	4.71
衣类	4.35	4.41	4.47	4.02
鞋类	0.92	0.86	0.74	0.69
居住	26.04	26.66	27.55	29.07
租赁房房租	1.34	1.83	1.69	1.72
住房维修及管理	2.76	2.73	3.18	2.68
水电燃料及其他	4.68	4.47	4.22	4.59
自有住房折算租金	17.27	17.63	18.46	20.08
生活用品及服务	5.55	5.32	5.02	5.07
家具及室内装饰品	0.90	0.76	0.78	0.75
家用器具	1.36	1.30	1.12	1.26
家用纺织品	0.43	0.35	0.35	0.33
家庭日用杂品	1.52	1.35	1.28	1.34
个人用品	0.96	1.16	1.12	1.07
家庭服务	0.37	0.39	0.36	0.34
交通通信	12.44	12.71	11.93	11.83
交通	8.30	8.95	8.58	8.36
通信	4.14	3.76	3.35	3.47
教育文化娱乐	9.25	9.54	9.91	7.55
教育	5.79	6.20	6.80	5.64
文化娱乐	3.46	3.34	3.12	1.91
医疗保健	5.20	5.37	5.95	6.30
医疗器具及药品	1.69	1.61	1.44	1.55
医疗服务	3.51	3.76	4.51	4.75
其他用品及服务	2.31	2.20	2.45	2.10
其他用品	1.39	1.15	1.15	0.95
其他服务	0.92	1.05	1.30	1.15

2-6 全省居民消费主要食品数量(2017—2020年)

单位：千克

项目	2017年	2018年	2019年	2020年
粮食类	122.03	125.10	120.19	124.43
谷物	112.98	115.91	110.80	114.85
薯类	2.13	2.14	2.14	2.04
豆类	6.92	7.05	7.25	7.54
油脂类	9.12	9.14	8.85	9.58
植物油	8.06	7.86	7.90	8.91
蔬菜及菜制品	89.51	90.83	86.42	89.59
鲜菜	85.80	87.17	82.80	85.98
肉类	31.78	34.72	27.79	24.57
猪肉	25.91	29.13	22.34	19.34
牛肉	1.90	1.95	2.22	2.09
羊肉	0.76	0.73	0.68	0.61
禽类	11.84	11.53	13.03	15.66
水产品类	25.83	23.95	25.32	26.39
蛋类及蛋制品	8.73	8.65	9.08	10.67
奶和奶制品	10.78	11.75	10.67	11.74
干鲜瓜果类	41.22	47.19	44.77	44.99
鲜瓜果	37.26	42.74	40.76	41.19
坚果类	0.97	1.10	1.07	2.87

2-7 全省居民平均每百户年末主要耐用消费品拥有量(2017—2020年)

指标	单位	2017年	2018年	2019年	2020年
(一)家用汽车	辆	29.04	24.87	27.47	29.42
(二)摩托车	辆	62.58	50.84	51.56	50.59
(三)电动助力车	辆	46.56	49.17	59.35	61.56
(四)电冰箱(柜)	台	99.39	98.13	102.21	102.98
(五)洗衣机	台	86.69	85.03	90.49	91.64
(六)微波炉	台	53.75	43.55	48.03	49.50
(七)热水器	台	97.78	104.33	110.22	113.19
其中：太阳能热水器	台	7.51	6.36		
(八)排油烟机	台	55.22	56.07	61.47	63.15
(九)空调	台	129.54	138.64	155.53	156.61
(十)彩色电视机	台	141.53	125.70	131.34	130.87
(十一)摄像机	台				
(十二)照相机	台	15.73	11.01	11.57	11.26
(十三)计算机	台	67.50	59.43	61.20	63.44
其中：接入互联网的计算机	台	57.32	49.32	52.06	54.35
(十四)中高档乐器	架	4.26	5.70	7.44	7.50
(十五)固定电话	部	42.31	23.73	20.79	19.00
(十六)移动电话	部	252.21	246.74	259.71	256.83
其中：接入互联网的移动电话	部	154.78	189.16	209.81	229.80

2-8 农村居民家庭基本情况(1978–2020年)

年 份	调查户数(户)	平均每户常住人口(人)	平均每户整半劳动力(人)	平均每个劳动力负担人口(人)	农村居民人均住房使用面积(平方米)	农村居民人均住房建筑面积(平方米)	农村居民人均可支配(纯)收入(元)	农村居民人均生活消费支出(元)
1978		6.50	2.22	2.92			137.54	112.35
1979		6.38	2.16	2.88			142.20	132.57
1980		6.25	2.06	3.03			171.74	157.67
1981		6.23	2.10	2.97	8.30		231.65	199.25
1982		6.27	2.27	2.76	7.67		268.16	231.14
1983		6.29	2.60	2.42	10.44		301.84	261.86
1984	1820	6.19	2.66	2.32	11.73		344.94	287.87
1985	1820	5.74	2.95	1.94	14.47		396.45	350.57
1986	1820	5.69	2.99	1.90	15.10		418.51	394.10
1987	1820	5.51	3.08	1.82	15.86		484.88	442.83
1988	1820	5.56	3.09	1.80	16.18		613.41	570.73
1989	1820	5.54	3.09	1.79	16.65		697.34	652.58
1990	1820	5.50	3.03	1.81	18.47		764.41	707.97
1991	1820	5.37	3.03	1.77	19.14		850.05	764.98
1992	1820	5.31	3.05	1.74	19.64		984.11	820.75
1993	1820	5.24	3.10	1.69	22.38		1210.51	1069.79
1994	1820	5.17	3.13	1.65	24.62		1577.74	1439.53
1995	1820	4.91	3.02	1.62	22.88		2048.59	1793.68
1996	1820	4.87	2.98	1.63	23.37		2492.49	1915.57
1997	1820	4.77	2.96	1.61	23.74		2785.67	1990.52
1998	1820	4.70	3.00	1.57	24.87		2946.37	2025.09
1999	1820	4.62	2.95	1.56	26.40		3091.39	2038.57
2000	1820	4.24	2.70	1.57	32.14		3230.49	2409.69
2001	1820	4.17	2.68	1.56	33.82		3380.72	2503.07
2002	1820	4.07	2.57	1.58	35.68		3538.74	2583.16
2003	1820	4.08	2.83	1.44	35.96		3733.93	2717.92
2004	1820	4.02	2.71	1.48	38.18		4089.38	3015.58
2005	1820	4.05	2.77	1.47	40.15		4450.36	3292.63
2006	1820	4.03	2.77	1.45	42.35		4834.75	3591.40
2007	1820	4.00	2.77	1.44	44.50		5467.08	4053.47
2008	1820	3.98	2.78	1.43	46.13		6196.07	4661.94
2009	1820	3.98	2.78	1.43	46.76		6680.18	5015.72
2010	1820	3.94	2.76	1.43	47.54		7426.86	5498.33
2011	1820	3.84	2.73	1.40	49.82		8778.55	6540.85
2012	1820	3.84	2.71	1.41	50.80		9967.17	7401.92
2013	1859	3.29	2.22	1.48		63.71	11404.85	9986.15
2014	1848	3.25	2.21	1.47		60.83	12650.19	11055.93
2015	1883	3.20	2.20	1.45		63.48	13792.70	11960.79
2016	1917	3.21	2.24	1.43		66.47	14999.19	12910.84
2017	1906	3.17	2.21	1.43		68.00	16334.79	14003.40
2018	1689	3.03	2.09	1.45		78.90	17821.19	14942.80
2019	1690	3.24	2.17	1.49		76.34	19568.35	16281.35
2020	1690	3.04	2.14	1.42		80.70	20880.30	16338.87

注：2013—2015年为新口径数据，1978－2012年为老口径数据。

2-9 农村居民人均可支配收入(2017-2020年)

单位：元

指　　标	2017年	2018年	2019年	2020年
可支配收入	**16334.79**	**17821.19**	**19568.35**	**20880.30**
工资性收入	7415.90	8214.72	8949.31	9410.99
经营净收入	6275.84	6705.62	7178.64	7509.82
财产净收入	290.02	322.45	344.57	392.89
转移净收入	2353.03	2578.40	3095.82	3566.59

2-10 农村居民人均可支配收入构成(2017-2020年)

单位：%

指　　标	2017年	2018年	2019年	2020年
可支配收入构成	**100.00**	**100.00**	**100.00**	**100.00**
工资性收入	45.40	46.10	45.73	45.07
经营净收入	38.42	37.63	36.68	35.97
财产净收入	1.78	1.81	1.76	1.88
转移净收入	14.41	14.47	15.82	17.08

2–11 农村居民人均生活消费支出(2017–2020年)

单位：元

指　　标	2017年	2018年	2019年	2020年
生活消费支出	14003.40	14942.80	16281.35	16338.87
食品烟酒	5162.17	5339.76	5783.98	6273.92
食品	4124.39	4056.43	4353.03	4813.32
烟酒	631.48	703.12	712.35	788.64
饮料	137.64	129.66	139.01	142.38
饮食服务	268.66	450.55	579.60	529.59
衣着	630.79	677.07	774.47	754.52
衣类	507.89	559.81	641.64	631.53
鞋类	122.90	117.26	132.83	122.99
居住	3547.94	3649.08	3798.93	3942.98
租赁房房租	36.93	72.22	72.52	69.98
住房维修及管理	451.28	669.38	720.90	639.89
水电燃料及其他	711.71	858.33	803.29	860.78
自有住房折算租金	2348.03	2049.15	2202.22	2372.33
生活用品及服务	721.00	764.75	809.06	874.04
家具及室内装饰品	120.88	130.40	147.22	127.58
家用器具	169.42	194.54	197.70	248.74
家用纺织品	51.47	50.48	60.28	59.32
家庭日用杂品	231.64	225.81	217.45	240.22
个人用品	115.53	140.07	160.06	169.59
家庭服务	32.06	23.45	26.35	28.60
交通通信	1554.97	1817.09	1903.36	1688.33
交通	942.25	1209.79	1294.01	1058.56
通信	612.72	607.30	609.35	629.76
教育文化娱乐	1174.58	1359.44	1614.99	1232.04
教育	910.44	1034.76	1285.81	979.45
文化娱乐	264.14	324.68	329.18	252.59
医疗保健	906.50	1015.81	1210.44	1270.94
医疗器具及药品	226.70	298.35	289.81	319.28
医疗服务	679.80	717.46	920.63	951.66
其他用品及服务	305.44	319.80	386.12	302.09
其他用品	203.66	199.18	222.86	171.73
其他服务	101.78	120.62	163.26	130.36

2–12 农村居民人均生活消费支出构成(2017–2020年)

单位：%

指　　标	2017年	2018年	2019年	2020年
生活消费支出	100.00	100.00	100.00	100.00
食品烟酒	36.86	35.73	35.53	38.40
食品	29.45	27.15	26.74	29.46
烟酒	4.51	4.71	4.38	4.83
饮料	0.98	0.87	0.85	0.87
饮食服务	1.92	3.02	3.56	3.24
衣着	4.50	4.53	4.76	4.62
衣类	3.63	3.75	3.94	3.87
鞋类	0.88	0.78	0.82	0.75
居住	25.34	24.42	23.33	24.13
租赁房房租	0.26	0.48	0.45	0.43
住房维修及管理	3.22	4.48	4.43	3.92
水电燃料及其他	5.08	5.74	4.93	5.27
自有住房折算租金	16.77	13.71	13.53	14.52
生活用品及服务	5.15	5.12	4.97	5.35
家具及室内装饰品	0.86	0.87	0.90	0.78
家用器具	1.21	1.30	1.21	1.52
家用纺织品	0.37	0.34	0.37	0.36
家庭日用杂品	1.65	1.51	1.34	1.47
个人用品	0.82	0.94	0.98	1.04
家庭服务	0.23	0.16	0.16	0.18
交通通信	11.10	12.16	11.69	10.33
交通	6.73	8.10	7.95	6.48
通信	4.38	4.06	3.74	3.85
教育文化娱乐	8.39	9.10	9.92	7.54
教育	6.50	6.92	7.90	5.99
文化娱乐	1.89	2.17	2.02	1.55
医疗保健	6.47	6.80	7.43	7.78
医疗器具及药品	1.62	2.00	1.78	1.95
医疗服务	4.85	4.80	5.65	5.82
其他用品及服务	2.18	2.14	2.37	1.85
其他用品	1.45	1.33	1.37	1.05
其他服务	0.73	0.81	1.00	0.80

2-13 农村居民消费主要食品数量(2017-2020年)

单位：千克

指　　标	2017年	2018年	2019年	2020年
粮食类	156.24	164.10	162.11	167.12
谷物	147.14	154.43	151.24	156.20
薯类	2.12	2.35	2.67	2.27
豆类	6.98	7.32	8.20	8.64
油脂类	9.53	9.87	9.87	10.55
植物油	7.68	7.73	8.39	9.42
蔬菜及菜制品	90.62	98.14	92.18	96.30
鲜菜	87.74	95.19	88.96	93.21
肉类	30.91	34.82	27.55	22.80
猪肉	26.61	30.93	23.62	19.34
牛肉	1.06	1.09	1.32	0.98
羊肉	0.56	0.55	0.53	0.47
禽类	13.60	12.79	15.21	19.49
水产品类	21.29	20.73	23.04	24.18
蛋类及蛋制品	7.96	8.41	9.22	10.67
奶和奶制品	7.06	7.49	8.14	8.25
干鲜瓜果类	32.58	39.49	38.75	37.62
鲜瓜果	29.09	35.03	34.62	33.76
坚果类	0.74	0.91	0.89	3.09

2-14 农村居民年末主要耐用消费品拥有量(2017-2020年)

单位：平均每百户

指　　标	单位	2017年	2018年	2019年	2020年
(一)家用汽车	辆	17.83	15.10	16.68	18.47
(二)摩托车	辆	90.35	76.22	78.71	75.24
(三)电动助力车	辆	36.70	42.07	51.81	53.08
(四)电冰箱(柜)	台	100.64	101.48	104.04	104.58
(五)洗衣机	台	82.10	84.14	89.57	89.72
(六)微波炉	台	35.59	30.19	35.46	36.82
(七)热水器	台	90.40	97.24	103.78	106.57
其中：太阳能热水器	台	9.01	7.78		
(八)排油烟机	台	34.43	43.26	47.93	49.97
(九)空调	台	65.31	78.36	91.55	95.21
(十)彩色电视机	台	140.08	133.71	136.03	134.44
(十一)摄像机	台				
(十二)照相机	台	4.33	3.00	3.03	3.13
(十三)计算机	台	33.99	31.93	33.81	35.90
其中：接入互联网的计算机	台	26.50	25.45	27.06	29.25
(十四)中高档乐器	架	1.15	1.21	1.88	2.00
(十五)固定电话	部	38.46	24.86	21.17	18.50
(十六)移动电话	部	252.55	249.47	261.49	253.58
其中：接入互联网的移动电话	部	130.88	155.89	187.66	213.90

2-15 城镇居民家庭基本情况(1978-2020年)

年 份	调查户数(户)	平均每户家庭人口(人)	平均每户就业人数(人)	平均每户就业面(%)	平均每一就业者负担人数(人)	城镇居民人均可支配收入(元)	城镇居民人均生活消费支出(元)
1978	120	3.87	2.40	62.02	1.61	370.58	285.36
1979	-	-	-	-	-	-	339.14
1980	259	4.53	2.32	51.21	1.95	449.64	391.92
1981	324	4.51	2.40	53.22	1.88	451.52	404.64
1982	324	4.44	2.48	55.86	1.79	519.56	465.72
1983	324	4.36	2.41	55.28	1.80	573.36	503.63
1984	724	4.27	2.37	55.50	1.80	582.15	494.39
1985	1010	4.06	2.25	55.42	1.81	733.31	674.85
1986	1010	4.00	2.23	55.75	1.79	928.64	790.47
1987	1010	3.97	2.25	56.68	1.77	1020.78	892.85
1988	1250	3.77	2.10	55.70	1.79	1236.09	1077.38
1989	1250	3.70	2.09	56.49	1.77	1554.67	1339.61
1990	1250	3.64	2.09	57.42	1.74	1749.09	1431.06
1991	1250	3.43	2.00	58.31	1.72	1952.50	1659.36
1992	1250	3.39	2.03	59.88	1.67	2351.45	1941.78
1993	1250	3.35	2.01	60.00	1.67	2922.93	2417.93
1994	1250	3.29	1.92	58.36	1.71	3934.61	3351.12
1995	1250	3.27	1.93	59.02	1.69	4852.93	4132.19
1996	1250	3.25	1.94	59.69	1.68	5574.12	4567.80
1997	1250	3.28	1.96	59.76	1.67	6143.64	4935.95
1998	1250	3.23	1.90	58.82	1.70	6485.63	5181.45
1999	1250	3.22	1.90	59.01	1.69	6859.81	5266.69
2000	1500	3.23	1.80	55.73	1.79	7432.26	5638.74
2001	1700	3.20	1.80	56.25	1.78	8313.08	6015.11
2002	1700	3.13	1.73	55.27	1.81	9189.31	6631.72
2003	1700	3.08	1.72	55.84	1.79	9999.54	7356.26
2004	1700	3.05	1.58	51.80	1.93	11175.37	8161.15
2005	1700	3.04	1.60	52.63	1.90	12321.31	8794.41
2006	1700	3.04	1.64	53.95	1.86	13753.28	9807.71
2007	1700	3.01	1.60	53.16	1.90	15505.42	11055.13
2008	1800	3.14	1.69	53.82	1.86	17961.45	12501.12
2009	1800	3.12	1.72	55.13	1.81	19576.83	13450.57
2010	1800	3.08	1.71	55.52	1.80	21781.31	14750.01
2011	2000	3.12	1.68	53.85	1.86	24907.40	16661.05
2012	2000	3.10	1.68	54.19	1.85	28055.24	18593.21
2013	2846	2.97	1.58	53.20	1.88	28173.90	20564.70
2014	2833	2.99	1.61	53.77	1.86	30722.39	22204.06
2015	2894	3.08	1.59	51.70	1.93	33275.34	23520.19
2016	2912	3.13	1.62	51.80	1.93	36014.26	25005.52
2017	2850	3.14	1.62	51.60	1.94	39001.36	25980.45
2018	3305	2.93	1.53	52.20	1.92	42121.31	28145.13
2019	3307	3.08	1.56	50.65	1.97	45620.46	30945.55
2020	3310	3.04	1.54	50.66	1.97	47160.27	30486.54

注：2013—2020年城镇居民人均可支配收入及生活消费支出为新口径数据，1978—2012年为老口径数据。

2-16 城镇居民人均可支配收入(2017-2020年)

单位：元

指　　标	2017年	2018年	2019年	2020年
可支配收入	**39001.36**	**42121.31**	**45620.46**	**47160.27**
工资性收入	23886.01	25890.87	27992.19	29119.06
经营净收入	5158.96	5573.90	6210.88	5992.39
财产净收入	4579.48	4983.24	5511.99	6218.97
转移净收入	5376.90	5673.30	5905.40	5829.85

2-17 城镇居民人均可支配收入构成(2017-2020年)

单位：%

指　　标	2017年	2018年	2019年	2020年
可支配收入构成	**100.00**	**100.00**	**100.00**	**100.00**
工资性收入	61.24	61.47	61.36	61.74
经营净收入	13.23	13.23	13.61	12.71
财产净收入	11.74	11.83	12.08	13.19
转移净收入	13.79	13.47	12.94	12.36

2-18 城镇居民人均生活消费支出(2017-2020年)

单位：元

指　　标	2017年	2018年	2019年	2020年
生活消费支出	25980.45	28145.13	30945.55	30486.54
食品烟酒	8551.59	9000.74	9536.70	9673.03
食品	6352.53	5951.58	6512.92	6955.31
烟酒	611.28	709.41	736.12	706.78
饮料	202.99	207.82	192.12	199.73
饮食服务	1384.79	2131.93	2095.55	1811.21
衣着	1438.00	1554.12	1659.44	1443.50
衣类	1195.34	1306.24	1438.02	1240.97
鞋类	242.65	247.88	221.42	202.53
居住	6829.11	7716.27	8954.90	9355.80
租赁房房租	445.15	643.84	649.49	655.15
住房维修及管理	673.20	601.93	858.19	695.22
水电燃料及其他	1177.46	1135.05	1234.33	1331.19
自有住房折算租金	4533.30	5335.45	6212.89	6674.25
生活用品及服务	1478.07	1516.21	1556.80	1519.33
家具及室内装饰品	237.47	204.22	230.30	226.07
家用器具	366.20	366.83	338.08	356.22
家用纺织品	117.59	100.80	106.19	96.51
家庭日用杂品	384.01	366.42	391.56	393.76
个人用品	262.10	347.74	359.57	328.02
家庭服务	110.69	130.20	131.10	118.75
交通通信	3353.04	3630.66	3715.12	3755.19
交通	2300.70	2601.98	2719.49	2736.42
通信	1052.34	1028.68	995.63	1018.77
教育文化娱乐	2483.46	2727.62	3066.29	2300.91
教育	1440.75	1677.40	1991.29	1682.23
文化娱乐	1042.71	1050.22	1075.00	618.68
医疗保健	1235.07	1374.81	1691.54	1773.77
医疗器具及药品	445.61	417.33	412.19	431.79
医疗服务	789.46	957.48	1279.35	1341.98
其他用品及服务	612.13	624.70	764.75	665.00
其他用品	355.24	305.60	333.25	280.96
其他服务	256.88	319.10	431.50	384.04

2-19 城镇居民人均生活消费支出构成(2017—2020年)

单位：%

指　　标	2017年	2018年	2019年	2020年
生活消费支出	100.00	100.00	100.00	100.00
食品烟酒	32.92	31.98	30.82	31.73
食品	24.45	21.15	21.05	22.81
烟酒	2.35	2.52	2.38	2.32
饮料	0.78	0.74	0.62	0.66
饮食服务	5.33	7.57	6.77	5.94
衣着	5.53	5.52	5.36	4.73
衣类	4.60	4.64	4.65	4.07
鞋类	0.93	0.88	0.72	0.66
居住	26.29	27.42	28.94	30.69
租赁房房租	1.71	2.29	2.10	2.15
住房维修及管理	2.59	2.14	2.77	2.28
水电燃料及其他	4.53	4.03	3.99	4.37
自有住房折算租金	17.45	18.96	20.08	21.89
生活用品及服务	5.69	5.39	5.03	4.98
家具及室内装饰品	0.91	0.73	0.74	0.74
家用器具	1.41	1.30	1.09	1.17
家用纺织品	0.45	0.36	0.34	0.32
家庭日用杂品	1.48	1.30	1.27	1.29
个人用品	1.01	1.24	1.16	1.08
家庭服务	0.43	0.46	0.42	0.39
交通通信	12.91	12.90	12.01	12.32
交通	8.86	9.24	8.79	8.98
通信	4.05	3.65	3.22	3.34
教育文化娱乐	9.56	9.69	9.91	7.55
教育	5.55	5.96	6.43	5.52
文化娱乐	4.01	3.73	3.47	2.03
医疗保健	4.75	4.88	5.47	5.82
医疗器具及药品	1.72	1.48	1.33	1.42
医疗服务	3.04	3.40	4.13	4.40
其他用品及服务	2.36	2.22	2.47	2.18
其他用品	1.37	1.09	1.08	0.92
其他服务	0.99	1.13	1.39	1.26

2-20 城镇居民消费主要食品数量(2017-2020年)

单位：千克

项　　目	2017年	2018年	2019年	2020年
粮食类	99.69	100.16	94.07	98.38
谷物	90.67	91.28	85.59	89.62
薯类	2.14	2.00	1.81	1.89
豆类	6.88	6.88	6.66	6.87
油脂类	8.86	8.68	8.21	8.99
植物油	8.31	7.94	7.60	8.59
蔬菜及菜制品	88.78	86.16	82.83	85.50
鲜菜	84.54	82.03	78.95	81.56
肉类	32.35	34.65	27.95	25.64
猪肉	25.46	27.97	21.54	19.34
牛肉	2.44	2.50	2.78	2.76
羊肉	0.89	0.84	0.77	0.69
禽类	10.70	10.71	11.67	13.32
水产品类	28.80	26.01	26.74	27.73
蛋类及蛋制品	9.22	8.80	9.00	10.67
奶和奶制品	13.21	14.47	12.26	13.87
干鲜瓜果类	46.87	52.11	48.52	49.49
鲜瓜果	42.60	47.68	44.58	45.72
坚果类	1.12	1.23	1.17	2.73

2-21 城镇居民年末主要耐用消费品拥有量(2017-2020年)

单位：平均每百户

指　　标	单位	2017年	2018年	2019年	2020年
(一)家用汽车	辆	36.29	30.91	33.86	36.11
(二)摩托车	辆	44.63	35.14	35.47	35.54
(三)电冰箱(柜)	台	98.58	96.07	101.13	102.01
(四)洗衣机	台	89.66	85.58	91.04	92.82
(五)热水器	台	102.55	108.72	114.04	117.23
其中：太阳能热水器	台	6.54	5.49		
(六)空调	台	171.06	175.92	193.47	194.11
(七)彩色电视机	台	142.46	120.74	128.55	128.69
(八)摄像机	台				
(九)照相机	台	23.11	15.97	16.63	16.23
(十)计算机	台	89.17	76.44	77.45	80.26
其中：接入互联网的计算机	台	77.25	64.08	66.88	69.68
(十一)中高档乐器	架	6.27	8.48	10.74	10.86
(十二)固定电话	部	44.79	23.04	20.56	19.31
(十三)移动电话	部	251.99	245.05	258.65	258.82
其中：接入互联网的移动电话	部	170.23	209.74	222.95	239.51

2-22 全省居民按收入五等份分组的人均可支配收入(2017-2020年)

单位：元

指　　标	2017年	2018年	2019年	2020年
低收入户	9308.01	9445.12	11377.90	11139.07
中等偏下户	17473.66	18548.05	20448.43	21028.28
中等收入户	26122.46	28196.03	29960.36	31746.62
中等偏上户	38766.95	43772.61	45514.82	48410.10
高收入户	69475.86	85201.07	90117.59	94434.26

2-23 农村居民按收入五等份分组的人均可支配收入(2017-2020年)

单位：元

指　　标	2017年	2018年	2019年	2020年
低收入户	6069.11	6422.14	7831.41	7900.02
中等偏下户	11228.13	11574.66	13790.16	13216.80
中等收入户	15102.75	16538.50	18119.38	18771.84
中等偏上户	20038.63	22448.44	23636.82	26199.47
高收入户	33443.99	37903.18	36954.33	45754.13

2-24 城镇居民按收入五等份分组的人均可支配收入(2017-2020年)

单位：元

指　　标	2017年	2018年	2019年	2020年
低收入户	16508.31	15855.77	17838.80	17837.55
中等偏下户	27089.69	27959.43	30099.36	30922.21
中等收入户	36652.81	40407.97	42288.81	44081.52
中等偏上户	49165.58	55902.07	58850.19	61978.99
高收入户	80839.04	99663.73	107290.65	111439.38

2–25 农民工监测调查基本情况(2010–2015年)

单位：户、人

项　　目	2010年	2011年	2012年	2013年	2014年	2015年
调查户数	**1820**	**1820**	**1820**	**2747**	**2713**	**2845**
期末家庭人口	**7695**	**7597**	**7536**	**10699**	**10576**	**10980**
#常住人口	7175	6990	6984	9221	9099	9487
劳动力就业状况	**5203**	**5050**	**4897**	**7722**	**6449**	**6561**
#本地务农	2745	2260	2146	2730	2132	2085
本地非农自营	537	735	689	878	864	908
本地非农务工	1342	1903	1790	2212	2201	2363
外出从业	1466	1408	1338	1902	1884	1798
劳动力主要从事行业	**5203**	**5050**	**4897**	**7722**	**6449**	**6561**
第一产业	2308	1731	1677	2223	1826	1822
第二产业	1358	1471	1451	2557	2130	2174
第三产业	1537	1848	1769	2942	2493	2565
农民工外出从业情况	**1466**	**1408**	**1338**	**1916**	**1884**	**1651**
外出地区	1466	1408	1338	1916	1884	1651
本省	975	1026	981	1345	1332	1188
乡外县内	384	329	323	490	508	461
县外省内	591	697	658	855	824	727
省外	491	382	357	571	552	463
输入地区	1466	1408	1338	1916	1884	1651
东部地区	1342	1258	1179	1693	1671	1469
中部地区	32	36	40	44	41	33
西部地区	46	57	63	107	104	83
其他地区	46	57	56	72	68	66
外出地区类型	1466	1408	1338	1916	1884	1651
直辖市	105	71	71	182	177	144
省会城市	205	214	195	279	249	234
地级市	479	492	483	573	540	481
县级市	381	391	375	583	615	495
建制镇	233	156	155	152	180	142
其他地区	63	84	59	147	123	86
外出方式	1466	1408	1338	1916	1884	1651
政府(单位)组织	60	27	28	39	40	30
中介组织介绍	46	37	38	43	30	31
亲朋好友介绍	797	690	676	752	704	551
自发	536	601	544	964	955	902
其他	27	53	52	118	155	137
外出从事行业	1466	1408	1338	1916	1884	1651
第一产业	28	11	2	38	38	22
第二产业	623	639	583	777	770	686
第三产业	815	758	753	1101	1076	943
本年度从事主要职业	1466	1408	1338	1916	1884	1651
国家机关、党群组织、企业、事业单位负责人	221	211	190	158	44	15
专业技术人员	154	186	151	244	245	300
办事人员和有关人员	65	76	81	209	215	166
商业、服务业人员	439	400	398	577	642	533
农、林、牧、渔、水利业生产人员	23	10	2	50	43	18
生产、运输设备操作人员及有关人员	430	414	419	490	520	432
军人						
不便分类的其他从业人员	134	111	97	188	175	187

2–26 农民工监测调查基本情况(2016–2020年)

单位：户、人

项　　目	2016年	2017年	2018年	2019年	2020年
调查户数	**2870**	**2848**	**2800**	**2800**	**2800**
期末家庭人口	**11153**	**11065**	**11097**	**11016**	**10999**
#常住人口	9632	9470	9415	9275	9263
农民工就业状况	**4558**	**4458**	**4094**	**4120**	**3943**
本地非农自营	945	881	648	630	594
本地非农务工	1957	1892	1606	1626	1524
外出从业	1656	1685	1840	1864	1825
农民工主要从事行业	**4559**	**4459**	**4110**	**4131**	**3943**
第一产业	11	18	25	30	25
第二产业	1998	1904	1811	1823	1713
第三产业	2550	2537	2274	2278	2205
农民工外出从业情况	**1656**	**1685**	**1840**	**1864**	**1825**
外出地区	1656	1685	1840	1864	1825
本省	1203	1235	1362	1388	1389
乡外县内	468	459	591	621	640
县外省内	735	776	771	767	749
省外	453	450	478	476	436
东部地区	289	285	298	295	278
中部地区	30	37	50	50	50
西部地区	74	78	75	78	79
东北地区	5	6	8	8	8
其他地区	55	44	47	45	38
外出地区类型	1656	1685	1840	1864	1825
直辖市	165	152	107	113	100
省会城市	252	269	342	327	289
地级市	417	439	443	465	467
县级市	535	553	689	654	639
建制镇	144	153	191	218	250
村委会	81	79	22	43	42
其他地区	62	40	46	44	38
外出从事行业	1656	1685	1840	1864	1825
第一产业	11	18	25	30	25
第二产业	633	617	708	732	704
第三产业	1012	1050	1107	1102	1096

注：农民工监测调查部分指标调整。

2–27 农民工总量主要指标(2016–2020年)

单位：万人

项　　目	2016年	2017年	2018年	2019年	2020年
闽籍农民工	**965.1**	**992.8**	**984.7**	**987.2**	**949.4**
省内务工	837.5	863.8	840.8	848.8	824.5
出省或出国	127.6	129.0	143.9	138.4	124.9
外省入闽农民工	**349.5**	**333.6**	**317.5**	**327.5**	**317.3**
在闽农民工	**1187.0**	**1197.4**	**1158.3**	**1176.3**	**1141.8**

主要统计指标解释

常住人口　指家庭住户成员中，经常在家居住，或者调查期内居住时间超过一半的人员，以及本住户供养的学生。

季度调查的常住人口包括：

①过去三个月已经居住或未来三个月打算居住时间超过 1.5 个月的住户成员。

②过去三个月内每月至少在调查住宅居住一天以上，且没有在其他自有或独自租借的普通住宅中住过的人。或者说，在外与人合住或住在工棚、集体宿舍、工作地或其他临时性住所、又定期回家居住的人，也是本住户常住人口。

③由本住户供养的在校学生（包括大中专学生和研究生）。

常住人口是住户收支的调查对象。

可支配收入　指调查户在调查期内获得的、可用于最终消费支出和储蓄的总和，即调查户可以用来自由支配的收入。可支配收入既包括现金，也包括实物收入。按照收入的来源，可支配收入包含四项，分别为：工资性收入、经营净收入、财产净收入和转移净收入。

工资性收入　指就业人员通过各种途径得到的全部劳动报酬和各种福利，包括受雇于单位或个人、从事各种自由职业、兼职和零星劳动得到的全部劳动报酬和福利。

经营净收入　指住户或住户成员从事生产经营活动所获得的净收入，是全部经营收入中扣除经营费用、生产性固定资产折旧和生产税之后得到的净收入。

第一产业净收入　指住户或住户成员从事第一产业生产经营活动所获得的净收入，是全部经营收入中扣除经营费用、生产性固定资产折旧和生产税之后得到的净收入。

第一产业是指农业、林业、牧业和渔业（不含农林牧渔服务业）。

第二产业净收入　指住户或住户成员从事第二产业的生产经营活动所获得的净收入，是全部经营收入中扣除经营费用、生产性固定资产折旧和生产税之后得到的净收入。

第二产业是指采矿业（不含开采辅助活动），制造业（不含金属制品、机械和设备修理业），电力、热力、燃气及水生产和供应业，建筑业。

第三产业净收入　指住户或住户成员从事第三产业生产经营活动所获得的净收入，是全部经营收入中扣除经营费用、生产性固定资产折旧和生产税之后得到的净收入。

第三产业即服务业，是指除第一产业、第二产业以外的其他行业。第三产业包括：批发和零售业，交通运输、仓储和邮政业，住宿和餐饮业，信息传输、软件和信息技术服务业，金融业，房地产业，租赁和商务服务业，科学研究和技术服务业，水利、环境和公共设施管理业，居民服务、修理和其他服务业，教育，卫生和社会工作，文化、体育和娱乐业，公共管理、社会保障和社会组织，国际组织，以及农、林、牧、渔业中的农、林、牧、渔服务业，采矿业中的开采辅助活动，制造业中的金属制品、机械和设备修理业。

财产净收入　指住户或住户成员将其所拥有的金融资产、住房等非金融资产和自然资源交由其他机构单位、住户或个人支配而获得的回报并扣除相关的费用之后得到的净收入。财产净收入包括利息净收入、红利收入、储蓄性保险净收益、转让承包土地经营权租金净收入、出租房屋净收入、出租其他资产净收入和自有住房折算净租金等。

转移净收入　计算公式为：转移净收入=转移性收入−转移性支出

转移性收入　指国家、单位、社会团体对住户的各种经常性转移支付和住户之间的经常性收入转移。包括政府、非行政事业单位、社会团体对居民转移的养老金或退休金、社会救济和补助、惠农补贴、政策性生活补贴、救灾款、经常性捐赠和赔偿以及报销医疗费等；住户之间的赡养收入、经常性捐赠和赔偿以及农村地区（村委会）在外（含国外）工作的本住户非常住成员寄回带回的收入等。

转移性支出　指调查户对国家、单位、住户或个人的经常性或义务性转移支付。包括缴纳的税款、各项社会保障支出、赡养支出、经常性捐赠和赔偿支出以及其他经常转移支出等。

消费支出 指住户用于满足家庭日常生活消费需要的全部支出，包括用于消费品的支出和用于服务性消费的支出。根据用途不同，消费支出可划分为食品烟酒、衣着、居住、生活用品及服务、交通通信、教育文化娱乐、医疗保健、其他用品及服务八大类。根据来源不同，消费支出可划分为现金消费支出、实物消费支出（含自产自用、来自单位、来自政府和其他社会组织）。

生产经营费用 指住户在调查期内从事生产经营活动所投入的费用成本，包括生产经营活动中购买的商品和服务、雇工支出、消耗的自产自用产品等。

恩格尔系数 指食物支出占生活消费总支出的比重。计算公式为：恩格尔系数=食物支出/生活消费总支出×100%。恩格尔系数越大，表示生活越贫困；反之，表示生活越富裕。根据国际经验，恩格尔系数 60%以上为贫困，50%–60%为温饱，40%–50%为小康，30%–40%为富裕，30%以下为最富裕。

三 价格调查

资料整理：陈晓兵　滕国达　王　娟　刘挺云　陈嘉玲

简 要 说 明

一、本篇资料的主要内容

本篇价格指数资料，反映生产、流通、消费与投资等环节的价格变动趋势和变动幅度。主要包括居民消费价格指数、商品零售价格指数、农业生产资料价格指数、农产品生产者价格指数、工业生产者出厂价格指数、工业生产者购进价格指数、固定资产投资价格指数等。

二、本篇的资料来源

价格指数编制由国家统计局福建调查总队组织实施，由抽选出的市、县调查队依据国家统计局统一制定的价格统计调查制度从基层采集原始数据汇总后上报。

三、居民消费、商品零售价格指数

编制居民消费、商品零售价格指数的资料采用抽样调查和重点调查相结合的方法取得，即在全省选择不同经济区域和分布合理的地区，以及有代表性的商品作为样本，对其市场价格进行定期调查，以样本推断总体。截至2020年底，参加国家级数据汇总的调查市、县18个。编制过程按下列几个步骤进行：

1.选择调查地区和调查点。调查地区按照经济区域和地区分布合理等原则，选出具有代表性的市县作为国家的调查地区，在此基础上选定经营规模大、商品种类多的商场（包括集市和服务网点）作为调查点。

2.选择代表规格品。代表规格品是选择那些消费量大、价格变动有代表性的商品；代表规格品的确定是根据商品零售资料和城乡居民的消费支出记账资料，按照有关规定筛选的。筛选原则：(1)与社会生产和人民生活关系密切；(2)消费（销售）数量（金额）大；(3)市场供应稳定；(4)价格变动趋势有代表性；(5)所选的代表规格品之间差异大。目前，居民消费价格调查按用途划分为8大类，262个基本分类，各调查市县每月调查600种以上的规格品价格；商品零售价格按用途划分为16个大类，229个基本分类，各地每月调查500种以上的规格品价格。

3.价格调查方式。采用派员直接到调查点登记调查，同时全省聘请辅助调查员协助登记调查。

4.权数的确定。商品零售价格指数的权数主要根据社会商品零售额资料确定；居民消费价格指数的权数主要根据城乡居民家庭消费支出构成确定。

四、工业生产者出厂价格指数

工业生产者价格包括工业企业产品第一次出售时的出厂价格和企业作为中间投入的原材料、燃料、动力购进价格。该项调查采用重点调查与典型调查相结合的调查方法。根据代表性原则，抽选年主营业务收入2000万元以上的企业作为调查对象。经国家统计局审定，可酌情补充部分年主营业务收入2000万元以下的企业。

1.选择代表企业的原则：(1)按工业行业选择调查企业，调查企业要合理分布，不能遗漏，也不能过于集中；(2) 优先选择大型企业作为调查对象，也可以适当选择一些其他企业，使工业生产者价格指数更加全面地反映客观实际；(3) 选择生产稳定的企业作为调查对象。

2.选择代表产品的原则：(1) 按工业行业选择基本分类和代表产品；(2)选择对国计民生影响大的产品；(3)选择生产较为稳定的产品；(4)选择有发展前景的产品；(5)可以选择具有地方特色的产品。

工业生产者出厂价格统计调查 41 个工业行业大类，207 个工业行业中类，666 个工业行业小类的工业产品。根据我国工业企业产品的实际销售情况，从《统计用产品分类目录》中选定有代表性的工业产品，并将其划分为 1310 个基本分类。

3.价格调查方式。采用企业报表形式，每月 2000 多家工业企业上报数据资料。

4.权数的确定。工业生产者出厂价格统计中，小类及小类以上的权数资料来源于工业统计中分行业销售产值数据资料，基本分类的权数资料来源于独立的工业生产者出厂价格权数专项调查。权数一般五年调整一次。

五、固定资产投资价格指数

固定资产投资价格调查采用重点调查与典型调查相结合的方法。固定资产投资价格调查所涉及的价格是构成固定资产投资额实体的实际购进价格或结算价格。调查的内容包括构成当年建筑工程实体的钢材、木材、水泥、地方材料（如砖、瓦、灰、沙、石等）、化工材料（如油漆等）等主要建筑材料价格；作为活劳动投入的劳动力价格（单位工资）和建筑机械使用费用；设备工器具购置和其他费用投资价格。

固定资产投资价格调查样本的选择遵循以下原则：1.选择建筑安装工程调查点的原则：(1)样本单位应具有一定覆盖面；(2)投资经济活动代表性强；(3)兼顾不同登记注册类型；(4)选择重点工程；(5)兼顾国民经济各门类及不同工程类别。

2.选择其他费用调查点的原则：在选择其他费用调查点时，所遵循的原则与建筑安装工程调查点的原则基本相同，特别是要注意选择那些投资额大的工程。但由于其他费用不易取得，所以在实际操作过程中，应同时在建设单位、施工单位开展重点调查，并辅以典型调查（从管理部门取得资料）。

六、农产品生产者价格指数

农产品生产者价格是农产品生产者直接出售其产品时实际获得的单位产品价格。农产品生产者价格调查采用抽样调查和重点调查相结合的方法。内容包括被调查单位生产并出售的主要农产品。农产品代表产品的选择涵盖农、林、牧、渔四大类、各中类以及 90%以上的小类，一般是生产量和销售量大的对国计民生影响大、稳定性强的产品，具有发展前景的新产品和具有地方特色的产品。代表品一般稳定五年。调查周期为季度。

3-1 各种价格总指数(1978-2020年)

(上年=100)

年 份	居民消费价格总指数	城市	农村	服务项目价格指数	商品零售价格指数	农业生产资料价格指数
1978	100.2	100.4	100.1	99.1	100.3	100.1
1979	102.8	102.7	102.9	99.5	103.0	100.4
1980	105.3	106.3	104.6	102.5	105.6	101.0
1981	102.7	104.0	101.9	102.1	103.6	103.3
1982	103.4	103.1	103.6	100.9	103.6	104.4
1983	101.3	102.0	100.9	106.0	101.3	103.0
1984	102.1	102.8	101.1	108.2	101.6	103.8
1985	111.3	114.0	107.5	110.1	111.4	105.6
1986	106.5	106.9	105.4	108.5	106.3	102.5
1987	109.4	110.6	107.9	106.1	109.7	106.8
1988	126.5	127.0	126.0	119.5	127.4	121.5
1989	118.9	118.8	118.9	122.0	118.6	119.5
1990	99.3	100.1	98.6	105.7	98.6	100.3
1991	103.5	104.6	102.4	105.2	103.3	105.1
1992	105.9	108.0	104.1	105.7	105.5	102.2
1993	115.4	116.8	114.2	126.7	113.8	111.4
1994	125.3	125.1	125.5	124.1	123.0	117.8
1995	115.2	116.4	114.4	118.2	114.4	120.2
1996	105.9	106.9	105.4	108.5	104.5	106.2
1997	101.7	102.5	101.3	119.0	99.8	99.5
1998	99.7	100.0	99.5	105.3	98.5	94.6
1999	99.1	98.7	99.2	123.4	96.5	96.1
2000	102.1	103.2	101.3	129.9	98.9	97.4
2001	98.7	98.3	99.3	102.7	98.0	98.7
2002	99.5	99.2	99.8	102.7	98.3	99.9
2003	100.8	100.7	101.0	103.2	99.1	101.8
2004	104.0	103.8	104.3	102.4	102.7	112.5
2005	102.2	101.9	102.8	104.0	100.6	108.1
2006	100.8	101.1	100.3	99.5	100.5	100.9
2007	105.2	105.1	105.4	101.9	104.3	110.3
2008	104.6	104.5	104.6	97.0	105.7	123.6
2009	98.2	98.3	97.9	99.1	97.9	93.3
2010	103.2	103.1	103.4	101.2	103.4	102.4
2011	105.3	105.2	105.3	103.2	104.8	111.8
2012	102.4	102.4	102.4	100.9	101.8	103.3
2013	102.5	102.6	102.3	102.9	101.1	99.5
2014	102.0	102.1	101.9	102.3	101.1	99.5
2015	101.7	101.7	101.7	103.2	99.9	101.4
2016	101.7	101.8	101.5	101.6	100.7	100.2
2017	101.2	101.3	100.8	102.6	100.6	100.0
2018	101.5	101.5	101.5	101.6	101.5	103.1
2019	102.6	102.6	102.7	100.8	101.9	102.2
2020	102.2	102.2	102.1	100.3	101.3	103.3

3-2 居民消费价格八大类指数(1978–2015年)

(上年=100)

年份	总指数	食品类	烟酒及用品	衣着	家庭设备用品及维修服务	医疗保健和个人用品	交通和通信	娱乐教育文化用品及服务	居住
1978	100.2	100.5	100.0	100.0	100.2	100.4		100.2	
1980	105.3	108.8	100.3	99.9	101.0	101.5	100.7	101.3	100.1
1994	125.3	133.4	111.5	120.3	111.2	119.0	109.5	114.4	120.1
1995	115.2	121.6	98.9	115.8	108.8	111.4	103.0	110.7	110.7
1996	105.9	105.5	104.4	105.4	102.9	107.8	104.4	107.1	113.1
1997	101.7	98.4	102.7	101.2	101.1	105.1	113.4	106.2	109.5
1998	99.7	98.0	102.5	100.3	99.7	102.2	99.8	99.7	104.5
1999	99.1	95.1	99.6	96.8	99.6	102.5	98.1	111.8	104.1
2000	102.1	98.4	100.8	98.5	98.7	107.9	96.4	120.6	106.7
2001	98.7	97.6	100.5	96.5	97.6	102.5	97.2	100.6	99.9
2002	99.5	99.7	100.3	97.2	97.2	98.7	97.8	103.0	99.3
2003	100.8	102.0	100.4	96.5	97.3	98.7	97.3	104.3	102.8
2004	104.0	109.9	101.1	97.6	98.6	97.7	97.6	103.5	104.2
2005	102.2	103.7	99.8	97.1	99.6	98.8	97.7	104.7	106.8
2006	100.8	102.0	100.6	97.3	100.9	99.7	99.3	97.2	105.5
2007	105.2	112.2	101.0	100.6	101.6	102.7	100.0	99.1	104.2
2008	104.6	113.3	102.9	94.8	103.2	102.8	98.6	92.9	105.5
2009	98.2	99.0	102.1	96.3	100.3	101.3	96.9	98.3	94.8
2010	103.2	107.8	101.4	95.7	99.2	103.1	99.5	100.2	105.4
2011	105.3	111.2	102.8	101.7	101.7	103.8	100.9	99.6	105.6
2012	102.4	104.6	102.4	105.0	101.7	102.3	100.1	98.8	101.6
2013	102.5	104.0	99.7	101.9	100.4	101.4	99.8	101.9	103.3
2014	102.0	103.3	99.2	102.6	100.4	100.7	100.2	101.7	102.3
2015	101.7	102.3	102.3	102.9	100.8	104.5	98.3	101.2	101.3

注：本表按2001年全国价格调查统计制度分类标准进行分类。

3-3 居民消费价格八大类指数(2016–2020年)

(上年=100)

年份	总指数	食品烟酒	衣着	居住	生活用品及服务	交通和通信	教育文化和娱乐	医疗保健	其他用品和服务
2016	101.7	103.9	100.3	100.7	99.8	99.4	101.2	102.9	102.5
2017	101.2	99.0	100.6	102.4	101.2	100.9	102.3	103.0	107.4
2018	101.5	101.7	99.6	101.9	100.9	101.2	102.1	102.1	100.5
2019	102.6	107.3	102.7	100.5	100.6	97.8	101.4	101.4	103.1
2020	102.2	107.0	99.9	100.0	100.6	97.0	101.2	100.2	103.7

注：本表按国家统计局2015年10月制定的《流通和消费价格统计报表制度》进行分类。

3-4 城市居民消费价格八大类指数(1978-2015年)

(上年=100)

年份	总指数	食品类	烟酒及用品	衣着	家庭设备用品及维修服务	医疗保健和个人用品	交通和通信	娱乐教育文化用品及服务	居住
1978	100.4	100.8	100.0	100.0	100.1	100.3		100.0	
1980	106.3	109.0	100.5	99.8	101.1	102.1	100.7	101.2	100.1
1994	125.1	134.0	111.5	119.9	111.9	118.6	104.9	117.5	120.6
1995	116.4	122.2	100.3	118.6	108.5	112.4	102.0	113.4	108.6
1996	106.9	105.7	102.1	107.5	103.3	109.5	105.1	109.7	114.7
1997	102.5	98.3	102.7	103.6	100.9	104.4	113.0	104.6	111.3
1998	100.0	98.0	100.9	101.1	98.9	102.6	101.2	99.9	107.5
1999	98.7	95.3	99.5	94.3	99.4	100.6	98.0	111.2	105.5
2000	103.2	98.7	98.6	97.8	100.0	112.8	96.9	115.1	107.5
2001	98.3	96.9	101.9	93.7	97.6	101.4	97.9	100.9	100.4
2002	99.2	99.2	100.9	96.8	97.6	98.3	97.9	103.7	98.9
2003	100.7	101.8	100.2	95.8	96.7	97.3	96.5	104.6	104.6
2004	103.8	109.8	101.0	97.6	98.2	96.9	96.7	103.0	103.6
2005	101.9	103.7	99.6	96.3	99.2	98.6	96.9	103.8	106.2
2006	101.1	101.8	101.1	96.0	100.5	99.7	99.0	100.5	106.7
2007	105.1	111.4	101.7	102.4	100.6	103.1	99.3	98.2	104.7
2008	104.5	113.9	103.4	94.6	102.9	102.8	98.0	91.4	104.8
2009	98.3	99.5	102.3	96.6	100.8	101.7	96.6	98.0	94.6
2010	103.1	107.9	101.6	95.6	99.0	103.2	99.2	100.2	104.9
2011	105.2	111.3	102.5	102.1	101.9	103.5	100.7	100.0	105.3
2012	102.4	104.6	102.5	105.1	102.1	101.7	99.8	98.7	102.0
2013	102.6	104.1	99.9	101.9	100.8	101.1	99.6	101.8	103.9
2014	102.1	103.2	99.0	102.9	100.5	100.7	100.3	101.7	102.5
2015	101.7	102.2	102.4	102.8	101.1	103.9	98.4	101.3	101.6

注：本表按2001年全国价格调查统计制度分类标准进行分类。

3-5 城市居民消费价格八大类指数(2016-2020年)

(上年=100)

年份	总指数	食品烟酒	衣着	居住	生活用品及服务	交通和通信	教育文化和娱乐	医疗保健	其他用品和服务
2016	101.8	104.0	100.1	100.9	99.7	99.4	101.1	103.6	102.6
2017	101.3	99.2	100.4	102.7	101.2	100.8	102.4	103.1	107.1
2018	101.5	101.9	99.1	101.9	100.9	101.0	102.1	102.1	100.4
2019	102.6	107.2	103.2	100.4	100.7	97.8	101.3	101.6	103.0
2020	102.2	107.0	99.7	100.3	100.8	96.9	101.2	100.0	103.7

注：本表按国家统计局2015年10月制定的《流通和消费价格统计报表制度》进行分类。

3–6　农村居民消费价格八大类指数(1978–2015年)

(上年=100)

年　份	总指数	食品类	烟酒及用　品	衣着	家庭设备用品及维修服务	医疗保健和个人用　品	交通和通　信	娱乐教育文化用品及服务	居住
1978	100.1	100.1	100.0	100.0	100.2	100.5		100.4	
1980	104.6	108.5	100.2	99.9	100.9	101.4	100.7	101.5	100.1
1994	125.5	132.9	111.6	120.4	110.7	119.1	115.1	112.2	120.1
1995	114.4	121.2	98.1	113.5	109.0	110.8	103.6	108.9	112.9
1996	105.4	105.4	105.3	104.5	102.8	107.1	103.9	105.4	112.1
1997	101.3	98.8	103.4	100.0	101.4	105.2	113.6	106.4	107.9
1998	99.5	98.1	103.4	99.9	100.1	102.0	99.4	99.6	102.7
1999	99.2	94.3	99.6	97.9	99.7	103.4	102.0	112.3	102.9
2000	101.3	98.1	101.5	98.8	98.2	107.8	95.4	121.8	106.0
2001	99.3	98.6	99.3	100.5	97.6	103.6	96.4	100.3	99.4
2002	99.8	100.4	99.8	97.8	96.5	99.1	97.5	102.3	99.8
2003	101.0	102.2	100.7	97.3	98.0	100.1	98.3	104.0	100.9
2004	104.3	110.1	101.2	97.5	99.3	98.7	98.9	104.3	104.8
2005	102.8	103.7	100.1	98.2	100.3	99.0	98.7	105.9	107.5
2006	100.3	102.4	100.2	99.5	101.5	99.7	99.8	92.6	103.8
2007	105.4	113.6	100.4	97.9	103.1	102.2	101.0	100.4	103.4
2008	104.6	112.0	102.1	95.0	103.4	102.7	99.5	95.8	106.9
2009	97.9	98.0	101.9	95.7	99.1	100.6	97.6	99.0	95.1
2010	103.4	107.5	101.0	95.7	99.9	103.0	100.3	100.4	106.9
2011	105.3	111.0	103.5	100.4	101.0	104.5	101.6	98.7	106.3
2012	102.4	104.7	102.3	104.6	100.4	104.1	100.8	98.8	100.8
2013	102.3	104.0	99.3	102.0	99.4	102.4	100.2	102.3	101.8
2014	101.9	103.5	99.6	101.7	100.0	100.7	100.2	101.7	101.7
2015	101.7	102.6	102.1	103.1	100.0	106.3	97.8	100.9	100.6

注：本表按2001年全国价格调查统计制度分类标准进行分类。

3–7　农村居民消费价格八大类指数(2016–2020年)

(上年=100)

年　份	总指数	食品烟酒	衣着	居住	生活用品及服务	交通和通　信	教育文化和娱乐	医疗保健	其他用品和服务
2016	101.5	103.6	101.1	99.9	100.2	99.5	101.4	101.1	102.2
2017	100.8	98.5	101.2	101.3	101.1	101.4	101.8	102.7	108.6
2018	101.5	101.1	101.1	101.9	101.0	101.6	102.2	101.9	100.7
2019	102.7	107.6	101.1	100.6	100.4	97.7	101.8	100.8	103.6
2020	102.1	107.2	100.4	99.0	99.8	97.2	101.1	100.7	103.9

注：本表按国家统计局2015年10月制定的《流通和消费价格统计报表制度》进行分类。

3-8 居民消费价格分类指数(2020年)

(上年=100)

项　　目	全省	城市	农村
居民消费价格总指数	102.2	102.2	102.1
非食品烟酒价格指数	99.9	100.0	99.7
服务价格指数	100.3	100.4	100.0
工业品价格指数	99.4	99.5	99.4
消费品价格指数	103.2	103.2	103.3
一、食品烟酒	107.0	107.0	107.2
1.食品	109.3	109.3	109.3
(1)粮食	100.3	100.2	100.5
(2)薯类	105.8	106.3	103.8
(3)豆类	104.6	105.7	102.1
(4)食用油	104.6	104.1	105.7
(5)菜	101.4	101.0	103.0
(6)畜肉类	137.0	137.5	135.5
(7)禽肉类	100.4	101.5	96.5
(8)水产品	103.1	103.3	102.6
(9)蛋类	90.0	90.4	88.8
(10)奶类	101.8	101.6	102.4
(11)干鲜瓜果类	88.8	89.1	88.0
(12)糖果糕点类	101.3	101.7	100.4
(13)调味品	101.4	101.4	101.2
(14)其他食品类	101.5	102.0	100.3
2.茶及饮料	100.2	100.1	100.6
3.烟酒	100.6	100.6	100.6
(1)烟草	100.4	100.3	100.6
(2)酒类	101.0	101.1	100.8
4.在外餐饮	103.3	103.3	103.9
二、衣着	99.9	99.7	100.4
1.服装	99.6	99.3	101.0
2.服装材料	101.6	101.6	101.6
3.其他衣着及配件	99.5	99.6	99.5
4.衣着加工服务费	102.3	102.5	101.7
5.鞋类	100.5	101.1	98.4
三、居住	100.0	100.3	99.0
1.租赁房房租	100.0	100.2	98.2
2.住房保养维修及管理	101.0	101.5	99.7
3.水电燃料	99.7	100.0	98.8
4.自有住房	99.9	100.2	98.8
四、生活用品及服务	100.6	100.8	99.8
1.家具及室内装饰品	99.6	99.5	99.8
2.家用器具	98.8	99.0	98.2
3.家用纺织品	99.7	99.6	99.9
4.家庭日用杂品	101.6	102.0	100.6
5.个人护理用品	101.0	101.0	101.4
6.家庭服务	104.1	104.5	101.6
五、交通和通信	97.0	96.9	97.2
1.交通	95.4	95.3	95.7
2.通信	99.7	99.7	99.7
六、教育文化和娱乐	101.2	101.2	101.1
1.教育	101.9	102.0	101.6
2.文化娱乐	100.1	100.2	99.5
七、医疗保健	100.2	100.0	100.7
1.药品及医疗器具	101.0	100.5	102.6
2.医疗服务	99.8	99.7	100.0
八、其他用品和服务	103.7	103.7	103.9
1.其他用品类	110.0	110.6	108.2
2.其他服务类	98.7	98.4	100.1

3-9 居民消费价格指数(2020年)

(上年同月=100)

项　目	1月	2月	3月	4月	5月	6月	7月	8月	9月	10月	11月	12月
居民消费价格总指数	104.9	104.8	103.9	103.1	102.0	102.1	102.2	102.0	101.6	100.5	99.2	99.9
非食品烟酒价格指数	101.3	100.4	100.2	99.7	99.6	99.6	99.5	99.6	99.8	99.7	99.8	99.9
服务价格指数	101.1	100.1	100.5	100.3	100.4	100.3	99.8	99.9	100.6	100.4	100.4	100.4
工业品价格指数	101.5	100.8	99.8	99.0	98.8	98.8	99.1	99.2	98.8	99.0	99.2	99.3
消费品价格指数	107.2	107.6	105.9	104.9	103.1	103.1	103.6	103.3	102.2	100.5	98.6	99.7
一、食品烟酒	113.1	114.5	112.1	110.9	107.4	107.5	108.2	107.3	105.4	102.0	98.0	100.0
1.食品	118.2	120.4	117.0	115.0	109.9	109.9	110.9	109.6	107.0	102.0	96.5	99.6
(1)粮食	99.6	100.7	99.8	99.9	100.3	101.1	100.1	100.6	100.3	100.1	100.4	100.3
(2)薯类	101.8	114.9	117.8	116.3	109.5	104.7	100.6	101.3	103.8	99.8	96.7	98.8
(3)豆类	102.2	102.1	102.2	102.9	104.4	105.2	106.0	105.3	105.8	105.8	106.9	106.6
(4)食用油	105.6	106.3	105.7	106.0	105.0	105.1	105.3	104.9	104.5	103.6	101.3	102.3
(5)菜	106.9	104.7	87.6	94.3	88.0	103.2	101.4	108.8	112.8	113.1	99.4	100.3
(6)畜肉类	167.9	182.9	180.1	169.1	159.3	157.5	159.8	139.7	122.6	100.8	89.8	97.7
(7)禽肉类	110.4	109.3	109.7	108.8	105.0	101.5	100.6	98.2	95.2	92.8	88.2	89.3
(8)水产品	105.9	100.9	103.4	103.4	102.3	103.1	103.9	103.3	102.9	103.9	102.2	102.7
(9)蛋类	100.6	102.0	104.1	100.4	87.8	85.2	83.9	89.0	82.2	82.9	81.3	87.0
(10)奶类	100.3	101.9	101.2	101.5	103.3	101.7	102.5	101.7	102.1	100.9	102.3	102.2
(11)干鲜瓜果类	96.9	97.6	94.6	90.2	80.9	70.4	71.5	79.6	88.4	102.6	106.3	106.6
(12)糖果糕点类	101.8	101.7	101.2	102.1	98.0	101.9	101.5	101.4	102.6	101.9	101.0	101.1
(13)调味品	99.3	100.7	101.4	101.5	102.2	102.0	102.0	101.7	101.9	101.5	101.1	101.1
(14)其他食品类	101.2	101.4	102.7	103.0	100.8	102.0	102.3	101.8	102.4	100.3	100.5	100.1
2.茶及饮料	100.6	101.0	100.1	100.2	100.3	100.2	101.1	99.5	99.5	100.2	99.7	100.1
3.烟酒	100.5	100.6	100.3	100.6	100.4	100.6	100.6	101.1	100.7	101.1	100.7	100.2
(1)烟草	100.1	100.2	100.2	100.2	100.4	100.4	100.4	100.5	100.5	100.5	100.6	100.6
(2)酒类	101.1	101.3	100.5	101.2	100.6	100.8	101.0	102.0	100.9	102.0	100.8	99.6
4.在外餐饮	104.8	103.9	104.0	103.8	103.9	103.8	103.8	103.5	103.0	102.6	101.9	101.3
二、衣着	100.3	100.3	99.4	98.9	98.9	98.9	99.1	99.3	99.6	100.8	101.5	101.7
1.服装	100.0	100.3	99.1	98.7	98.6	98.5	98.6	98.9	99.3	100.9	101.5	101.4
2.服装材料	103.9	102.3	102.3	102.1	102.1	101.0	101.6	100.6	100.6	100.6	100.6	101.6
3.其他衣着及配件	100.1	100.2	99.9	99.5	99.5	99.1	98.8	99.3	99.3	99.4	99.8	99.9
4.衣着加工服务费	103.7	102.8	103.4	102.2	102.2	102.1	102.1	102.2	102.1	101.7	101.8	101.5
5.鞋类	101.0	100.0	99.6	99.3	99.6	100.1	100.4	100.5	100.3	100.5	101.9	102.7
三、居住	101.0	100.7	100.2	99.9	99.8	99.9	99.8	99.7	99.8	99.9	99.8	99.8
1.租赁房房租	101.3	100.8	99.9	99.7	99.7	99.8	99.7	99.7	99.7	99.7	99.7	99.8
2.住房保养维修及管理	101.4	101.3	101.0	100.8	101.0	100.8	100.3	100.4	101.2	101.3	101.1	101.7
3.水电燃料	101.2	100.9	100.2	99.3	99.2	99.6	99.8	99.4	99.2	99.4	99.3	98.7
4.自有住房	100.7	100.5	99.9	99.9	99.7	99.8	99.6	99.6	99.7	99.7	99.7	99.8
四、生活用品及服务	100.9	100.4	100.7	100.5	100.7	100.7	100.4	100.6	100.5	100.7	100.5	100.5
1.家具及室内装饰品	99.9	99.7	99.8	99.3	99.7	99.5	98.8	98.7	99.0	100.2	100.0	100.3
2.家用器具	98.5	98.7	98.9	98.3	99.0	99.2	98.6	98.9	98.7	98.9	98.9	99.0
3.家用纺织品	100.3	100.6	100.4	100.4	100.3	99.4	99.0	99.1	99.4	99.4	98.8	99.2
4.家庭日用杂品	101.3	101.8	101.4	101.3	101.7	101.8	101.9	101.9	101.7	101.6	101.4	101.6
5.个人护理用品	101.7	101.4	102.0	101.8	100.6	100.7	100.7	100.9	100.7	100.6	100.9	100.5
6.家庭服务	107.4	100.7	103.7	104.2	104.3	104.3	104.2	105.1	104.7	104.7	103.5	102.6
五、交通和通信	102.0	99.5	97.7	96.2	95.8	95.9	96.2	96.2	96.1	95.9	95.9	96.6
1.交通	103.3	99.5	96.6	94.1	93.5	93.7	94.2	94.1	93.9	93.6	93.5	94.5
2.通信	99.7	99.6	99.6	99.7	99.7	99.5	99.6	99.7	99.7	99.6	99.9	100.2
六、教育文化和娱乐	101.2	99.8	101.4	101.0	101.1	100.9	100.1	100.3	101.8	102.1	102.5	102.2
1.教育	101.7	101.5	101.4	101.4	101.4	101.5	101.4	101.6	102.8	102.7	102.7	102.8
2.文化娱乐	100.5	97.3	101.5	100.5	100.6	99.9	98.0	98.5	100.1	101.3	102.1	101.3
七、医疗保健	100.9	100.9	100.5	100.6	100.2	99.9	99.9	99.8	99.9	99.8	99.8	99.9
1.药品及医疗器具	102.4	102.4	101.7	102.1	100.4	100.4	100.4	100.3	100.3	100.5	100.4	100.3
2.医疗服务	100.1	100.1	99.8	99.9	100.0	99.7	99.6	99.6	99.6	99.5	99.5	99.6
八、其他用品和服务	104.5	103.1	105.2	105.2	105.9	105.4	105.2	106.5	104.4	100.0	100.2	99.6
1.其他用品类	109.3	108.7	111.5	111.3	112.7	111.2	110.9	113.6	108.7	107.5	108.3	106.8
2.其他服务类	100.9	98.8	100.3	100.5	100.6	100.8	100.6	100.7	100.9	93.7	93.4	93.7

3-10 城市居民消费价格指数(2020年)

(上年同月=100)

项目	1月	2月	3月	4月	5月	6月	7月	8月	9月	10月	11月	12月
居民消费价格总指数	104.9	104.6	103.7	103.1	102.0	102.1	102.3	102.1	101.7	100.6	99.4	100.0
非食品烟酒价格指数	101.4	100.5	100.2	99.7	99.7	99.6	99.5	99.7	99.9	99.9	100.0	100.1
服务价格指数	101.2	100.1	100.6	100.3	100.4	100.3	99.9	100.1	100.7	100.5	100.5	100.5
工业品价格指数	101.5	100.8	99.8	99.0	98.7	98.8	99.1	99.2	98.8	99.0	99.3	99.5
消费品价格指数	107.1	107.4	105.7	104.7	102.9	103.2	103.7	103.4	102.3	100.6	98.7	99.7
一、食品烟酒	112.9	114.0	111.7	110.6	107.2	107.6	108.3	107.5	105.6	102.1	98.1	99.9
1.食品	118.0	119.7	116.5	114.8	109.6	110.1	111.2	110.1	107.4	102.2	96.6	99.4
(1)粮食	99.3	100.5	99.5	99.9	100.3	101.3	100.5	100.5	99.9	99.5	99.9	100.8
(2)薯类	101.7	114.7	119.0	117.2	110.0	105.4	101.1	102.6	105.5	99.9	96.1	98.3
(3)豆类	103.1	101.9	102.5	103.2	105.1	106.3	107.5	106.7	107.5	107.4	108.8	108.8
(4)食用油	104.5	105.1	104.4	105.1	104.0	104.1	104.1	103.9	104.1	103.8	102.5	103.3
(5)菜	107.7	103.9	87.2	93.9	87.1	103.3	101.9	108.7	112.6	112.2	98.2	98.8
(6)畜肉类	167.8	182.9	180.9	170.5	160.5	159.4	161.5	141.2	122.9	101.0	89.8	97.3
(7)禽肉类	112.1	111.0	111.3	110.4	106.5	103.1	102.1	99.4	96.3	93.4	88.5	89.5
(8)水产品	106.5	100.9	103.4	103.6	102.4	103.3	104.1	103.7	103.1	103.8	102.2	102.6
(9)蛋类	101.4	102.9	104.4	101.0	88.7	86.3	84.5	89.4	82.5	83.0	81.4	86.3
(10)奶类	99.2	101.6	100.7	100.9	102.9	101.1	101.9	101.2	102.7	101.2	102.9	102.7
(11)干鲜瓜果类	96.1	96.4	93.5	89.1	80.6	70.6	72.1	81.4	90.2	103.5	107.4	107.2
(12)糖果糕点类	102.1	101.9	101.2	102.5	97.2	102.7	102.3	102.0	103.6	102.7	101.1	101.4
(13)调味品	98.6	100.6	101.3	101.5	102.5	102.4	102.1	101.6	101.9	101.7	101.8	101.1
(14)其他食品类	101.4	101.3	103.1	103.8	100.8	102.7	103.3	102.3	103.1	100.5	100.7	100.3
2.茶及饮料	100.6	101.3	100.1	100.4	100.2	100.0	101.0	98.9	98.9	100.1	99.4	100.2
3.烟酒	100.8	100.9	100.5	100.7	100.4	100.4	100.4	100.9	100.4	101.1	100.6	100.0
(1)烟草	100.1	100.2	100.2	100.2	100.2	100.2	100.2	100.3	100.3	100.3	100.4	100.4
(2)酒类	101.8	101.9	101.0	101.5	100.6	100.7	100.7	101.9	100.5	102.2	100.7	99.3
4.在外餐饮	104.6	103.9	103.7	103.5	103.7	103.6	103.6	103.4	103.0	102.7	102.0	101.3
二、衣着	100.1	100.3	99.1	98.4	98.5	98.5	98.8	99.1	99.4	100.8	101.8	102.0
1.服装	99.6	100.0	98.6	97.9	98.0	97.8	98.1	98.5	98.9	100.8	101.6	101.6
2.服装材料	103.9	102.3	102.3	102.1	102.1	101.0	101.6	100.6	100.6	100.6	100.6	101.6
3.其他衣着及配件	100.3	100.4	100.0	99.5	99.6	99.0	98.7	99.3	99.1	99.2	99.8	99.9
4.衣着加工服务费	103.9	103.3	103.9	102.2	102.2	102.1	102.1	102.3	102.4	101.9	101.9	101.9
5.鞋类	101.5	100.6	100.1	99.7	99.9	100.8	101.2	101.2	100.9	101.2	102.7	103.8
三、居住	101.1	100.9	100.3	100.0	100.0	100.2	100.1	100.1	100.3	100.4	100.3	100.2
1.租赁房房租	101.5	101.0	100.0	99.8	99.8	100.0	99.9	100.0	100.0	100.1	100.1	100.1
2.住房保养维修及管理	101.7	101.5	101.3	101.3	101.4	101.3	100.8	100.9	102.0	101.9	101.8	102.0
3.水电燃料	101.3	101.0	100.4	99.6	99.5	100.0	100.2	99.8	99.7	99.8	99.7	99.1
4.自有住房	100.8	100.6	99.9	100.0	99.8	99.9	99.9	100.0	100.2	100.2	100.3	100.3
四、生活用品及服务	101.1	100.4	100.8	100.5	100.9	101.1	100.7	101.0	100.8	100.9	100.6	100.7
1.家具及室内装饰品	99.5	99.3	99.3	99.1	99.8	100.0	99.1	99.0	99.5	99.5	99.6	100.0
2.家用器具	98.3	98.6	99.0	98.2	99.3	99.5	98.9	99.3	98.9	99.2	99.3	99.5
3.家用纺织品	100.3	100.7	100.4	100.4	100.4	99.3	98.8	98.8	99.4	99.4	98.7	99.1
4.家庭日用杂品	101.7	101.9	101.7	101.5	102.2	102.5	102.4	102.6	102.0	102.0	101.5	101.9
5.个人护理用品	101.7	101.3	101.9	101.6	100.2	100.5	100.6	100.9	100.7	100.7	101.0	100.7
6.家庭服务	107.9	100.8	103.9	104.6	104.7	104.8	104.6	105.7	105.2	105.2	103.8	102.9
五、交通和通信	102.1	99.6	97.7	96.2	95.7	95.8	96.1	96.0	95.9	95.7	95.7	96.5
1.交通	103.5	99.6	96.6	94.0	93.4	93.6	94.0	93.8	93.7	93.4	93.2	94.3
2.通信	99.8	99.5	99.6	99.7	99.6	99.5	99.6	99.8	99.7	99.6	99.9	100.2
六、教育文化和娱乐	101.2	99.6	101.6	101.1	101.2	100.9	100.0	100.4	101.7	102.3	102.7	102.4
1.教育	101.7	101.6	101.5	101.5	101.6	101.7	101.6	101.9	102.8	102.8	102.8	102.9
2.文化娱乐	100.5	97.0	101.7	100.6	100.8	99.9	98.0	98.5	100.3	101.6	102.5	101.6
七、医疗保健	101.1	101.0	100.5	100.6	99.9	99.6	99.6	99.6	99.6	99.5	99.4	99.5
1.药品及医疗器具	102.7	102.4	101.5	101.9	99.9	99.7	99.9	99.7	99.7	99.8	99.5	99.3
2.医疗服务	100.2	100.2	99.9	99.8	99.9	99.5	99.5	99.5	99.5	99.3	99.3	99.6
八、其他用品和服务	104.5	103.2	105.2	105.2	106.0	105.5	105.3	106.8	104.4	99.7	99.8	99.3
1.其他用品类	109.8	109.3	112.1	111.8	113.4	111.8	111.5	114.5	108.9	108.0	108.8	107.2
2.其他服务类	100.4	98.6	100.1	100.2	100.4	100.6	100.4	100.5	100.8	92.9	92.5	92.9

3-11 农村居民消费价格指数(2020年)

(上年同月=100)

项　　目	1月	2月	3月	4月	5月	6月	7月	8月	9月	10月	11月	12月
居民消费价格总指数	105.0	105.3	104.3	103.4	102.3	102.0	102.1	101.6	101.2	100.0	98.8	99.7
非食品烟酒价格指数	101.0	100.3	100.1	99.7	99.6	99.5	99.4	99.3	99.4	99.3	99.4	99.5
服务价格指数	100.7	100.0	100.3	100.2	100.1	100.1	99.7	99.4	100.0	99.7	99.7	100.0
工业品价格指数	101.4	100.7	99.9	99.2	99.0	98.9	99.0	99.1	98.8	98.8	98.9	99.0
消费品价格指数	107.4	108.3	106.5	105.3	103.5	103.1	103.4	102.8	101.8	100.1	98.2	99.6
一、食品烟酒	113.7	116.2	113.5	111.6	108.2	107.3	107.8	106.5	104.7	101.4	97.6	100.2
1.食品	118.6	122.5	118.5	115.7	110.6	109.4	110.0	108.1	105.9	101.4	96.3	100.0
(1)粮食	100.4	101.2	100.4	99.8	100.2	100.8	99.2	100.7	101.0	101.4	101.5	99.4
(2)薯类	102.1	115.8	113.1	112.9	107.6	102.0	98.5	96.9	97.7	99.4	99.0	100.7
(3)豆类	100.2	102.5	101.7	102.1	102.7	102.7	102.4	102.2	102.1	102.1	102.5	101.7
(4)食用油	108.0	108.7	108.4	107.7	107.0	107.4	108.1	106.9	105.4	103.1	98.9	100.1
(5)菜	104.1	107.9	88.9	95.7	91.2	102.8	99.5	109.1	113.7	116.0	103.9	105.9
(6)畜肉类	168.2	182.8	178.1	165.3	156.0	152.4	155.1	135.6	121.7	100.2	89.8	98.9
(7)禽肉类	104.6	103.6	104.4	103.5	99.7	96.2	95.7	94.3	91.4	90.7	87.1	88.7
(8)水产品	103.5	101.3	103.3	102.8	101.6	102.4	103.0	101.6	102.3	104.4	102.4	103.2
(9)蛋类	98.6	99.6	103.3	98.8	85.6	82.4	82.2	88.0	81.4	82.6	81.0	88.8
(10)奶类	103.6	103.0	102.6	103.4	104.3	103.5	104.2	102.9	100.4	100.1	100.6	100.5
(11)干鲜瓜果类	99.5	102.1	98.6	94.4	82.2	69.6	69.5	73.8	82.3	99.3	102.7	104.5
(12)糖果糕点类	101.1	101.1	101.1	101.0	100.0	99.8	99.5	99.7	100.1	99.9	100.7	100.3
(13)调味品	100.8	101.0	101.6	101.3	101.5	101.4	101.8	101.9	101.8	101.0	99.5	101.0
(14)其他食品类	100.6	101.7	101.5	100.7	100.8	99.9	99.3	100.1	100.3	99.6	100.0	99.7
2.茶及饮料	100.5	100.3	100.1	99.8	100.7	100.9	101.2	101.4	101.0	100.4	100.6	99.8
3.烟酒	99.9	100.1	99.9	100.3	100.6	100.8	101.0	101.3	101.2	101.1	100.9	100.7
(1)烟草	100.1	100.1	100.1	100.1	100.6	100.6	100.6	100.8	100.9	100.9	100.9	100.9
(2)酒类	99.4	100.0	99.4	100.5	100.5	101.1	101.8	102.3	101.8	101.5	100.8	100.3
4.在外餐饮	106.1	104.3	105.2	105.2	105.1	105.0	104.7	104.0	102.9	101.9	101.3	100.9
二、衣着	101.0	100.4	100.4	100.6	100.4	100.3	100.0	100.0	100.4	100.5	100.6	100.5
1.服装	101.4	101.0	101.1	101.3	100.9	101.0	100.6	100.5	100.9	101.3	101.0	100.8
2.服装材料	103.9	102.3	102.3	102.1	102.1	101.0	101.6	100.6	100.6	100.6	100.6	101.6
3.其他衣着及配件	99.3	99.3	99.3	99.2	99.2	99.2	99.2	99.2	99.9	99.9	99.9	99.9
4.衣着加工服务费	103.2	101.1	101.9	101.9	101.9	101.9	101.9	101.9	101.3	101.3	101.5	100.6
5.鞋类	99.6	98.1	98.2	98.1	98.5	97.7	97.5	98.1	98.6	98.0	99.1	99.3
三、居住	100.4	100.2	99.8	99.2	99.1	99.0	98.7	98.3	98.1	98.1	98.1	98.4
1.租赁房房租	99.4	99.1	99.3	98.7	98.8	98.8	98.2	97.5	97.2	97.1	97.0	97.4
2.住房保养维修及管理	100.6	100.6	100.2	99.6	99.6	99.3	99.2	99.1	99.1	99.5	99.0	100.8
3.水电燃料	100.9	100.5	99.6	98.5	98.5	98.6	98.8	98.5	98.0	98.1	98.2	97.6
4.自有住房	100.2	100.0	99.9	99.6	99.2	99.2	98.5	98.0	97.8	97.7	97.7	98.0
四、生活用品及服务	100.4	100.5	100.3	100.2	99.8	99.4	99.3	99.2	99.3	100.0	100.0	99.8
1.家具及室内装饰品	101.1	100.9	101.1	99.7	99.3	97.9	97.8	97.7	97.4	102.3	101.4	101.1
2.家用器具	99.0	99.0	98.7	98.4	98.4	98.4	97.7	97.9	98.2	98.0	97.7	97.6
3.家用纺织品	100.4	100.4	100.3	100.4	100.0	99.9	99.7	100.1	99.4	99.4	99.6	99.5
4.家庭日用杂品	100.4	101.3	100.6	101.0	100.4	100.2	100.5	100.0	100.7	100.5	101.1	101.0
5.个人护理用品	101.5	101.9	102.3	102.9	102.4	101.4	101.4	101.1	101.0	100.3	100.6	99.7
6.家庭服务	104.2	100.1	102.1	102.1	101.3	101.2	102.0	101.8	101.4	101.4	101.3	100.8
五、交通和通信	101.4	99.4	97.6	96.3	95.9	96.1	96.7	96.8	96.5	96.3	96.4	97.1
1.交通	102.5	99.2	96.3	94.2	93.6	94.2	95.0	95.2	94.7	94.2	94.4	95.2
2.通信	99.6	99.8	99.8	99.9	99.9	99.5	99.5	99.5	99.5	99.8	99.9	100.2
六、教育文化和娱乐	101.3	100.5	101.0	100.8	100.9	100.8	100.3	100.1	101.9	101.7	101.8	101.8
1.教育	101.6	101.2	101.1	101.1	101.1	101.2	101.1	100.8	102.9	102.5	102.6	102.5
2.文化娱乐	100.5	98.7	100.7	100.0	100.0	99.7	98.2	98.1	99.0	99.5	99.7	99.7
七、医疗保健	100.3	100.6	100.4	100.9	100.9	100.9	100.6	100.6	100.7	100.6	100.8	100.8
1.药品及医疗器具	101.3	102.4	102.2	102.7	102.5	102.7	102.1	102.1	102.4	102.9	103.6	103.7
2.医疗服务	100.0	99.9	99.8	100.3	100.3	100.2	100.1	100.1	100.1	99.8	99.8	99.8
八、其他用品和服务	104.7	102.8	105.1	105.1	105.4	105.0	104.8	105.8	104.4	101.0	101.5	100.9
1.其他用品类	107.6	106.7	109.6	109.4	110.4	109.2	108.7	110.7	107.7	105.8	106.8	105.5
2.其他服务类	102.4	99.4	101.3	101.4	101.2	101.4	101.4	101.4	101.4	96.7	96.8	96.8

3-12　商品零售价格分类指数(1994-2002年)

(上年=100)

年　份	总指数	食品类	饮料、烟酒类	服装、鞋帽类	纺织品类	中、西药品类	化妆品类
1994	123.0	133.9	111.0	120.8	115.8	111.3	114.6
1995	114.4	122.7	102.4	118.7	113.7	111.2	106.0
1996	104.5	105.5	103.4	107.6	103.9	109.1	102.9
1997	99.8	98.2	102.8	103.0	101.4	104.5	101.6
1998	98.5	97.9	102.3	101.5	99.5	102.6	99.2
1999	96.5	94.6	99.7	95.2	99.3	101.2	101.0
2000	98.9	98.4	99.8	98.3	98.9	100.9	99.9
2001	98.0	98.1	99.8	95.3	100.9	97.4	98.2
2002	98.3	99.7	100.7	97.7	97.9	96.3	96.9

注：本表内容按1994年国家统计局制定的《流通和消费价格统计报表制度》进行分类。

3-12　续表

(上年=100)

年　份	书报、杂志类	文化体育用品类	日用品类	家用电器类	首饰类	燃料类	建筑装潢材料类	机电产品类
1994	131.9	108.9	112.7	105.0	113.4	123.1	112.3	101.4
1995	110.0	108.0	108.2	101.0	99.0	106.2	102.9	97.8
1996	132.8	102.1	103.7	98.7	99.5	103.9	97.0	97.0
1997	106.2	100.7	101.2	97.1	95.9	106.4	97.0	96.3
1998	103.3	100.0	99.5	95.3	91.2	96.7	96.9	94.4
1999	101.9	99.0	98.9	94.0	95.9	101.1	98.0	95.7
2000	103.8	98.6	98.4	94.1	97.4	117.7	99.8	95.3
2001	106.0	99.0	98.6	94.6	96.3	100.7	98.3	96.6
2002	102.1	98.1	97.8	91.8	100.5	98.5	97.6	95.0

3-13　商品零售价格分类指数(2003-2020年)

(上年=100)

年　份	总指数	食品	饮料、烟酒	服装、鞋帽	纺织品	家用电器及音像器材
2003	99.1	101.9	100.5	96.2	97.2	92.9
2004	102.7	110.3	100.9	97.5	100.4	95.0
2005	100.6	103.8	99.7	97.2	99.3	96.1
2006	100.5	102.0	100.4	96.4	99.6	98.5
2007	104.3	111.8	101.2	99.3	98.7	98.0
2008	105.7	113.8	103.2	93.9	101.4	95.3
2009	97.9	99.2	102.0	97.1	101.2	94.7
2010	103.4	108.2	101.1	96.2	98.1	96.3
2011	104.8	111.1	103.2	100.8	106.1	96.3
2012	101.8	104.7	102.8	103.9	101.9	96.4
2013	101.1	104.3	100.1	101.7	98.9	96.5
2014	101.1	103.4	99.5	102.6	98.3	97.3
2015	99.9	101.9	101.7	103.5	99.1	98.2
2016	100.7	104.4	101.2	100.3	100.1	96.4
2017	100.6	98.4	100.9	100.7	100.3	100.0
2018	101.5	102.1	101.0	99.2	102.5	99.3
2019	101.9	108.5	100.3	102.5	102.1	98.7
2020	101.3	108.0	99.9	99.6	100.3	98.3

注：本表内容按2015年10月制订的《流通和消费价格统计报表制度》进行分类，其中："金银饰品"类2016年之前为"金银珠宝"类。

3-13　续表 1

(上年=100)

年　份	文化办公用品	日用品	体育娱乐用品	交通、通信用品	家具	化妆品
2003	94.5	98.8	98.5	90.4	98.8	97.5
2004	97.2	99.2	99.3	89.4	100.5	99.3
2005	96.4	99.6	98.4	89.9	99.9	99.5
2006	96.9	99.9	98.7	92.3	100.3	99.9
2007	98.0	99.9	98.4	94.4	103.1	100.2
2008	98.3	103.6	98.4	95.4	104.0	100.3
2009	95.3	102.3	98.4	94.2	101.2	100.9
2010	98.3	100.7	98.6	96.2	100.9	100.0
2011	98.6	101.6	101.0	95.7	102.1	99.6
2012	98.6	100.8	100.1	95.4	98.8	102.4
2013	98.5	99.9	99.9	96.7	100.7	101.3
2014	97.9	100.8	100.2	99.2	101.2	100.5
2015	99.1	99.9	99.8	99.6	101.5	101.0
2016	98.8	100.0	100.4	98.4	100.2	100.8
2017	101.0	99.8	100.5	98.1	102.2	102.4
2018	100.3	101.0	100.2	97.9	101.3	100.1
2019	99.8	101.2	99.4	97.4	99.8	101.1
2020	101.1	100.6	100.2	97.9	99.2	101.1

3-13 续表 2

(上年=100)

年　份	金银饰品	中西药品及医疗保健用品	书报杂志及电子出版物	燃料	建筑材料及五金电料
2003	103.8	98.3	103.3	109.6	99.9
2004	108.3	95.7	104.1	111.8	103.4
2005	104.2	97.0	100.3	117.0	101.4
2006	112.7	98.7	100.1	114.5	102.6
2007	105.5	103.8	102.7	104.4	105.3
2008	112.4	102.4	102.0	115.1	108.5
2009	98.2	100.8	105.8	87.4	94.8
2010	112.3	104.9	101.2	116.7	104.5
2011	111.7	106.2	100.0	112.4	105.5
2012	98.9	102.9	102.6	103.1	98.3
2013	94.1	101.2	105.2	100.7	99.3
2014	94.1	101.7	100.1	99.6	99.5
2015	96.5	100.8	102.0	86.5	98.3
2016	109.1	104.0	102.0	96.5	100.1
2017	102.0	104.8	104.1	107.3	101.5
2018	97.5	104.4	102.9	110.5	102.7
2019	110.3	104.2	104.8	94.4	100.2
2020	119.2	100.7	101.4	91.6	99.9

3-14 商品零售价格指数(2020年)

(上年同月=100)

项　　目	1月	2月	3月	4月	5月	6月	7月	8月	9月	10月	11月	12月
商品零售价格总指数	104.2	104.1	102.7	102.0	100.8	100.9	101.4	101.4	100.4	99.7	98.6	99.3
一、食品	115.1	116.3	113.6	112.3	108.0	108.4	109.5	108.8	106.6	102.6	97.6	99.7
二、饮料、烟酒	100.3	100.5	99.9	100.2	99.9	100.0	100.1	99.8	99.4	100.1	99.6	99.4
三、服装、鞋帽	99.9	99.7	98.7	98.4	98.6	98.4	98.9	99.5	99.7	100.8	101.5	101.5
四、纺织品	101.4	101.5	101.3	101.3	101.2	99.9	99.7	99.5	99.7	99.6	99.1	99.7
五、家用电器及音像器材	97.6	98.2	98.8	98.2	98.5	98.7	98.0	98.1	98.0	98.4	98.6	99.0
六、文化办公用品	100.3	100.9	101.2	101.4	101.4	100.9	101.8	101.6	101.4	101.1	100.6	100.5
七、日用品	101.3	101.5	101.0	100.7	100.8	100.7	100.4	100.3	99.7	99.7	100.4	100.3
八、体育娱乐用品	99.2	99.2	99.6	100.1	100.0	100.0	99.1	100.7	100.7	101.6	101.0	101.1
九、交通、通信用品	98.4	98.1	98.5	98.5	98.2	97.7	97.8	97.8	96.7	96.9	97.5	98.4
十、家具	100.0	99.7	99.8	99.1	99.5	99.2	98.5	98.3	98.7	99.5	98.9	99.2
十一、化妆品	102.3	101.7	102.3	101.8	100.5	100.5	100.4	100.8	100.3	100.7	101.0	100.6
十二、金银饰品	119.2	118.7	123.4	121.9	125.2	121.8	121.1	125.4	115.1	113.6	114.7	112.8
十三、中西药品及医疗保健用品	103.3	102.9	101.7	102.0	99.8	99.8	99.9	99.8	99.8	100.0	99.7	99.5
十四、书报杂志及电子出版物	101.8	101.6	101.2	101.2	101.7	101.7	101.7	101.6	101.1	101.1	101.2	101.2
十五、燃料	105.1	99.7	91.7	87.5	86.2	88.4	90.6	90.9	90.1	89.3	89.4	90.8
十六、建筑材料及五金电料	101.0	100.9	100.3	100.1	100.1	99.9	99.6	99.2	99.5	99.8	99.4	99.3

3-15 农业生产资料价格分类指数(1978-2020年)

(上年=100)

年份	农业生产资料价格指数	农用手工工具	饲料	产品畜	半机械化农具	机械化农具	化学肥料	农药及农药器械	农机用油	其他农业生产资料	农业生产服务
1978	100.1										
1979	100.4										
1980	101.0	102.7			99.8	97.6	100.6	99.2	102.7	101.4	
1981	103.3	112.2			104.3	97.2	100.7	99.6	100.4	104.3	
1982	104.4	117.0			110.6	103.7	100.2	99.4	100.0	102.5	
1983	103.0	103.7			112.4	100.5	103.0	100.9	100.0	101.8	
1984	103.8	100.1			101.7	101.1	106.4	99.6	109.2	105.9	
1985	105.6	104.8			103.7	111.9	104.6	99.9	116.2	106.0	
1986	102.5	105.2			112.3	102.7	99.5	99.0	104.5	105.9	
1987	106.8	108.5			103.8	104.8	107.6	109.4	102.9	105.3	
1988	121.5	117.8			120.6	116.0	122.3	136.6	103.9	121.8	
1989	119.5	126.4	134.8	103.7	121.1	117.0	116.9	127.9	110.2	128.1	
1990	100.3	106.3	98.8	93.8	101.7	100.2	96.9	106.9	103.3	105.5	
1991	105.1	100.0	97.9	84.7	101.2	100.8	108.3	101.8	112.9	97.4	
1992	102.2	102.5	92.3	114.8	104.7	102.6	101.9	100.0	107.0	103.6	
1993	111.4	111.4	110.0	110.6	117.5	118.8	112.3	98.1	127.1	104.4	
1994	117.8	111.1	120.5	128.2	107.7	114.3	123.2	106.1	107.8	113.2	
1995	120.2	119.2	128.4	116.4	107.6	112.5	118.6	120.6	105.2	122.8	
1996	106.2	106.0	103.0	104.5	98.6	102.1	109.3	108.4	105.2	102.3	
1997	99.5	102.9	102.6	112.1	100.6	99.2	96.0	96.0	102.7	99.3	
1998	94.6	100.9	96.8	86.1	98.2	99.0	94.3	93.7	96.2	96.1	
1999	96.1	106.1	104.5	89.5	99.1	99.9	92.2	95.1	102.6	99.3	
2000	97.4	102.0	94.3	112.3	98.9	98.4	92.1	95.1	126.2	98.0	
2001	98.7	100.6	99.2	102.3	97.3	94.4	98.9	96.8	104.5	96.1	
2002	99.9	98.5	98.7	92.5	100.0	95.3	102.3	98.9	98.7	104.7	
2003	101.8	102.5	101.8	103.3	101.7	98.8	102.4	98.4	110.6	98.0	
2004	112.5	108.8	120.3	121.3	104.4	104.9	116.2	102.5	106.4	101.8	
2005	108.1	107.2	102.8	102.5	100.0	103.0	114.1	108.5	110.2	105.3	
2006	100.9	104.6	101.8	96.6	100.1	101.0	99.3	104.7	109.5	104.7	102.5
2007	110.3	103.2	109.4	137.3	102.6	101.5	107.5	103.6	105.6	101.7	108.6
2008	123.6	111.2	116.0	124.9	102.3	107.7	140.9	117.3	114.8	107.6	114.7
2009	93.3	104.2	97.9	82.6	99.9	100.6	88.2	96.9	90.9	101.3	103.6
2010	102.4	101.5	105.5	107.8	101.0	101.5	97.4	100.3	109.3	106.2	105.0
2011	111.8	108.2	109.0	129.8	106.4	104.7	114.7	103.1	111.8	105.6	106.2
2012	103.3	108.4	106.7	92.8	103.4	101.0	105.5	101.8	102.4	102.8	109.1
2013	99.5	101.7	102.5	97.6	100.5	100.4	96.3	100.4	100.1	101.3	104.0
2014	99.5	100.7	102.4	99.2	100.7	100.2	95.8	100.1	98.8	101.7	103.8
2015	101.4	101.8	100.2	109.8	100.7	100.1	100.4	99.4	89.7	100.7	104.1
2016	100.2	100.3	96.9	120.7	99.8	100.3	98.7	99.1	98.0	99.8	101.5
2017	100.0	99.7	99.8	90.6	99.2	100.0	102.9	98.6	107.9	100.2	99.4
2018	103.1	101.6	102.7	96.4	100.0	99.9	107.1	105.4	110.6	100.7	100.6
2019	102.2	105.8	100.5	135.4	97.7	100.8	98.2	102.6	91.9	100.1	101.9
2020	103.3	101.1	104.2	131.2	98.5	100.2	98.4	100.9	88.1	100.3	101.0

注：1980年前没有农资分类数据；1980年—2005年，“农用手工工具”名为“小农具”；1989年前没有“饲料”和“产品畜”数据；2006年后新增“农业生产服务”。2016年后“产品畜”名为“仔畜幼禽及产品畜”。

3-16 农业生产资料价格指数(2020年)

(上年同月=100)

项 目	1月	2月	3月	4月	5月	6月	7月	8月	9月	10月	11月	12月
农业生产资料价格指数	105.1	104.8	104.9	104.6	103.9	103.9	104.9	104.5	102.2	100.9	99.9	100.2
农用手工工具	104.8	104.8	102.6	100.3	100.3	100.3	100.3	100.3	100.2	100.0	100.0	100.0
饲料	103.4	102.7	101.4	101.9	102.0	101.9	104.7	106.3	105.7	106.1	107.3	107.1
仔畜幼禽及产品畜	168.6	163.8	174.2	169.4	164.0	152.1	152.9	136.9	109.6	97.3	84.9	85.3
半机械化农具	97.6	97.6	97.8	98.5	98.8	98.6	98.4	98.7	99.0	99.0	99.0	99.0
机械化农具	101.2	101.2	100.5	100.0	100.0	100.0	100.0	100.0	100.0	100.0	100.0	100.0
化学肥料	95.9	97.0	98.0	97.3	96.6	98.3	99.5	99.4	99.5	99.5	99.7	100.0
农药及农药器械	102.8	102.8	101.7	100.2	100.3	100.4	100.4	100.4	100.4	100.4	100.3	100.3
化学农药	103.0	103.0	101.8	100.3	100.3	100.3	100.3	100.3	100.3	100.3	100.1	100.1
农药器械	100.0	100.0	99.9	99.8	101.3	102.7	102.7	102.7	102.7	102.7	102.7	102.7
农机用油	106.3	98.0	87.6	82.3	80.9	83.5	86.6	88.0	87.3	85.3	84.9	87.6
其他农业生产资料	99.8	99.8	100.1	100.5	100.7	100.7	100.7	100.5	100.2	100.1	100.1	100.1
农用种子	99.4	99.4	99.7	100.0	100.0	100.0	100.0	99.8	99.8	99.8	99.8	99.8
农用薄膜	96.3	96.3	97.6	99.0	99.7	99.7	99.7	99.4	98.0	99.3	99.5	100.0
未列名的其他农用生产资料	102.3	102.3	102.1	102.9	103.5	103.5	103.5	103.5	102.3	101.1	101.1	101.1
农业生产服务	102.2	102.2	99.8	101.1	101.1	102.6	100.5	100.5	100.5	100.4	100.4	100.6

3-17 固定资产投资价格指数(1991-2019年)

(上年=100)

年 份	总指数	建筑安装工程	设备工器具购置	其他费用
1991	108.6	110.7	110.2	96.6
1992	114.9	115.7	114.4	112.2
1993	134.1	140.1	117.3	125.3
1994	107.3	105.9	109.7	111.3
1995	104.8	103.3	106.6	110.7
1996	104.7	103.7	100.6	118.3
1997	101.1	102.2	97.9	99.8
1998	98.0	98.9	94.7	98.6
1999	98.5	99.3	94.8	101.2
2000	100.2	102.4	94.9	98.8
2001	99.5	100.2	96.9	101.4
2002	99.7	100.5	96.2	103.0
2003	101.4	104.2	95.4	101.2
2004	103.4	106.7	96.8	101.3
2005	100.7	101.1	97.6	102.8
2006	102.0	102.4	99.6	103.7
2007	105.9	107.1	99.6	109.2
2008	105.9	108.5	100.0	104.9
2009	98.0	97.4	96.6	101.0
2010	103.3	104.9	99.8	102.4
2011	106.2	109.4	100.8	102.5
2012	100.3	100.6	98.9	100.7
2013	100.1	100.0	98.9	101.2
2014	100.4	100.4	99.7	100.7
2015	98.3	97.6	99.5	100.1
2016	100.0	99.8	100.0	100.7
2017	105.6	107.6	100.9	101.1
2018	104.9	106.7	100.8	100.4
2019	101.5	102.0	100.9	100.2

3-18 建筑安装、装饰工程投资价格指数(1991-2019年)

(上年=100)

年 份	总指数	人工费	材料费	机械费
1991	110.7	113.8	111.3	
1992	115.7	109.4	120.0	
1993	140.1	148.6	128.2	
1994	105.9	107.6	103.7	
1995	103.3	125.7	100.4	
1996	103.7	120.6	101.3	109.1
1997	102.2	114.7	100.6	106.8
1998	98.9	103.2	97.9	99.8
1999	99.3	100.7	98.2	99.9
2000	102.4	108.5	102.0	100.2
2001	100.2	105.2	99.4	100.7
2002	100.5	105.8	99.0	101.0
2003	104.2	102.2	105.2	102.4
2004	106.7	102.5	109.6	100.8
2005	101.1	104.9	99.8	100.1
2006	102.4	108.6	101.1	102.9
2007	107.1	110.6	107.1	103.2
2008	108.5	107.7	109.8	104.0
2009	97.4	102.6	94.5	100.4
2010	104.9	107.0	104.7	102.2
2011	109.4	111.2	109.9	103.6
2012	109.4	111.2	109.9	103.6
2013	100.0	105.7	97.7	102.0
2014	100.4	104.7	98.6	101.6
2015	97.6	103.8	94.4	101.0
2016	99.8	102.4	98.5	100.2
2017	107.6	103.1	111.3	100.7
2018	106.7	102.6	110.0	101.2
2019	102.0	104.3	101.5	100.8

3-19 建筑安装工程投资中主要耗用材料价格指数(1991-2018年)

(上年=100)

年 份	钢材	木材	水泥	地方建筑材料	化工材料	电料	其他材料
1991	114.3	100.2	112.6	109.9			102.3
1992	125.7	103.7	113.7	104.4			121.6
1993	120.9	126.7	150.6	120.8			117.3
1994	98.3	101.9	96.2	104.4			106.3
1995	98.0	108.7	93.1	109.7			100.6
1996	98.7	104.5	99.2	108.9			102.6
1997	98.4	101.0	99.6	103.1	102.3	102.9	101.7
1998	93.4	97.2	98.6	102.3	100.2	100.3	101.1
1999	95.1	102.8	100.0	98.8	99.3	98.4	99.9
2000	103.1	100.3	99.5	101.3	105.2	103.9	100.8
2001	99.3	98.9	100.4	98.4	100.0	101.8	100.5
2002	99.2	103.3	98.1	100.3	99.5	100.8	95.2
2003	110.1	101.1	103.0	103.2	104.1	99.5	99.8
2004	115.9	100.7	110.3	104.2	103.4	104.8	103.2
2005	98.8	100.3	96.7	102.1	102.6	100.7	102.3
2006	98.0	102.2	101.3	103.7	107.0	110.6	101.4
2007	106.9	103.5	108.5	108.7	103.8	110.2	102.5
2008	115.2	106.1	105.2	105.7	107.2	107.6	104.8
2009	87.7	102.8	98.7	102.4	99.4	99.1	100.8
2010	105.6	104.2	104.3	105.1	104.9	104.8	102.9
2011	110.8	106.9	112.8	108.6	107.5	105.5	105.9
2012	110.8	106.9	112.8	108.6	107.5	105.5	105.9
2013	93.9	102.3	97.5	101.4	101.4	102.1	102.4
2014	95.3	101.1	99.6	100.9	100.7	101.9	101.6
2015	87.7	100.6	96.5	99.0	94.9	102.0	100.8
2016	98.0	100.5	96.5	99.5	98.5	102.3	100.2
2017	127.1	101.3	104.5	104.3	103.4	104.8	103.0
2018	114.2	102.8	112.1	107.0	105.8	105.2	102.8

3-20　固定资产投资分季价格指数(2017-2019年)

(上年=100)

项　　目	全年	一季度	二季度	三季度	四季度
2017年固定资产投资价格指数	**105.6**	**103.2**	**104.4**	**107.0**	**107.8**
一、建筑安装工程投资价格指数	107.6	104.3	105.7	109.6	110.8
人工费	103.1	102.9	103.4	103.4	102.6
材料费	111.3	105.9	107.7	114.5	117.0
机械费	100.7	99.7	101.4	100.8	101.0
二、设备、工器具购置价格指数	100.9	100.9	101.1	100.8	100.6
三、其他费用投资价格指数	101.1	100.3	102.2	101.0	100.9
2018年固定资产投资价格指数	**104.9**	**105.9**	**105.4**	**104.3**	**103.8**
一、建筑安装工程投资价格指数	106.7	108.4	107.5	105.8	105.2
人工费	102.6	100.4	103.3	103.2	103.3
材料费	110.0	114.0	110.8	108.1	106.9
机械费	101.5	101.1	101.8	100.8	101.3
二、设备、工器具购置价格指数	100.8	100.5	100.4	101.0	101.4
三、其他费用投资价格指数	100.4	100.1	100.8	100.7	100.1
2019年固定资产投资价格指数	**101.5**	**102.1**	**102.0**	**101.3**	**100.8**
一、建筑安装工程投资价格指数	102.0	102.9	102.7	101.6	100.8
人工费	104.3	104.7	104.7	104.5	103.3
材料费	101.5	102.8	102.5	100.8	99.9
机械费	100.7	100.6	100.4	101.2	100.8
二、设备、工器具购置价格指数	100.9	101.1	101.1	101.1	100.4
三、其他费用投资价格指数	100.2	99.7	99.9	100.1	101.2

3-21 工业生产者价格指数(1992-2020年)

(上年=100)

年 份	工业生产者出厂价格指数	轻工业	重工业	工业生产者购进价格指数
1992	102.7	101.4	104.3	109.3
1993	117.1	111.8	124.2	129.6
1994	116.9	118.6	114.6	115.2
1995	115.7	120.2	109.6	119.6
1996	101.8	101.7	102.0	104.3
1997	100.3	97.3	104.3	98.6
1998	95.7	95.4	96.1	92.5
1999	96.6	95.4	97.9	97.9
2000	100.5	99.9	101.2	112.4
2001	98.1	98.4	97.8	96.7
2002	97.6	98.2	96.9	97.6
2003	100.7	99.3	103.9	106.3
2004	102.6	100.3	107.9	113.3
2005	100.2	98.4	104.7	108.1
2006	99.2	98.0	101.6	103.9
2007	100.8	99.9	102.8	104.3
2008	102.7	100.6	107.0	110.2
2009	95.5	96.9	92.7	93.2
2010	103.2	101.5	106.9	107.7
2011	103.9	103.8	104.0	108.0
2012	98.7	99.8	97.8	97.7
2013	98.4	99.4	97.5	98.4
2014	98.6	99.8	97.6	98.3
2015	97.0	99.7	94.8	96.1
2016	99.1	100.3	98.1	98.0
2017	104.1	102.2	105.8	105.3
2018	102.8	101.2	104.1	102.8
2019	100.6	101.0	100.2	99.0
2020	98.4	99.2	97.8	98.6

注：工业生产者出厂价格指数2010年及以前称为“工业品出厂价格指数”。
工业生产者购进价格指数2010年及以前称为“工业企业原材料、燃料、动力购进价格指数”。

3-22 工业生产者出厂价格指数(1992—2020年)

(上年=100)

项目	1992年	1993年	1994年	1995年	1996年	1997年
总指数	**102.7**	**117.1**	**116.9**	**115.7**	**101.8**	**100.3**
按轻重分						
轻工业	101.4	111.8	118.6	120.2	101.7	97.3
以农产品为原料	102.7	112.8	123.1	123.5	102.3	97.2
以非农产品为原料	98.6	109.6	108.8	112.6	100.2	97.2
重工业	104.3	124.2	114.6	109.6	102.0	104.3
采掘工业	99.4	117.7	134.6	107.5	99.1	96.2
原料工业	105.5	128.2	106.6	109.2	103.0	110.3
加工工业	104.7	122.6	115.7	110.7	101.8	98.2
按两大部类分						
生产资料	103.8	122.5	113.5	113.9	102.9	102.2
采掘工业	99.4	117.7	134.6	107.5	99.1	96.2
原料工业	104.6	124.6	106.7	116.6	104.7	106.0
加工工业	104.2	121.9	115.6	112.4	101.7	97.8
生活资料	101.4	111.5	120.5	117.6	100.6	98.3
食　品	104.2	115.9	119.3	121.4	98.4	100.2
衣　着	99.9	106.1	139.8	121.3	104.0	96.6
一般日用品	101.0	113.4	110.7	112.3	103.0	101.4
耐用消费品	95.2	102.8	105.1	103.6	98.8	90.2
按工业部门分						
冶金工业	111.0	142.8	102.9	103.5	94.4	94.8
电力工业	102.1	100.5	104.5	115.5	113.8	136.7
煤炭及炼焦工业	101.4	138.1	141.1	109.8	114.3	112.4
石油工业			97.8	101.6	99.5	106.2
化学工业	101.7	112.5	111.8	125.6	104.3	98.0
机械工业	101.2	115.9	108.5	106.3	100.1	97.9
建筑材料工业	106.8	157.8	126.8	97.6	94.4	95.4
森林工业	101.3	119.4	125.2	103.9	98.6	94.5
食品工业	104.2	115.9	119.3	121.4	98.4	99.9
纺织工业	100.0	106.4	145.6	131.0	94.1	94.3
缝纫工业	99.7	105.4	151.4	101.9	113.0	99.6
皮革工业	100.2	101.9	117.2	122.8	99.8	94.4
造纸工业	102.7	115.8	102.8	136.3	113.6	92.1
文教艺术用品工业	101.9	118.1	109.5	102.0	99.7	95.9
其他工业	100.8	118.7	119.4	125.5	111.3	98.5

3-22 续表 1

(上年=100)

项　　目	1998年	1999年	2000年	2001年	2002年	2003年
总指数	**95.7**	**96.6**	**100.5**	**98.1**	**97.6**	**100.7**
按轻重分						
轻工业	95.4	95.4	99.9	98.4	98.2	99.3
以农产品为原料	96.9	94.5	100.9	99.6	98.7	100.8
以非农产品为原料	91.7	97.3	97.7	95.8	97.4	98.4
重工业	96.1	97.9	101.2	97.8	96.9	103.9
采掘工业	96.0	97.9	107.5	104.3	105.8	103.3
原料工业	97.0	99.9	103.4	98.0	98.1	106.5
加工工业	94.8	94.8	97.6	96.8	95.7	101.3
按两大部类分						
生产资料	95.2	97.6	101.6	97.0	97.1	101.3
采掘工业	96.0	97.9	107.5	104.3	105.8	103.3
原料工业	95.3	99.5	104.3	96.5	98.1	107.1
加工工业	94.8	94.4	97.4	97.0	96.2	98.8
生活资料	96.3	95.2	98.7	99.7	98.4	99.7
食　品	97.8	98.8	98.5	99.8	99.8	100.4
衣　着	96.6	91.2	101.8	101.2	98.9	100.4
一般日用品	94.4	95.9	94.9	98.1	98.4	100.1
耐用消费品	87.8	88.8	94.2	98.1	96.4	97.6
按工业部门分						
冶金工业	91.2	92.2	100.8	97.7	98.6	110.5
电力工业	110.4	103.6	95.3	99.4	97.6	102.1
煤炭及炼焦工业	96.5	98.5	114.1	105.7	114.6	99.7
石油工业	86.5	108.2	138.4	94.4	99.1	114.8
化学工业	92.6	95.7	100.3	95.6	97.1	102.5
机械工业	94.7	94.5	94.9	96.9	95.3	95.3
建筑材料工业	91.6	96.5	95.8	97.3	97.7	101.7
森林工业	94.8	94.2	104.2	102.3	98.1	99.4
食品工业	97.6	98.1	98.2	100.4	99.5	100.6
纺织工业	87.8	99.3	108.4	93.1	96.7	104.7
缝纫工业	92.4	88.0	103.4	102.1	98.6	100.2
皮革工业	104.5	89.8	98.0	100.8	99.7	100.6
造纸工业	92.2	95.3	105.7	96.7	96.4	98.6
文教艺术用品工业	89.7	94.7	96.6	95.9	100.4	99.6
其他工业	96.5	95.1	94.8	102.8	98.6	104.1

3–22 续表 2

(上年=100)

项　　目	2004年	2005年	2006年	2007年	2008年	2009年
总指数	**102.6**	**100.2**	**99.2**	**100.8**	**102.7**	**95.5**
按轻重分						
轻工业	100.3	98.4	98.0	99.9	100.6	96.9
以农产品为原料	101.6	100.5	100.8	102.2	103.0	98.8
以非农产品为原料	99.7	97.4	95.8	98.0	98.7	95.1
重工业	107.9	104.7	101.6	102.8	107.0	92.7
采掘工业	133.2	123.4	108.2	108.0	113.7	90.6
原料工业	109.8	107.8	103.8	102.3	107.3	95.3
加工工业	104.7	100.9	99.2	102.6	106.0	91.1
按两大部类分						
生产资料	104.3	100.9	98.8	100.7	102.9	93.3
采掘工业	133.2	123.4	108.2	108.0	113.7	90.6
原料工业	109.8	107.5	104.0	102.6	105.8	94.5
加工工业	101.8	98.4	96.9	99.8	101.4	93.0
生活资料	99.9	99.1	100.0	101.1	102.3	99.4
食　品	100.2	98.4	101.6	103.8	104.9	98.2
衣　着	101.4	101.7	100.9	101.3	102.0	100.4
一般日用品	101.1	101.3	102.1	101.6	102.5	99.8
耐用消费品	95.6	93.0	93.0	95.3	97.7	98.2
按工业部门分						
冶金工业	121.4	104.3	102.2	108.1	112.6	83.2
电力工业	103.5	103.5	101.2	100.4	101.3	103.4
煤炭及炼焦工业	123.9	137.3	109.3	101.1	121.0	101.3
石油工业	114.7	123.5	114.9	103.9	119.5	88.5
化学工业	107.9	104.6	103.1	103.3	103.8	91.7
机械工业	96.9	95.1	93.2	96.0	97.5	94.4
建筑材料工业	107.4	98.5	101.6	101.7	101.4	99.6
森林工业	100.9	103.0	101.5	103.4	101.0	98.3
食品工业	101.3	98.4	101.3	104.4	105.6	98.4
纺织工业	104.7	100.9	99.9	102.3	101.2	97.4
缝纫工业	102.1	101.0	100.4	101.1	101.0	100.7
皮革工业	100.1	102.7	101.5	101.5	102.6	100.1
造纸工业	101.3	101.4	99.9	100.1	104.3	92.9
文教艺术用品工业	99.5	100.1	98.1	100.0	100.3	99.7
其他工业	102.5	101.7	104.5	102.6	103.0	99.4

3–22 续表 3

(上年=100)

项　　目	2010年	2011年	2012年	2013年	2014年	2015年
总指数	**103.2**	**103.9**	**98.7**	**98.4**	**98.6**	**97.0**
按轻重分						
轻工业	101.5	103.8	99.8	99.4	99.8	99.7
以农产品为原料	102.5	104.4	100.0	99.6	100.1	99.9
以非农产品为原料	100.6	102.2	99.3	98.9	99.0	99.3
重工业	106.9	104.0	97.8	97.5	97.6	94.8
采掘工业	121.1	113.5	92.4	97.4	91.6	89.6
原料工业	107.9	108.9	100.2	98.6	97.5	91.2
加工工业	104.1	101.7	97.2	97.1	98.0	96.4
按两大部类分						
生产资料	104.1	104.5	97.6	97.6	97.7	95.0
采掘工业	121.1	113.5	92.4	97.4	91.6	89.6
原料工业	108.9	109.4	99.5	98.4	97.3	91.3
加工工业	101.7	102.3	97.2	97.3	98.2	96.6
生活资料	101.7	102.9	100.6	99.8	100.0	100.5
食　品	104.7	107.9	102.5	100.2	100.3	100.3
衣　着	100.9	101.7	99.8	100.0	100.5	100.7
一般日用品	100.9	102.2	101.4	99.9	99.8	99.7
耐用消费品	98.7	97.2	97.8	98.2	98.6	101.4
按工业部门分						
冶金工业	113.0	109.7	92.1	95.3	93.5	88.2
电力工业	100.3	101.5	105.5	100.7	99.4	98.6
煤炭及炼焦工业	108.4	117.0	98.2	90.6	89.7	90.7
石油工业	124.4	117.7	100.4	96.4	95.5	74.8
化学工业	107.1	108.2	97.2	98.2	97.8	95.3
机械工业	98.5	97.7	97.9	97.3	98.7	98.6
建筑材料工业	103.0	106.0	97.7	98.5	99.5	97.4
森林工业	102.7	102.9	100.9	100.4	100.6	99.5
食品工业	104.4	107.8	102.7	100.3	100.3	100.0
纺织工业	102.9	106.2	94.5	97.3	98.6	96.8
缝纫工业	100.9	101.4	99.9	100.0	100.0	100.4
皮革工业	100.9	102.1	99.6	100.1	101.1	101.2
造纸工业	104.1	102.9	98.1	97.7	99.0	99.8
文教艺术用品工业	99.6	100.4	99.9	99.9	99.6	100.2
其他工业	102.7	102.9	102.6	100.3	100.0	100.1

3–22 续表 4

(上年=100)

项　　目	2016年	2017年	2018年	2019年	2020年
总指数	**99.1**	**104.1**	**102.8**	**100.6**	**98.4**
按轻重分					
轻工业	100.3	102.2	101.2	101.0	99.2
以农产品为原料	100.7	102.0	101.4	101.3	99.7
以非农产品为原料	99.2	102.8	100.7	100.5	97.9
重工业	98.1	105.8	104.1	100.2	97.8
采掘工业	97.0	113.4	104.2	103.4	99.0
原材料工业	96.8	107.1	107.7	100.1	94.3
加工工业	98.7	104.9	102.7	100.1	99.1
按两大部类分					
生产资料	97.9	105.5	104.2	100.1	97.1
采掘工业	97.0	113.4	104.2	103.4	99.0
原材料工业	95.8	106.7	107.2	99.6	93.2
加工工业	98.7	104.8	103.1	100.1	98.5
生活资料	101.2	101.7	100.2	101.5	100.8
食　品	101.0	101.1	100.9	102.1	101.7
衣　着	101.8	102.1	99.8	101.3	100.6
一般日用品	101.1	101.4	100.1	101.8	101.0
耐用消费品	100.3	102.7	99.3	99.0	97.8
按工业部门分					
冶金工业	99.4	119.3	105.7	99.0	99.2
电力工业	98.1	99.3	99.3	100.0	99.6
煤炭及炼焦工业	99.0	128.9	102.8	97.0	95.5
石油工业	90.4	110.4	119.3	104.2	83.3
化学工业	96.7	104.8	104.6	98.4	94.6
机械工业	99.0	101.3	100.0	99.9	98.5
建筑材料工业	98.7	103.7	106.1	102.6	101.2
森林工业	100.6	100.9	101.2	101.1	99.7
食品工业	100.8	101.1	101.2	101.9	101.7
纺织工业	98.1	102.5	103.7	99.6	93.4
缝纫工业	100.3	101.0	100.6	101.2	101.2
皮革工业	103.6	103.1	99.1	101.7	99.9
造纸工业	99.6	105.3	105.6	100.0	98.6
文教艺术用品工业	101.0	102.0	100.3	99.9	98.6
其他工业	101.2	101.9	100.4	103.4	102.7

3–23　工业生产者购进价格指数(1992–2020年)

(上年=100)

项　　目	1992年	1993年	1994年	1995年	1996年	1997年
总　指　数	**109.3**	**129.6**	**115.2**	**119.6**	**104.3**	**98.6**
燃料、动力类	114.7	130.3	114.5	109.6	110.2	109.0
黑色金属材料类	115.2	167.0	100.2	98.8	97.1	95.8
#钢材	116.7	164.6	99.2	99.6	96.1	94.8
有色金属材料和电线类	107.8	116.8	104.0	133.9	89.8	95.6
化工原料类	100.1	118.0	112.7	126.4	98.1	95.0
木材及纸浆类	102.5	122.9	108.7	118.1	98.3	94.7
建筑材料及非金属矿类	110.7	150.0	117.9	102.5	98.2	100.0
其他工业原材料及半成品类						95.5
农副产品类	113.0	110.8	137.4	155.4	125.1	96.9
纺织原料类	96.3	105.9	142.5	125.4	88.1	91.8

3–23　续表 1

(上年=100)

项　　目	1998年	1999年	2000年	2001年	2002年	2003年
总　指　数	**92.5**	**97.9**	**112.4**	**96.7**	**97.6**	**106.3**
燃料、动力类	93.7	103.0	137.2	98.6	102.0	109.1
黑色金属材料类	94.2	92.6	102.4	100.1	99.3	116.5
#钢材	92.9	92.8	103.6	97.5	97.3	113.7
有色金属材料和电线类	90.9	98.7	109.9	91.6	95.0	104.6
化工原料类	88.9	98.3	112.2	93.7	97.0	108.5
木材及纸浆类	94.5	96.9	97.5	100.3	98.1	101.6
建筑材料及非金属矿类	97.5	95.0	97.0	105.6	100.6	100.9
其他工业原材料及半成品类	91.6	94.2	105.6	100.9	98.3	100.9
农副产品类	96.9	92.5	96.2	101.5	92.6	113.3
纺织原料类	84.7	105.4	107.8	85.5	92.9	102.0

3-23 续表 2

(上年=100)

项　　目	2004年	2005年	2006年	2007年	2008年	2009年
总　指　数	**113.3**	**108.1**	**103.9**	**104.3**	**110.2**	**93.2**
燃料、动力类	116.4	125.6	111.0	102.3	126.8	90.6
黑色金属材料类	129.3	103.5	93.8	110.2	120.9	83.3
#钢材	125.4	106.4	93.3	107.7	116.9	83.1
有色金属材料和电线类	118.9	111.3	122.8	107.9	99.8	88.8
化工原料类	114.2	106.1	101.9	106.3	112.4	83.9
木材及纸浆类	101.4	100.7	100.3	102.7	105.4	91.8
建筑材料及非金属矿类	105.8	105.9	97.9	102.7	109.6	97.8
其他工业原材料及半成品类	106.8	104.8	106.0	102.3	102.6	99.4
农副产品类	126.2	94.0	99.7	111.5	109.5	97.3
纺织原料类	107.6	102.9	99.5	102.0	99.7	98.5

3-23 续表 3

(上年=100)

项　　目	2010年	2011年	2012年	2013年	2014年	2015年
总　指　数	**107.7**	**108.0**	**97.7**	**98.4**	**98.3**	**96.1**
燃料、动力类	108.1	107.4	103.4	98.9	97.8	93.6
黑色金属材料类	113.5	108.5	91.1	94.7	92.7	86.1
#钢材	109.6	106.6	92.6	93.9	93.9	87.4
有色金属材料和电线类	116.6	111.4	95.5	91.9	93.1	94.9
化工原料类	110.8	113.6	94.9	96.7	98.2	94.6
木材及纸浆类	99.4	101.6	99.4	99.2	98.5	99.3
建筑材料及非金属矿类	102.8	102.7	96.9	98.6	99.9	97.6
其他工业原材料及半成品类	101.9	101.5	98.5	99.3	100.0	98.8
农副产品类	117.8	123.5	98.2	100.5	97.1	96.4
纺织原料类	106.9	109.1	98.7	101.1	100.3	98.0

3-23 续表 4

(上年=100)

项　　目	2016年	2017年	2018年	2019年	2020年
总　指　数	**98.0**	**105.3**	**102.8**	**99.0**	**98.6**
燃料、动力类	93.0	107.2	107.8	98.4	92.1
黑色金属材料类	96.5	115.8	103.1	101.5	100.9
#钢材	95.5	115.8	104.9	97.3	97.9
有色金属材料及电线类	94.3	111.9	106.5	98.5	104.5
化工原料类	97.5	105.6	104.3	95.9	92.7
木材及纸浆类	101.2	107.9	102.6	96.2	98.8
建筑材料及非金属类	98.9	103.6	108.4	102.2	100.2
其他工业原材料及半成品类	99.4	102.0	99.5	99.3	100.0
农副产品类	100.3	99.8	97.7	105.4	110.6
纺织原料类	100.6	102.5	99.4	98.5	99.2

3-24 分行业工业生产者出厂价格指数(2003-2011年)

(上年=100)

行　　业	2003年	2004年	2005年	2006年	2007年
煤炭开采和洗选业	100.6	128.8	145.0	108.7	99.7
黑色金属矿采选业	106.8	213.5	98.8	95.5	109.5
有色金属矿采选业	111.5	122.7	115.9	134.8	127.5
非金属矿采选业	99.8	100.6	100.5	104.0	108.1
农副食品加工业	102.2	108.0	99.4	100.8	107.6
食品制造业	99.2	92.0	95.0	105.4	103.4
饮料制造业	97.7	99.5	98.1	99.1	101.8
烟草制品业	101.4	100.3	100.4	99.1	99.6
纺织业	103.4	104.2	101.2	100.1	102.1
纺织服装、鞋、帽制造业	100.6	102.2	100.9	100.3	101.1
皮革、毛皮、羽毛(绒)及其制品业	100.7	100.2	102.7	101.5	101.5
木材加工及木、竹、藤、棕、草制品业	99.6	99.7	101.9	102.3	104.7
家具制造业	99.5	102.5	105.0	100.3	100.1
造纸及纸制品业	98.6	101.3	101.4	99.9	100.1
印刷业和记录媒介的复制	97.8	95.4	97.8	99.5	99.7
文教体育用品制造业	100.5	102.3	101.9	100.8	100.6
石油加工、炼焦及核燃料加工业	115.1	114.9	123.7	115.0	103.8
化学原料及化学制品制造业	100.0	112.8	106.2	103.6	104.5
医药制造业	99.8	100.0	98.2	98.9	102.2
化学纤维制造业	113.0	110.9	105.7	101.4	103.6
橡胶制品业	101.1	102.9	106.3	108.8	102.8
塑料制品业	100.1	104.1	103.4	101.6	102.4
非金属矿物制品业	101.3	106.5	98.7	101.5	101.5
黑色金属冶炼及压延加工业	118.9	128.8	97.9	95.0	110.4
有色金属冶炼及压延加工业	106.7	113.8	115.3	125.9	103.7
金属制品业	101.2	109.4	107.6	92.5	104.3
通用设备制造业	100.0	107.1	101.8	99.9	100.2
专用设备制造业	98.3	101.3	100.1	99.1	98.9
交通运输设备制造业	96.1	97.3	100.2	99.5	101.6
电气机械及器材制造业	100.8	105.6	102.5	106.8	102.4
通信设备、计算机及其他电子设备制造业	92.9	94.1	91.6	87.4	92.0
仪器仪表及文化、办公用机械制造业	102.9	99.5	100.4	99.4	101.9
工艺品及其他制造业	105.3	102.9	99.9	104.7	102.7
废弃资源和废旧材料回收加工		109.2	102.9	100.0	105.5
电力、热力的生产和供应业	102.1	103.5	103.5	101.3	100.4
燃气生产和供应业	102.5	103.2	106.8	111.2	113.7
水的生产和供应业	102.2	104.1	102.7	111.9	103.4

3–24 续表

(上年=100)

行　　业	2008年	2009年	2010年	2011年
煤炭开采和洗选业	123.4	102.9	106.4	117.1
黑色金属矿采选业	126.3	73.9	143.0	114.1
有色金属矿采选业	78.3	88.2	128.0	111.1
非金属矿采选业	108.3	102.1	105.8	106.7
农副食品加工业	109.5	96.7	106.7	111.3
食品制造业	102.6	100.0	101.7	104.0
饮料制造业	102.2	101.1	103.8	107.0
烟草制品业	99.9	98.6	98.8	98.4
纺织业	101.3	98.6	102.6	105.5
纺织服装、鞋、帽制造业	100.9	100.3	100.7	101.2
皮革、毛皮、羽毛(绒)及其制品业	102.6	100.1	100.9	102.1
木材加工及木、竹、藤、棕、草制品业	101.7	98.0	103.1	102.9
家具制造业	100.5	99.3	100.5	102.7
造纸及纸制品业	104.3	92.9	104.1	102.9
印刷业和记录媒介的复制	102.7	100.5	99.3	100.3
文教体育用品制造业	99.5	99.5	100.4	100.5
石油加工、炼焦及核燃料加工业	119.6	88.4	125.7	118.1
化学原料及化学制品制造业	109.1	89.0	111.1	112.0
医药制造业	109.0	96.5	101.5	102.5
化学纤维制造业	95.8	84.5	118.8	113.7
橡胶制品业	101.7	100.1	99.9	108.3
塑料制品业	101.7	93.7	103.0	103.3
非金属矿物制品业	101.0	99.5	102.8	105.9
黑色金属冶炼及压延加工业	124.2	78.2	111.8	110.2
有色金属冶炼及压延加工业	97.8	85.9	114.7	115.1
金属制品业	105.8	95.1	101.1	101.2
通用设备制造业	105.8	96.0	101.1	101.5
专用设备制造业	103.3	99.8	100.1	100.3
交通运输设备制造业	100.5	100.9	99.9	101.2
电气机械及器材制造业	102.1	98.2	102.4	101.7
通信设备、计算机及其他电子设备制造业	92.5	89.0	95.4	92.5
仪器仪表及文化、办公用机械制造业	100.8	99.9	99.8	101.1
工艺品及其他制造业	103.8	99.4	102.6	103.2
废弃资源和废旧材料回收加工	100.0	101.1	106.8	109.5
电力、热力的生产和供应业	101.3	103.4	100.3	101.5
燃气生产和供应业	103.0	92.1	117.8	113.1
水的生产和供应业	101.0	100.0	105.5	102.8

3-25 分行业工业生产者出厂价格指数(2012-2020年)

(上年=100)

行　　业	2012年	2013年	2014年	2015年
煤炭开采和洗选业	98.2	90.6	89.7	90.8
黑色金属矿采选业	84.4	101.2	87.1	80.6
有色金属矿采选业	94.0	97.2	94.7	95.4
非金属矿采选业	98.2	98.9	99.9	99.7
农副食品加工业	104.3	100.4	99.8	99.6
食品制造业	100.7	99.5	101.0	100.2
酒、饮料和精制茶制造业	101.2	100.8	101.2	100.0
烟草制品业	100.0	100.3	100.1	100.6
纺织业	95.4	98.1	99.0	97.6
纺织服装、服饰业	100.1	99.9	99.5	100.1
皮革、毛皮、羽毛及其制品和制鞋业	99.8	99.9	101.0	100.7
木材加工和木、竹、藤、棕、草制品业	100.7	100.9	100.5	99.5
家具制造业	100.3	98.8	99.9	99.6
造纸和纸制品业	98.1	97.7	99.0	99.8
印刷和记录媒介复制业	100.1	100.4	99.1	99.3
文教、工美、体育和娱乐用品制造业	102.9	99.0	99.4	100.6
石油加工、炼焦和核燃料加工业	99.9	96.1	95.0	72.3
化学原料和化学制品制造业	93.5	97.9	97.8	92.9
医药制造业	101.4	101.1	100.2	100.0
化学纤维制造业	93.0	96.1	95.4	90.7
橡胶和塑料制品业	100.3	98.3	97.6	97.4
非金属矿物制品业	97.7	98.5	99.5	97.3
黑色金属冶炼和压延加工业	89.9	93.6	92.9	85.4
有色金属冶炼和压延加工业	97.4	94.3	93.7	91.4
金属制品业	98.9	99.0	99.0	97.6
通用设备制造业	99.8	99.7	99.8	99.6
专用设备制造业	100.5	100.4	99.6	99.3
汽车制造业	99.5	100.0	98.8	99.0
铁路、船舶、航空航天和其他运输设备制造业	101.5	100.5	101.6	101.0
电气机械和器材制造业	99.3	99.2	98.6	98.0
计算机、通信和其他电子设备制造业	94.8	93.8	97.7	98.1
仪器仪表制造业	100.1	100.9	99.2	100.1
其他制造业	103.0	102.9	101.3	100.5
废弃资源综合利用业	95.4	91.4	95.3	89.7
金属制品、机械和设备修理业	102.8	100.2	102.9	101.5
电力、热力生产和供应业	105.5	100.7	99.4	98.6
燃气生产和供应业	106.1	99.8	101.0	101.7
水的生产和供应业	100.3	100.5	101.6	105.4

注：本表行业分类依据《国民经济行业分类》(GB/T 4754—2011)。

3-25 续表

(上年=100)

行　　业	2016年	2017年	2018年	2019年	2020年
煤炭开采和洗选业	97.6	129.1	102.4	97.2	95.4
黑色金属矿采选业	96.9	104.4	99.3	109.9	104.4
有色金属矿采选业	99.8	124.1	111.1	93.9	93.7
非金属矿采选业	95.7	106.0	105.8	106.2	99.0
农副食品加工业	101.7	101.5	101.5	102.0	102.1
食品制造业	99.7	101.3	100.8	100.6	101.2
酒、饮料和精制茶制造业	100.1	99.6	100.7	102.7	101.4
烟草制品业	100.3	99.9	100.6	102.3	100.6
纺织业	98.7	102.2	103.1	99.9	94.4
纺织服装、服饰业	99.8	101.0	100.9	101.4	101.6
皮革、毛皮、羽毛及其制品和制鞋业	102.6	102.9	99.5	101.5	100.0
木材加工和木、竹、藤、棕、草制品业	100.4	100.9	101.5	101.0	99.4
家具制造业	100.8	101.6	100.5	101.2	100.3
造纸和纸制品业	99.6	105.3	105.6	100.0	98.6
印刷和记录媒介复制业	98.3	103.8	100.2	99.9	98.0
文教、工美、体育和娱乐用品制造业	102.3	101.2	99.2	102.8	103.3
石油加工、炼焦和核燃料加工业	91.8	114.2	121.7	103.7	81.4
化学原料和化学制品制造业	96.9	109.8	109.5	96.7	92.2
医药制造业	102.7	100.5	100.8	101.3	101.9
化学纤维制造业	90.2	104.3	104.7	96.2	86.3
橡胶和塑料制品业	98.3	102.0	101.8	100.7	98.4
非金属矿物制品业	98.8	103.4	105.9	102.3	101.3
黑色金属冶炼和压延加工业	101.4	128.9	107.4	95.9	96.7
有色金属冶炼和压延加工业	95.8	110.1	104.6	101.0	102.4
金属制品业	99.0	103.7	103.0	100.9	99.8
通用设备制造业	100.3	100.5	101.8	101.1	99.3
专用设备制造业	100.1	101.1	100.5	101.3	100.1
汽车制造业	98.5	99.9	100.4	99.9	100.3
铁路、船舶、航空航天和其他运输设备制造业	99.8	99.9	100.5	99.8	100.0
电气机械和器材制造业	99.9	101.6	99.5	100.3	99.0
计算机、通信和其他电子设备制造业	98.1	101.6	99.0	98.7	96.3
仪器仪表制造业	101.8	100.8	99.5	101.6	100.8
其他制造业	101.8	104.0	101.8	102.2	101.6
废弃资源综合利用业	98.1	113.4	111.3	103.5	104.6
金属制品、机械和设备修理业	103.1	101.7	100.0	103.1	102.0
电力、热力生产和供应业	98.1	99.3	99.3	100.0	99.6
燃气生产和供应业	85.5	93.9	102.8	106.4	95.9
水的生产和供应业	101.1	103.4	101.7	102.1	100.0

注：本表行业分类依据《国民经济行业分类》(GB/T 4754—2011)。
2019年起，“石油加工、炼焦和核燃料加工业”变更为“石油、煤炭及其他燃料加工业”。

3–26　分行业工业生产者出厂价格月环比指数(2020年)

(上月=100)

行　　业	1月	2月	3月	4月	5月	6月
煤炭开采和洗选业	100.2	99.9	100.9	99.1	99.1	97.7
黑色金属矿采选业	100.5	99.8	100.4	101.0	100.0	100.7
有色金属矿采选业	94.8	100.0	98.9	96.9	101.2	100.5
非金属矿采选业	100.4	100.7	101.4	99.9	98.0	97.8
农副食品加工业	100.2	99.8	99.8	100.2	99.5	100.2
食品制造业	99.5	99.9	100.4	100.4	99.9	99.9
酒、饮料和精制茶制造业	100.0	100.0	100.6	99.8	100.1	100.0
烟草制品业	100.0	100.0	100.0	100.0	100.0	100.0
纺织业	99.8	99.9	99.7	98.1	98.9	99.3
纺织服装、服饰业	100.2	100.0	100.3	100.2	99.8	99.4
皮革、毛皮、羽毛及其制品和制鞋业	99.7	99.7	100.3	100.4	100.2	100.1
木材加工和木、竹、藤、棕、草制品业	99.7	100.0	100.2	99.7	100.6	100.1
家具制造业	99.6	99.9	99.8	100.4	100.2	100.2
造纸和纸制品业	100.3	100.1	100.7	98.9	98.5	99.9
印刷和记录媒介复制业	99.5	100.1	99.7	99.9	100.0	99.4
文教、工美、体育和娱乐用品制造业	100.1	100.0	100.3	101.0	100.4	101.1
石油、煤炭及其他燃料加工业	101.4	93.6	87.4	90.1	96.6	102.1
化学原料和化学制品制造业	100.0	99.0	98.4	96.8	98.2	100.2
医药制造业	99.9	100.5	100.3	100.2	100.0	99.7
化学纤维制造业	98.3	99.8	98.4	95.9	96.9	101.0
橡胶和塑料制品业	99.9	100.0	99.5	99.4	99.4	99.9
非金属矿物制品业	101.0	99.5	99.0	98.7	98.7	99.6
黑色金属冶炼和压延加工业	97.8	97.8	98.3	96.6	99.4	104.7
有色金属冶炼和压延加工业	101.5	99.5	96.7	98.3	101.5	102.4
金属制品业	99.7	99.8	99.8	99.8	100.1	100.2
通用设备制造业	99.7	100.3	100.2	99.8	100.4	100.0
专用设备制造业	100.3	99.8	100.1	100.1	99.8	100.0
汽车制造业	100.0	100.0	99.8	100.0	100.1	100.1
铁路、船舶、航空航天和其他运输设备制造业	100.0	100.0	100.2	100.0	100.0	100.3
电气机械和器材制造业	99.7	99.9	99.8	100.1	100.3	100.1
计算机、通信和其他电子设备制造业	99.7	99.6	100.9	100.0	99.6	99.3
仪器仪表制造业	99.9	99.8	100.2	100.2	100.0	100.2
其他制造业	99.9	100.1	100.6	100.0	100.0	99.9
废弃资源综合利用业	102.1	100.2	98.0	96.5	98.2	99.5
金属制品、机械和设备修理业	99.7	99.5	100.7	101.4	99.9	100.4
电力、热力生产和供应业	100.0	100.0	99.9	100.0	100.0	100.0
燃气生产和供应业	100.3	100.1	97.0	98.5	99.3	99.7
水的生产和供应业	100.3	100.3	99.5	100.0	101.1	100.0

注：本表依据《国民经济行业分类》(GB/T 4754—2011)标准。

3–26 续表

(上月=100)

行　　业	7月	8月	9月	10月	11月	12月
煤炭开采和洗选业	98.8	98.6	99.9	99.7	102.4	104.7
黑色金属矿采选业	100.7	101.8	101.7	99.7	99.7	101.3
有色金属矿采选业	101.0	104.1	103.5	98.5	101.1	100.3
非金属矿采选业	100.4	99.8	99.8	100.3	100.2	100.6
农副食品加工业	99.5	100.3	100.3	100.0	100.7	100.6
食品制造业	99.8	100.1	99.6	99.9	100.0	100.0
酒、饮料和精制茶制造业	100.0	100.0	100.1	100.0	99.9	99.9
烟草制品业	100.0	100.0	100.0	100.0	100.0	100.0
纺织业	99.8	99.5	99.7	100.2	101.7	100.1
纺织服装、服饰业	100.1	100.2	99.9	100.2	100.1	100.0
皮革、毛皮、羽毛及其制品和制鞋业	100.0	99.7	99.5	99.7	99.7	99.5
木材加工和木、竹、藤、棕、草制品业	99.0	99.6	99.6	99.9	100.0	100.0
家具制造业	100.0	100.0	98.9	99.7	99.7	99.6
造纸和纸制品业	100.9	99.5	99.9	99.9	100.3	100.1
印刷和记录媒介复制业	99.8	99.8	100.0	100.0	99.8	100.2
文教、工美、体育和娱乐用品制造业	99.2	100.4	100.3	100.0	99.7	99.1
石油、煤炭及其他燃料加工业	104.6	101.7	99.2	96.8	99.6	106.3
化学原料和化学制品制造业	100.0	99.7	100.5	101.6	101.6	103.1
医药制造业	100.3	100.2	100.1	99.8	99.9	99.8
化学纤维制造业	100.4	98.0	98.2	100.1	102.5	104.5
橡胶和塑料制品业	100.0	99.8	99.4	100.3	100.2	100.3
非金属矿物制品业	99.1	99.7	100.2	100.6	100.1	100.4
黑色金属冶炼和压延加工业	100.6	101.8	101.9	98.9	102.8	104.0
有色金属冶炼和压延加工业	102.9	102.7	100.2	99.5	100.3	102.7
金属制品业	100.0	100.0	99.6	100.1	99.9	100.1
通用设备制造业	99.6	99.7	99.7	99.8	99.5	99.6
专用设备制造业	100.0	99.9	99.9	100.2	99.7	100.0
汽车制造业	100.1	99.7	99.8	99.8	99.9	99.8
铁路、船舶、航空航天和其他运输设备制造业	99.9	100.1	100.0	100.0	99.9	100.0
电气机械和器材制造业	100.0	99.9	99.6	99.9	99.9	100.1
计算机、通信和其他电子设备制造业	99.6	99.5	99.1	100.4	99.9	99.6
仪器仪表制造业	100.1	99.5	99.8	100.7	99.6	99.5
其他制造业	99.8	102.3	99.7	100.3	100.2	100.5
废弃资源综合利用业	99.4	100.3	100.9	100.9	99.8	102.0
金属制品、机械和设备修理业	100.4	99.7	99.6	99.8	99.6	99.6
电力、热力生产和供应业	100.0	99.9	100.0	100.0	99.7	100.0
燃气生产和供应业	99.9	100.0	100.0	100.0	98.0	99.1
水的生产和供应业	100.0	100.2	100.0	100.0	100.0	100.0

3-27 分行业工业生产者出厂价格月同比指数(2020年)

(上年同月=100)

行　　业	1月	2月	3月	4月	5月	6月
煤炭开采和洗选业	95.4	95.2	96.0	96.3	96.1	94.0
黑色金属矿采选业	107.2	105.0	103.6	103.8	102.3	101.2
有色金属矿采选业	88.6	92.0	90.6	87.5	88.8	91.5
非金属矿采选业	100.1	101.3	103.9	103.0	99.2	96.4
农副食品加工业	102.4	102.8	103.3	104.0	103.5	103.0
食品制造业	102.2	102.4	102.7	102.7	102.1	101.3
酒、饮料和精制茶制造业	102.7	102.7	102.9	101.5	101.4	101.3
烟草制品业	102.6	102.6	102.6	100.0	100.0	100.0
纺织业	96.2	96.2	95.9	93.6	92.5	92.4
纺织服装、服饰业	102.0	102.1	102.4	103.2	102.9	101.8
皮革、毛皮、羽毛及其制品和制鞋业	100.0	100.0	100.7	101.0	101.0	100.5
木材加工和木、竹、藤、棕、草制品业	100.2	100.5	100.8	100.1	100.1	100.3
家具制造业	101.1	101.6	101.6	101.6	101.5	100.9
造纸和纸制品业	98.4	98.5	99.3	98.3	96.9	97.4
印刷和记录媒介复制业	98.5	98.5	98.7	97.9	98.1	97.6
文教、工美、体育和娱乐用品制造业	102.8	103.1	103.8	104.9	105.3	104.5
石油、煤炭及其他燃料加工业	110.8	102.6	85.4	74.3	70.1	73.5
化学原料和化学制品制造业	93.6	94.7	93.3	89.8	88.2	89.0
医药制造业	102.1	101.9	102.9	102.4	102.1	101.5
化学纤维制造业	88.9	88.3	87.1	83.9	81.3	84.3
橡胶和塑料制品业	99.8	100.0	100.1	98.6	97.8	97.9
非金属矿物制品业	105.4	105.4	105.0	103.0	101.1	100.7
黑色金属冶炼和压延加工业	99.4	97.6	95.1	89.5	88.0	94.3
有色金属冶炼和压延加工业	103.4	102.4	98.8	95.9	97.6	100.2
金属制品业	100.8	100.9	100.6	100.2	100.2	99.3
通用设备制造业	99.0	99.6	99.7	100.2	100.1	99.7
专用设备制造业	100.2	99.9	100.1	100.3	99.9	99.9
汽车制造业	100.4	100.5	100.7	100.5	100.3	100.6
铁路、船舶、航空航天和其他运输设备制造业	99.3	99.7	100.0	99.8	99.7	99.9
电气机械和器材制造业	98.8	98.9	99.0	99.2	99.6	99.1
计算机、通信和其他电子设备制造业	94.7	95.6	96.8	97.1	97.4	95.6
仪器仪表制造业	101.3	101.3	101.8	101.8	101.5	101.2
其他制造业	100.0	100.1	101.5	100.8	100.7	101.0
废弃资源综合利用业	114.8	113.7	111.2	106.1	104.4	103.3
金属制品、机械和设备修理业	102.4	102.0	102.7	104.0	102.8	102.2
电力、热力生产和供应业	100.4	100.4	100.3	99.0	98.7	98.7
燃气生产和供应业	98.9	99.1	96.4	95.3	95.2	95.6
水的生产和供应业	99.4	99.7	98.8	98.8	99.9	99.9

注：本表依据《国民经济行业分类》(GB/T 4754—2011)标准。

3-27 续表

(上年同月=100)

行业	7月	8月	9月	10月	11月	12月
煤炭开采和洗选业	93.7	93.0	95.0	94.1	96.0	100.7
黑色金属矿采选业	99.7	101.1	107.8	107.1	106.8	107.7
有色金属矿采选业	93.2	96.7	99.1	97.7	99.5	100.5
非金属矿采选业	96.2	96.3	96.7	97.5	98.9	99.2
农副食品加工业	102.4	101.8	101.1	100.6	100.2	100.8
食品制造业	100.8	100.7	100.0	100.0	99.8	99.4
酒、饮料和精制茶制造业	101.0	101.0	100.8	100.7	100.4	100.4
烟草制品业	100.0	100.0	100.0	100.0	100.0	100.0
纺织业	92.7	93.2	93.2	93.9	96.0	96.8
纺织服装、服饰业	101.2	101.2	100.6	100.6	100.6	100.4
皮革、毛皮、羽毛及其制品和制鞋业	100.5	100.3	99.1	98.9	99.0	98.5
木材加工和木、竹、藤、棕、草制品业	99.1	98.7	98.0	98.3	98.1	98.5
家具制造业	101.3	101.0	98.7	98.6	98.2	98.2
造纸和纸制品业	98.8	98.9	99.0	98.9	99.3	99.3
印刷和记录媒介复制业	97.6	97.4	98.1	98.0	97.8	98.2
文教、工美、体育和娱乐用品制造业	103.3	103.1	102.6	102.4	102.2	101.7
石油、煤炭及其他燃料加工业	78.7	78.5	76.7	75.5	75.6	79.6
化学原料和化学制品制造业	89.8	90.3	90.7	93.1	95.3	98.9
医药制造业	101.8	102.1	102.1	101.5	101.6	100.9
化学纤维制造业	86.1	85.0	83.8	84.7	88.3	93.9
橡胶和塑料制品业	98.1	97.9	97.1	97.4	97.8	98.0
非金属矿物制品业	100.2	100.6	100.4	99.7	98.2	96.6
黑色金属冶炼和压延加工业	93.7	96.9	100.0	99.5	102.6	104.3
有色金属冶炼和压延加工业	102.3	105.3	105.1	104.2	105.4	108.3
金属制品业	99.7	99.7	98.9	98.9	99.0	99.1
通用设备制造业	100.1	99.0	98.5	99.3	98.2	98.4
专用设备制造业	99.9	100.5	100.2	100.3	100.1	99.9
汽车制造业	100.8	100.6	100.1	99.9	99.5	99.1
铁路、船舶、航空航天和其他运输设备制造业	100.0	100.0	100.2	100.3	100.4	100.4
电气机械和器材制造业	99.2	99.1	98.5	99.0	99.0	99.3
计算机、通信和其他电子设备制造业	96.6	96.6	94.8	95.9	97.7	97.4
仪器仪表制造业	101.5	100.3	99.4	100.0	99.9	99.3
其他制造业	101.0	103.3	102.3	102.4	102.7	103.3
废弃资源综合利用业	103.9	101.3	98.4	104.6	97.5	97.8
金属制品、机械和设备修理业	102.8	102.3	100.9	100.8	100.5	100.2
电力、热力生产和供应业	99.6	99.7	99.8	99.8	99.5	99.5
燃气生产和供应业	95.8	96.1	96.5	96.3	93.7	91.9
水的生产和供应业	99.8	99.8	99.8	101.3	101.3	101.3

3–28 农产品生产者价格总指数(1979–2020年)

年　份	农产品生产者价格指数(上年=100)	农产品生产者价格指数(1978年=100)
1979	127.6	127.6
1980	105.4	134.5
1981	107.4	144.4
1982	105.7	152.7
1983	104.2	159.1
1984	104.4	166.1
1985	116.4	193.3
1986	107.5	207.8
1987	114.0	236.9
1988	132.3	313.4
1989	116.7	365.8
1990	93.8	343.1
1991	99.5	341.4
1992	104.3	356.1
1993	113.4	403.8
1994	128.1	517.3
1995	124.8	645.5
1996	102.6	662.3
1997	93.4	618.6
1998	93.1	575.9
1999	89.4	514.9
2000	94.8	488.1
2001	95.9	468.1
2002	98.8	462.5
2003	101.7	470.3
2004	106.8	502.3
2005	103.9	521.9
2006	102.7	536.0
2007	112.6	603.5
2008	110.7	668.1
2009	98.0	654.7
2010	111.5	730.0
2011	113.3	827.1
2012	102.7	849.4
2013	103.0	874.9
2014	100.3	877.5
2015	101.2	888.0
2016	108.3	961.7
2017	98.9	951.1
2018	102.6	975.7
2019	106.9	1043.0
2020	102.3	1067.0

3−29 主要年份农产品生产者价格分类指数

(上年=100)

项　目	2005年	2010年	2015年	2017年	2018年	2019年	2020年
总指数	**103.9**	**111.5**	**101.2**	**98.9**	**102.6**	**106.9**	**102.3**
种植业产品	**105.1**	**115.3**	**100.8**	**95.9**	**102.6**	**103.8**	**100.1**
谷物	97.6	107.6	106.3	102.1	97.9	98.9	102.3
早籼稻	95.3	103.3	103.4	102.2	99.8	100.5	102.3
晚籼稻	96.7	111.2	102.8	107.5	95.1	101.3	108.9
薯类	106.9	121.9	103.0	86.1	98.5	96.9	113.9
豆类	97.0	125.1					
大豆	93.4	127.9					
油料	106.3	115.8	101.5	101.4	93.9	103.3	102.4
烤烟叶	101.7	98.5	103.0	94.6	100.1	104.8	97.3
蔬菜	107.6	117.4	105.3	86.5	105.0	104.8	101.4
食用菌(干鲜混合)	103.0	115.7	96.9	105.3	101.0	103.3	93.7
水果	108.8	115.2	94.8	95.5	104.3	112.4	92.8
茶叶	101.3	111.5	96.8	106.9	99.2	96.8	99.2
林业产品	**104.0**	**107.6**	**93.3**	**100.1**	**110.8**	**103.2**	**89.1**
原木	104.7	104.3	98.6	98.3	101.7	104.3	88.2
竹材	104.1	108.0	87.8	93.2	100.4	104.3	95.4
牧业(畜产品)	**100.9**	**101.2**	**108.0**	**94.7**	**95.7**	**128.8**	**119.7**
活猪(毛重)	97.4	97.9	111.2	91.8	89.3	155.0	151.9
家禽(毛重)	104.2	107.0	103.3	99.5	105.8	110.4	97
渔业	**103.7**	**113.7**	**100.5**	**105.5**	**103.9**	**98.4**	**95.8**
海水养殖产品			100.1	107.9	104.0	97.6	94.2
海水捕捞产品			100.9	99.9	99.3	101.2	105
淡水养殖产品			97.4	102.1	107.0	98.3	91.1

3-30 主要农产品生产者价格指数(2020年)

(上年同期=100)

项　目	2020年	项　目	2020年
合　计	**102.3**	南瓜	100.7
种植业产品	**100.1**	丝瓜	99.3
谷物	102.3	豆类蔬菜	100.2
稻谷	102.3	扁豆	
早籼稻	102.3	豇豆	109.9
晚籼稻		豌豆	
薯类	113.9	四季豆	96.1
马铃薯	113.9	毛豆	
油料	102.4	茄果类蔬菜	102.3
花生	102.4	茄子	93.2
豆类		青椒	112.7
大豆		辣椒	
未加工烟草	97.3	西红柿	98.7
未去梗烤烟叶	97.3	葱蒜类蔬菜	93.4
蔬菜及食用菌	99.0	洋葱	
蔬菜	101.4	大葱	
叶菜类蔬菜	102.2	细香葱	87.7
芹菜	86.5	大蒜	
油菜	99.6	蒜苗	94.0
菠菜	102.9	蒜苔	
苋菜		蒜头	
空心菜	106.8	韭菜	94.6
香菜		水生蔬菜	93.8
小白菜		莲藕	93.3
白菜类蔬菜	111.1	茭白	
大白菜	111.1	食用菌	93.7
普通白菜		平菇	90.1
芥菜类蔬菜	103.1	双孢蘑菇	94.3
叶用芥菜	103.1	香菇	94.9
茎用芥菜		黑木耳	112.6
根用芥菜		水果及坚果	92.8
甘蓝类蔬菜	82.9	水果(园林水果)	92.8
结球甘蓝	94.2	柑橘类水果	87.9
菜花		柑橘	96.6
花椰菜	77.0	橙	84.7
芥蓝		柚类	88.1
根茎类蔬菜	111.8	葡萄	116.6
白萝卜	101.0	巨峰葡萄	116.6
红萝卜		热带水果	90.2
胡萝卜	101.2	香蕉	105.2
生姜	184.5	龙眼	64.5
芋头	92.8	荔枝	56.9
瓜菜类蔬菜	104.1	枇杷	83.8
黄瓜	106.6	橄榄	
冬瓜	104.8	瓜类水果	93.5
西葫芦		西瓜	93.5
苦瓜		香瓜	

3-30 续表

(上年同期=100)

项 目	2020年	项 目	2020年
其他水果	129.6	海水养殖青蟹	102.0
柿子		海水养殖贝类	93.9
桃	120.7	海水养殖牡蛎	98.0
李子	140.0	海水养殖鲍	83.9
杨梅		海水养殖螺	
茶及饮料原料	99.2	海水养殖蚶	
茶叶	99.2	海水养殖蛤	112.3
红茶	102.5	海水养殖蛏	99.4
绿茶	90.9	海水养殖藻类	102.5
白茶	113.1	海水养殖海带	102.4
清茶	99.7	海水养殖紫菜	103.5
铁观音	101.0	海水捕捞产品	105.0
乌龙茶	98.5	海水捕捞鲜鱼	106.5
林业产品	**89.1**	大黄鱼	
木材采伐产品	92.4	小黄鱼	92.4
原木	88.2	带鱼	98.1
马尾松原木		鳓鱼	
杉木原条	88.2	海鳗	113.9
竹材采伐产品	95.4	鳀鱼	140.0
毛竹	95.4	鲳鱼	104.4
林产品	86.2	石斑鱼	
竹笋干	86.2	鲅鱼	98.1
畜牧业产品	**119.7**	海水捕捞虾	102.5
活牲畜	151.9	斑节对虾	
猪	151.9	中国对虾	
活家禽	97.0	虾蛄	102.1
活鸡	98.0	鹰爪虾	104.3
活鸭	93.9	海水捕捞蟹	109.7
畜禽产品	90.7	梭子蟹	109.7
禽蛋	90.7	青蟹	
鸡蛋	93.6	海水捕捞软体水生动物	99.6
鸭蛋	86.4	墨鱼	104.0
渔业产品	**95.8**	鱿鱼	96.3
海水养殖产品	94.2	淡水养殖产品	91.1
海水养殖鱼	94.5	养殖淡水鱼	91.1
海水养殖鲈鱼		养殖淡水鳗鲡	78.6
海水养殖石斑鱼	91.8	养殖淡水鲤鱼	106.4
海水养殖美国红鱼		养殖淡水草鱼	107.3
海水养殖大黄鱼	97.6	养殖淡水鳙鱼(胖头鱼)	88.6
海水养殖鲷鱼		养殖淡水罗非鱼	71.1
海水养殖虾	87.5	养殖淡水鲢鱼	108.3
海水养殖中国对虾		养殖淡水鲫鱼	113.9
海水养殖南美白对虾	85.5	养殖淡水鲶鱼	
海水养殖斑节对虾	91.7	淡水养殖虾	91.0
海水养殖日本对虾		淡水养殖南美白对虾	91.0
海水养殖蟹	94.1	淡水养殖贝类	
海水养殖梭子蟹	90.5	淡水养殖河蚌	

主要指标解释

居民消费价格指数 指反映一定时期内城乡居民所购买的生活消费品价格和服务项目价格变动趋势和程度的相对数，是对城市居民消费价格指数和农村居民消费价格指数进行综合汇总计算的结果。利用居民消费价格指数，可以观察和分析消费品的零售价格和服务价格变动对城乡居民实际生活费支出的影响程度。

城市居民消费价格指数 指反映城市居民家庭所购买的生活消费品价格和服务项目价格变动趋势和程度的相对数。城市居民消费价格指数可以观察和分析消费品的零售价格和服务项目价格变动对职工货币工资的影响，作为研究职工生活和确定工资政策的依据。

农村居民消费价格指数 指反映农村居民家庭所购买的生活消费品价格和服务项目价格变动趋势和程度的相对数。农村居民消费价格指数可以观察农村消费品的零售价格和服务项目价格变动对农村居民生活消费支出的影响，直接反映农民生活水平的实际变化情况，为分析和研究农村居民生活问题提供依据。

商品零售价格指数 指反映城乡商品零售价格变动趋势的一种经济指数。零售物价的调整变动直接影响到城乡居民的生活支出和国家的财政收入，影响居民购买力和市场供需平衡，影响消费与积累的比例。因此，计算零售价格指数，可以从一个侧面对上述经济活动进行观察和分析。

农业生产资料价格指数 指反映一定时期内农业生产资料价格变动趋势和程度的相对数。农业生产资料价格指数分为小农具、饲料、产品畜、役畜、半机械化农具、机械化农具、化学肥料、农药及农药械、农机用油、其他农业生产资料十大类。其编制目的是了解农业生产中物质资料投入价格的变动状况，服务于国民经济核算。1994 年以前，农业生产资料价格指数仅仅是商品零售价格指数的一个类别，此后，从商品零售价格指数中分离出来，单独编制。

工业生产者出厂价格指数 是反映一定时期内全部工业产品出厂价格总水平的变动趋势和程度的相对数，包括工业企业售给本企业以外所有单位的各种产品和直接售给居民用于生活消费的产品。该指数从生产角度反映工业品价格变动，通过它可以观察轻工业与重工业、生产资料与生活资料及各部门、各工业行业产品价格的变动趋势和变动幅度，消除价格变动因素，真实反映工业产品实际价值量。

工业生产者购进价格指数 是反映一定时期内工业企业所购进的原材料和能源价格变动幅度的相对数。它反映了企业成本的变动，往往预示了工业生产者出厂价格乃至消费价格水平的变动趋势。通过它可以观察工业企业购进九大类原材料和能源价格变动趋势和变动幅度及其对生产成本、效益的影响程度。

固定资产投资价格指数 是反映固定资产投资价格在一定时期内变动幅度的相对数。通过它可以观察建筑安装工程（含材料费、人工费等项目）、设备工器具购置费和其他费用等方面的价格变动趋势和变动幅度，消除按现价计算的固定资产投资指标中的价格变动因素，反映固定资产投资的真实规模、速度、结构和效益。

房地产价格指数 是反映一定时期内房地产价格变动趋势和程度的相对数，包括住宅销售价格指数、住宅租赁价格指数、土地交易价格指数和物业管理价格指数。通过他们可以观察土地交易、住宅销售、住宅租赁、物业管理等方面价格的变动趋势和变动幅度，消除按现价计算的房地产投资中的价格变动因素，反映房地产投资的真实规模、速度和结构。

农产品生产者价格指数 是反映一定时期内，农产品生产者出售农产品价格水平变动趋势及幅度的相对数。该指数可以客观反映全国农产品生产价格水平和结构变动情况，满足农业与国民经济核算需要。其中某代表品生产价格指数是通过对全部有出售该产品行为的调查单位的个体指数进行几何平均求得的，类价格指数是通过对其所属的类（或代表品）的价格指数进行加权平均求得的。季度累计价格指数的计算方法与分季指数的计算方法相同。

四 农村调查

资料整理：陈晓兵　郑骁喆　郭宏杨　陈　汇

简 要 说 明

一、本篇资料的主要内容及统计范围

本篇资料反映粮食和畜禽生产的基本情况。内容主要包括全省分季分品种、各市县粮食播种面积和产量、主要畜禽生产情况。

农业统计调查范围包括全部农业生产经营户，各市、县（区）所属的各种经济组织类型、各个系统的全部农业生产单位和非农行业单位附属的农业生产活动单位，以及所经营的农作物种植地块、养殖场、牧场等。军委系统的农业生产（除军马外）也应包括在内，但不包括农业科学试验机构进行的农业生产。

1．粮食：包括稻谷、甘薯、马铃薯、大豆及其他粮食。

2．畜禽：主要包括猪、牛、羊、禽等。

二、本篇的资料来源及统计调查方法

1．粮食生产、畜牧业分别由国家统计局福建调查总队农业调查处、农村调查处根据《农林牧渔业统计报表制度》中农产量、畜牧业统计调查的有关资料整理提供。

2．《农林牧渔业统计报表制度》中的稻谷、生猪、家禽等粮食、畜禽主要品种实行以省为总体的抽样调查，并对县级稻谷实行以县为总体的抽样调查，其他粮食、畜禽小品种数据来自农业全面统计报表。

4-1 粮食播种面积与产量(1978-2020年)

单位：万亩(千公顷)、万吨

年 份	粮食播种面积		粮食产量	稻谷播种面积		稻谷产量	甘薯产量	马铃薯产量
	万亩	千公顷		万亩	千公顷			
1978	3319.70	2213.13	744.90	2533.70	1689.13	618.69	83.19	
1979	3224.31	2149.54	782.50	2505.20	1670.13	648.50	81.69	
1980	3263.33	2175.55	801.90	2510.80	1673.87	669.25	81.97	
1981	3206.27	2137.51	809.83	2476.16	1650.77	680.80	93.73	
1982	3125.31	2083.54	848.29	2419.78	1613.19	715.80	91.70	
1983	3013.49	2008.99	857.78	2426.98	1617.99	755.88	79.70	
1984	3025.56	2017.04	850.26	2380.77	1587.18	730.95	83.45	
1985	2832.74	1888.49	794.40	2215.83	1477.22	681.10	80.51	
1986	2846.58	1897.72	751.49	2226.92	1484.61	654.95	66.11	
1987	2942.30	1961.53	839.26	2240.54	1493.69	715.80	82.39	
1988	2942.93	1961.95	837.43	2224.88	1483.25	687.74	78.45	
1989	3068.01	2045.34	884.57	2263.83	1509.22	744.36	86.75	6.67
1990	3120.86	2080.57	879.64	2268.45	1512.30	731.24	88.46	10.06
1991	3130.85	2087.23	889.65	2238.76	1492.51	725.66	99.47	11.44
1992	3127.58	2085.05	897.08	2215.46	1476.97	732.96	103.94	12.56
1993	2950.82	1967.21	869.00	2074.68	1383.12	694.47	107.44	14.22
1994	3003.38	2002.25	887.40	2103.90	1402.60	699.17	117.33	16.12
1995	3026.03	2017.35	919.93	2109.38	1406.25	724.92	120.98	18.85
1996	3047.78	2031.85	952.20	2107.78	1405.19	743.34	129.26	21.92
1997	3061.94	2041.29	961.78	2102.29	1401.53	739.24	135.63	26.25
1998	3042.96	2028.64	958.11	2081.92	1387.95	728.81	140.39	28.18
1999	3014.28	2009.52	942.17	2059.81	1373.21	712.28	139.11	29.99
2000	2742.76	1828.51	854.68	1833.46	1222.31	632.75	136.81	29.04
2001	2588.58	1725.72	817.28	1734.85	1156.57	606.80	131.13	28.06
2002	2445.42	1630.28	763.23	1624.49	1082.99	557.52	128.66	27.97
2003	2136.60	1424.40	695.04	1436.84	957.89	520.89	108.45	27.13
2004	2084.67	1389.77	699.50	1463.32	975.54	540.32	99.61	26.48
2005	1962.61	1308.41	662.04	1406.67	937.78	518.91	88.20	25.55
2006	1840.40	1226.94	632.90	1335.96	890.64	499.00	83.00	21.60
2007	1740.36	1160.24	615.66	1277.44	851.62	491.15	76.98	20.10
2008	1694.14	1129.43	612.97	1241.56	827.71	489.01	75.72	19.78
2009	1664.63	1109.75	607.61	1221.94	814.63	485.55	73.48	21.21
2010	1609.75	1073.17	584.65	1184.39	789.59	469.18	69.79	19.75
2011	1548.10	1032.07	576.13	1148.23	765.49	465.58	65.41	19.71
2012	1464.23	976.15	547.33	1102.05	734.70	447.22	57.00	18.07
2013	1415.56	943.71	534.68	1067.23	711.48	436.91	55.68	17.83
2014	1362.57	908.38	520.43	1029.60	686.40	424.10	54.80	17.93
2015	1311.30	874.20	500.05	989.87	659.92	405.69	52.37	18.34
2016	1249.24	832.83	477.28	946.35	630.90	386.61	49.85	18.45
2017	1249.83	833.22	487.15	942.88	628.59	393.19	52.08	18.83
2018	1250.27	833.51	498.58	929.41	619.61	398.31	55.39	19.69
2019	1233.65	822.43	493.90	898.85	599.23	388.79	57.89	20.88
2020	1251.65	834.43	502.32	902.58	601.72	391.75	60.66	21.49

注：1989年起，稻谷产量为抽样调查数，非稻谷产量为全面统计数。

4-2 主要年份分季分品种粮食播种面积与产量

单位：万亩、万吨

指　　标	2005年		2010年		2015年	
	播种面积	产量	播种面积	产量	播种面积	产量
合　计	**1962.61**	**662.04**	**1609.75**	**584.65**	**1311.30**	**500.05**
按收获季节分						
春收粮食	152.28	35.46				
夏收粮食	483.33	158.45				
秋收粮食	1327.00	468.12				
按品种分						
稻谷	1406.67	518.91	1184.39	469.18	989.87	405.69
早稻	401.92	146.33	288.21	111.11	225.95	91.28
中稻	443.87	173.12	429.56	178.15	382.12	159.26
晚稻	560.88	199.46	466.62	179.92	381.80	155.15
甘薯	280.99	88.20	204.67	69.79	143.76	52.37
马铃薯	88.31	25.55	86.37	19.75	70.10	18.34
大豆	128.63	12.38	64.48	10.16	46.49	8.11
其他粮食	58.01	17.00	69.84	15.77	61.08	15.54

注：本表中稻不含一季晚稻，晚稻包含一季晚稻和双季晚稻。

4-2 续表 1

单位：万亩、万吨

指　　标	2016年		2017年		2018年	
	播种面积	产量	播种面积	产量	播种面积	产量
合　计	**1249.24**	**477.28**	**1249.83**	**487.15**	**1250.27**	**498.58**
按收获季节分						
春收粮食						
夏收粮食						
秋收粮食						
按品种分						
稻谷	946.35	386.61	942.88	393.19	929.41	398.31
早稻	208.58	83.80	177.83	72.75	158.22	67.06
中稻	371.11	154.29	385.05	163.29	394.06	171.98
晚稻	366.66	148.51	380.00	157.15	377.12	159.27
甘薯	134.78	49.85	137.16	52.08	143.22	55.39
马铃薯	67.98	18.45	68.35	18.83	70.33	19.69
大豆	43.05	7.65	43.47	7.82	46.59	8.62
其他粮食	57.08	14.72	57.97	15.23	60.72	16.58

4-2 续表 2

单位：万亩、万吨

指　　标	2019年		2020年	
	播种面积	产量	播种面积	产量
合　计	**1233.65**	**493.90**	**1251.65**	**502.32**
按收获季节分				
春收粮食	79.87	23.05	83.00	24.25
夏收粮食	204.63	75.78	208.30	77.26
秋收粮食	949.16	395.07	960.34	400.81
按品种分				
稻谷	898.85	388.79	902.58	391.75
早稻	146.04	61.59	146.55	62.16
中稻	385.04	169.38	387.64	171.16
晚稻	367.78	157.81	368.38	158.42
甘薯	148.90	57.89	154.36	60.66
马铃薯	73.84	20.88	74.94	21.49
大豆	49.11	9.07	51.54	9.47
其他粮食	62.94	17.28	68.24	18.95

4-3 主要年份畜禽生产情况

项　　目	单位	2005年	2010年	2015年	2016年	2017年	2018年	2019年	2020年
生猪年末存栏数	万头	1249.83	1348.45	1214.56	1136.37	921.80	799.90	641.52	910.90
#能繁母猪年末存栏数	万头	97.97	133.05	126.01	118.46	89.45	74.50	60.34	92.77
牛年末存栏数	万头	75.63	57.92	30.98	28.13	32.65	30.92	29.71	31.64
羊年末存栏数	万只	93.56	94.43	97.98	95.32	89.03	95.32	105.69	105.90
家禽年末存栏数	万只	9937.04	9369.41	16037.34	15823.58	18559.28	16908.84	19451.55	20700.94
家兔年末存栏数	万只	822.67	658.06	472.54	421.35	410.28	455.81	506.02	565.15
养蜂年末箱数	万箱	35.32	36.26	48.63	46.01	50.72	51.78	54.02	56.88
出栏肉猪	万头	1881.92	2080.38	1945.47	1988.59	1606.10	1421.34	1297.26	1299.86
出栏肉用牛	万头	21.60	16.80	15.36	14.79	15.97	17.87	19.57	22.07
出栏肉用羊	万只	107.00	118.47	130.59	133.75	138.29	144.28	155.86	159.06
出栏肉用禽	万只	19140.51	23662.83	72484.25	83289.20	91460.58	95537.65	99437.77	103102.07
出栏肉用兔	万只	1559.27	1321.13	963.98	859.02	849.98	937.77	1066.87	1125.86
肉类总产量	万吨	164.85	192.61	258.94	279.97	264.91	256.06	255.15	259.39
#猪　肉	万吨	134.69	155.36	153.26	157.19	128.37	113.12	103.03	103.75
牛　肉	万吨	2.17	1.69	1.62	1.57	1.72	1.94	2.14	2.46
羊　肉	万吨	1.45	1.62	1.81	1.88	1.94	2.04	2.22	2.28
禽　肉	万吨	24.57	31.44	100.34	117.47	130.82	136.76	141.87	146.56
兔　肉	万吨	1.97	1.85	1.41	1.27	1.27	1.41	1.62	1.78
奶类产量	万吨	19.10	13.24	12.95	13.36	13.54	14.31	14.99	17.48
禽蛋产量	万吨	37.91	30.54	35.77	40.65	46.50	44.32	48.58	53.66
肉蛋奶总产量	万吨	221.87	236.39	307.65	333.98	324.94	314.69	318.72	330.88
蜂蜜产量	万吨	0.85	0.86	1.36	1.41	1.45	1.58	1.65	1.74
蚕茧产量	吨	69.00	41.00						
蜂　蜡	吨	325.00	317.00	432.00	458.00	518.00	590	595	578.69

注：本表猪、禽各指标为抽样调查数，其余为全面统计数。
2020年和2019年，家禽年末存栏包括鸡、鸭、鹅等主要家禽存栏，肉用禽出栏包括鸡、鸭、鹅等主要家禽出栏；禽蛋产量包括鸡蛋、鸭蛋、鹅蛋等主要禽蛋产量。

主要统计指标解释

粮食作物 指一般用作人类主食，种植在耕地或非耕地上的农作物。根据我国产品目录分类标准，粮食包括谷物、豆类、薯类。

粮食作物播种面积 指本年度内收获的粮食作物在全部土地（耕地或非耕地）上的播种或移植面积。凡是本年内收获的作物，无论是本年还是上年播种，都算为当年播种面积，但不包括本年播种，下年收获的作物面积。移植的作物面积按移植后的面积计算，不计算移植前的秧田面积。如果因灾害等原因，应该收获却未能收获，也要按原播种面积计算，新补或改种，并在本年收获的，也要按复种作物计算面积。间种、混种的作物面积按比例折算各个作物的面积，如果完全混合、同步生长、收获的作物，按混合面积平均分配。复种、套种的作物，按次数计算面积，每种一次计算一次。再生稻、再生高粱等，因其没有经过播种或移植，不计入播种面积。

粮食作物产量 指全社会的产量。包括全民所有制经营的，集体统一经营的和农民家庭经营的粮食产量，还包括工矿企业家属办的农场和其他生产单位产量。粮食除包括稻谷、小麦、玉米、高粱、谷子及其他杂粮外，还包括薯类和大豆。其产量计算方法，豆类按去豆荚后的干豆计算；薯类（包括甘薯和马铃薯，不包括芋头和木薯）1963 年以前按每 4 公斤鲜薯折 1 公斤粮食计算，从 1964 年开始及以后改为按 5 公斤鲜薯折 1 公斤粮食计算。其他粮食一律按脱粒后的原粮计算。

谷物 指禾本科和蓼科作物，具体统计品种包括稻谷、小麦、玉米、和其他谷物；其他谷物包括谷子、高粱、大麦、燕麦、荞麦等。

稻谷 按生产季节分为早稻、中稻和晚稻。其中晚稻包括一季晚稻和双季晚稻。一季晚稻是指其前作是非稻作物的单季晚稻。双季晚稻仅指与早稻连作的稻谷。

豆类 是以食用种籽及其制成品为主的一类豆科植物，包括大豆、绿豆、红小豆和其他杂豆，不含豇豆、四季豆等菜用豆类。

薯类 包括甘薯、马铃薯等。甘薯又名番薯、红薯、地瓜等，马铃薯又名土豆、洋芋等。薯类产量目前只统计甘薯和马铃薯。

期初（末）畜禽存栏头（只数） 指调查日期（通常指年末、季末、月末）实际存在的各类畜禽头（只）数。除科学研究单位专门用于试验研究的牲畜和军马以外，不分大小、公母、品种、用途一率包括在内。

能繁殖母猪 指猪龄约在 9 个月（包括 9 个月）以上的、具备繁殖能力的母猪。

当年出栏的畜禽数 指当年（报告期内）已育肥出售进入屠宰环节和自食的全部畜禽数，包括淘汰的和因伤死亡后进入屠宰环节的耕牛、肉牛、奶牛和羊。不包括仔猪、牛犊、羊羔、禽苗、幼兔出售后进行二次育肥的数量。

家禽种类主要包括鸡、鸭、鹅三个种类。

肉类总产量 指当年出栏并已屠宰的畜禽肉产量。猪、牛、羊、马、驴、骡、骆驼肉产量按去掉头蹄下水后带骨肉的胴体重量计算，兔禽头产量按屠宰后去皮毛和内脏后的重量计算。

肉类总产量＝牛肉＋马肉＋驴肉＋骡肉＋骆驼肉＋猪肉＋羊肉＋主要禽肉＋其他禽肉+兔肉+其他

禽蛋产量 指本调查期内饲养的蛋用家禽生产的禽蛋总重量。包括出售的和农民自产自用的部分。品种主要为鸡鸭鹅，不包括其他禽蛋产量（如鸽子蛋、鹌鹑蛋等）。

奶类产量 指本调查期内牛、羊和其他大牲畜（如马奶、骆驼奶等）所生产的奶产量，牛犊、羊羔等直接吮食的部分不统计产量。

奶类产量＝牛奶＋羊奶＋其他奶

肉蛋奶总产量=肉类产量+禽蛋产量+其他禽蛋产量+奶类产量

蚕茧产量 指本年度内生产的全部蚕茧产量，无论自用的或出售的，都应计算在内。在计算产量时，要把土茧、改良茧和种茧包括在内，桑蚕茧、柞蚕茧均按鲜茧计算，木薯茧和蓖麻茧等的产量均按茧壳的重量计算。

五 市县调查主要指标

资料整理：陈晓兵　刘挺云　陈　思

郑骁喆　郭宏杨　陈　汇

5-1 市县粮食播种面积与产量(2020年)

单位：亩(公顷)、吨

地区	粮食播种面积				粮食产量	
			稻谷			稻谷
	亩	公顷	亩	公顷		
全省	**12516494**	**834433**	**9025756**	**601717**	**5023168**	**3917455**
福州市	**1293769**	**86251**	**588147**	**39210**	**485445**	**238155**
福州市辖区	185826	12388	83579	5572	75310	32941
鼓楼区						
台江区						
仓山区						
马尾区	4207	280	2204	147	1605	876
晋安区	8780	585	1762	117	4016	703
长乐区	172839	11523	79613	5308	69689	31362
福清市	284437	18962	101114	6741	107069	40541
闽侯县	165066	11004	74636	4976	57996	31189
连江县	108095	7206	64146	4276	42026	26618
罗源县	93245	6216	46558	3104	33977	18517
闽清县	143170	9545	95496	6366	53471	39529
永泰县	258786	17252	122512	8167	96651	48784
平潭县	55144	3676	106	7	18945	36
厦门市	**61420**	**4095**	**28664**	**1911**	**25066**	**11629**
厦门市辖区	61420	4095	28664	1911	25066	11629
思明区						
海沧区	1110	74	689	46	401	280
湖里区						
集美区	3024	202	2075	138	1205	846
同安区	32766	2184	20022	1335	12826	8073
翔安区	24520	1635	5878	392	10634	2430
莆田市	**456404**	**30427**	**260771**	**17385**	**185286**	**114416**
莆田市辖区	252667	16844	106217	7081	101149	45451
城厢区	28990	1933	15328	1022	12171	6439
涵江区	56614	3774	41962	2797	23193	18135
荔城区	60192	4013	34780	2319	23970	15018
秀屿区	106871	7125	14147	943	41815	5859
仙游县	203737	13582	154554	10304	84137	68965
三明市	**2419042**	**161269**	**1791634**	**119442**	**945287**	**776364**
三明市辖区	46131	3075	32865	2191	19537	14701
梅列区	10709	714	5813	388	4105	2534
三元区	35422	2361	27052	1803	15432	12167
永安市	162075	10805	124245	8283	65148	53771
明溪县	215114	14341	136333	9089	80817	58149
清流县	222794	14853	140710	9381	80285	59394
宁化县	477122	31808	317608	21174	177446	139081
大田县	247729	16515	148415	9894	88571	63997
尤溪县	335890	22393	262339	17489	135033	115288
沙县	175616	11708	147509	9834	74501	63717
将乐县	181985	12132	159986	10666	76794	69525
泰宁县	144810	9654	122944	8196	57723	52333
建宁县	209776	13985	198680	13245	89432	86408
泉州市	**1303330**	**86889**	**832667**	**55511**	**498320**	**339439**
泉州市辖区	58831	3922	22522	1501	23096	9827
鲤城区	562	37	131	9	203	57
丰泽区	737	49	105	7	231	45
洛江区	28704	1914	12656	844	11672	5522
泉港区	28828	1922	9630	642	10990	4203

5-1 续表

单位：亩(公顷)、吨

地　区	粮食播种面积				粮食产量	
			稻　谷			稻谷
	亩	公顷	亩	公顷		
石狮市	16567	1104	1709	114	5039	755
晋江市	52080	3472	8438	563	23407	3609
南安市	389431	25962	335930	22395	153976	134948
惠安县	161911	10794	47259	3151	55226	18859
安溪县	269163	17944	141940	9463	88100	52616
永春县	216620	14441	174508	11634	88990	73148
德化县	138727	9248	100361	6691	60486	45677
漳　州　市	**921550**	**61437**	**706903**	**47127**	**412467**	**318932**
漳州市辖区	9755	650	4031	269	3496	1666
芗城区	8869	591	4031	269	3095	1666
龙文区	886	59			401	
龙海市	112231	7482	87815	5854	50992	40393
云霄县	106442	7096	92856	6190	48566	41818
漳浦县	238465	15898	175402	11693	111735	84260
诏安县	155639	10376	132521	8835	70959	60430
长泰县	89414	5961	45995	3066	38386	19500
东山县	20522	1368	811	54	8831	318
南靖县	87821	5855	81548	5437	37097	34994
平和县	62349	4157	54803	3654	24691	21887
华安县	38912	2594	31121	2075	17714	13666
南　平　市	**2809651**	**187310**	**2261265**	**150751**	**1178212**	**1015541**
南平市辖区	622038	41469	538848	35923	266562	242041
延平区	148103	9874	119756	7984	58108	50841
建阳区	473935	31596	419092	27939	208454	191200
邵武市	473501	31567	337185	22479	180824	147627
武夷山市	224824	14988	188820	12588	99154	87551
建瓯市	503872	33591	336805	22454	212038	152933
顺昌县	120128	8009	102783	6852	46389	42079
浦城县	476239	31749	424594	28306	210282	198260
光泽县	150779	10052	139221	9281	62139	58903
松溪县	117626	7842	101025	6735	51414	47056
政和县	120644	8043	91984	6132	49410	39091
龙　岩　市	**1905799**	**127053**	**1684587**	**112306**	**820691**	**742290**
龙岩市辖区	355995	23733	327137	21809	149782	138955
新罗区	116829	7789	99346	6623	49832	43455
永定区	239166	15944	227791	15186	99950	95500
漳平市	140061	9337	125515	8368	60559	56389
长汀县	381660	25444	326027	21735	171203	152417
上杭县	363145	24210	324334	21622	156891	146231
武平县	359795	23986	348701	23247	154341	150375
连城县	305143	20343	232873	15525	127915	97923
宁　德　市	**1345529**	**89702**	**871118**	**58075**	**472394**	**360689**
宁德市辖区	79178	5279	47539	3169	25919	19605
蕉城区	79178	5279	47539	3169	25919	19605
福安市	238868	15925	113172	7545	75478	46726
福鼎市	195906	13060	84306	5620	63464	36001
霞浦县	124160	8277	60032	4002	41799	26362
古田县	299764	19984	265572	17705	115453	107503
屏南县	117976	7865	102011	6801	46263	42045
寿宁县	152606	10174	88291	5886	52846	37045
周宁县	70830	4722	53571	3571	26841	23036
柘荣县	66241	4416	56624	3775	24331	22366

5–2 市县稻谷播种面积与产量(2020年)

单位：亩(公顷)、吨

地区	稻谷播种面积		早稻		中稻		晚稻		稻谷总产量	早稻	中稻	晚稻
	亩	公顷	亩	公顷	亩	公顷	亩	公顷				
全　　省	**9025756**	**601717**	**1465467**	**97698**	**3876446**	**258430**	**3683843**	**245590**	**3917455**	**621592**	**1711629**	**1584234**
福 州 市	**588147**	**39210**	**110702**	**7380**	**313446**	**20896**	**163999**	**10933**	**238155**	**43464**	**128038**	**66653**
福州市辖区	83579	5572	33013	2201	1762	117	48804	3254	32941	12706	703	19532
鼓楼区												
台江区												
仓山区												
马尾区	2204	147	382	25			1822	121	876	145		731
晋安区	1762	117			1762	117			703		703	
长乐区	79613	5308	32631	2175			46982	3132	31362	12561		18801
福清市	101114	6741	55331	3689			45783	3052	40541	22428		18113
闽侯县	74636	4976	7239	483	53277	3552	14120	941	31189	2716	22464	6009
连江县	64146	4276	7925	528	32860	2191	23361	1557	26618	3017	13378	10223
罗源县	46558	3104			43351	2890	3207	214	18517		17259	1258
闽清县	95496	6366	4325	288	71548	4770	19623	1308	39529	1474	30006	8049
永泰县	122512	8167	2763	184	110648	7377	9101	607	48784	1087	44228	3469
平潭县	106	7	106	7					36	36		
厦 门 市	**28664**	**1911**	**20255**	**1350**			**8409**	**561**	**11629**	**8260**		**3369**
厦门市辖区	28664	1911	20255	1350			8409	561	11629	8260		3369
思明区												
海沧区	689	46	401	27			288	19	280	166		114
湖里区												
集美区	2075	138	1049	70			1026	68	846	441		405
同安区	20022	1335	13020	868			7002	467	8073	5264		2809
翔安区	5878	392	5785	386			93	6	2430	2389		41
莆 田 市	**260771**	**17385**	**124362**	**8291**	**61504**	**4100**	**74905**	**4994**	**114416**	**55237**	**28549**	**30630**
莆田市辖区	106217	7081	66215	4414	18033	1202	21969	1465	45451	28839	8070	8542
城厢区	15328	1022	10700	713			4628	309	6439	4654		1785
涵江区	41962	2797	16154	1077	18033	1202	7775	518	18135	7035	8070	3030
荔城区	34780	2319	30831	2055			3949	263	15018	13475		1543
秀屿区	14147	943	8530	569			5617	374	5859	3675		2184
仙游县	154554	10304	58147	3876	43471	2898	52936	3529	68965	26398	20479	22088
三 明 市	**1791634**	**119442**	**82217**	**5481**	**699129**	**46609**	**1010288**	**67353**	**776364**	**32415**	**304827**	**439122**
三明市辖区	32865	2191	112	7	18149	1210	14604	974	14701	46	7900	6755
梅列区	5813	388					5813	388	2534			2534
三元区	27052	1803	112	7	18149	1210	8791	586	12167	46	7900	4221
永安市	124245	8283	12428	829	50245	3350	61572	4105	53771	5179	21338	27254
明溪县	136333	9089	398	27	92671	6178	43264	2884	58149	155	40265	17729
清流县	140710	9381	14969	998	35167	2344	90574	6038	59394	5522	15379	38493
宁化县	317608	21174	8635	576	139286	9286	169687	11312	139081	3507	60350	75224
大田县	148415	9894	2483	166	30247	2016	115685	7712	63997	1032	12970	49995
尤溪县	262339	17489	7365	491	178487	11899	76487	5099	115288	3040	79953	32295
沙　县	147509	9834	14308	954	40418	2695	92783	6186	63717	5950	17539	40228
将乐县	159986	10666	1135	76	97487	6499	61364	4091	69525	365	41909	27251
泰宁县	122944	8196	125	8	16972	1131	105847	7056	52333	46	7224	45063
建宁县	198680	13245	20259	1351			178421	11895	86408	7573		78835
泉 州 市	**832667**	**55511**	**307257**	**20484**	**208328**	**13889**	**317082**	**21139**	**339439**	**123912**	**90745**	**124782**
泉州市辖区	22522	1501	12069	805			10453	697	9827	5354		4473
鲤城区	131	9	88	6			43	3	57	39		18
丰泽区	105	7	67	4			38	3	45	30		15
洛江区	12656	844	6721	448			5935	396	5522	2982		2540
泉港区	9630	642	5193	346			4437	296	4203	2303		1900

5-2 续表

单位：亩(公顷)、吨

地区	稻谷播种面积		早稻		中稻		晚稻		稻谷总产量	早稻	中稻	晚稻
	亩	公顷	亩	公顷	亩	公顷	亩	公顷				
石狮市	1709	114	1014	68			695	46	755	467		288
晋江市	8438	563	4925	328			3513	234	3609	2168		1441
南安市	335930	22395	159203	10614	2590	173	174137	11609	134948	64311	996	69641
惠安县	47259	3151	23968	1598			23291	1553	18859	9604		9255
安溪县	141940	9463	49966	3331	42207	2814	49767	3318	52616	18681	15651	18284
永春县	174508	11634	54273	3618	66112	4407	54123	3608	73148	22582	29579	20987
德化县	100361	6691	1839	123	97419	6495	1103	74	45677	745	44519	413
漳州市	**706903**	**47127**	**349692**	**23313**	**50176**	**3345**	**307035**	**20469**	**318932**	**163212**	**22049**	**133671**
漳州市辖区	4031	269	2108	141			1923	128	1666	902		764
芗城区	4031	269	2108	141			1923	128	1666	902		764
龙文区												
龙海市	87815	5854	53229	3549			34586	2306	40393	26042		14351
云霄县	92856	6190	47943	3196			44913	2994	41818	21567		20251
漳浦县	175402	11693	101255	6750			74147	4943	84260	50735		33525
诏安县	132521	8835	69898	4660			62623	4175	60430	32352		28078
长泰县	45995	3066	17509	1167	4787	319	23699	1580	19500	7747	1930	9823
东山县	811	54	622	41			189	13	318	243		75
南靖县	81548	5437	24413	1628	37445	2496	19690	1313	34994	10320	16643	8031
平和县	54803	3654	23825	1588			30978	2065	21887	9359		12528
华安县	31121	2075	8890	593	7944	530	14287	952	13666	3945	3476	6245
南平市	**2261265**	**150751**	**65855**	**4390**	**1372887**	**91526**	**822523**	**54835**	**1015541**	**26448**	**629579**	**359514**
南平市辖区	538848	35923	22251	1483	252334	16822	264263	17618	242041	9989	115287	116765
延平区	119756	7984	1022	68	63685	4246	55049	3670	50841	348	27606	22887
建阳区	419092	27939	21229	1415	188649	12577	209214	13948	191200	9641	87681	93878
邵武市	337185	22479	30501	2033	166286	11086	140398	9360	147627	11285	78133	58209
武夷山市	188820	12588			144016	9601	44804	2987	87551		68341	19210
建瓯市	336805	22454	8410	561	179376	11958	149019	9935	152933	3365	83255	66313
顺昌县	102783	6852	1304	87	70540	4703	30939	2063	42079	447	28514	13118
浦城县	424594	28306	2200	147	317374	21158	105020	7001	198260	928	150073	47259
光泽县	139221	9281	785	52	97237	6482	41199	2747	58903	275	40727	17901
松溪县	101025	6735	226	15	61903	4127	38896	2593	47056	85	29631	17340
政和县	91984	6132	178	12	83821	5588	7985	532	39091	74	35618	3399
龙岩市	**1684587**	**112306**	**390827**	**26055**	**343413**	**22894**	**950347**	**63356**	**742290**	**163376**	**163973**	**414941**
龙岩市辖区	327137	21809	55455	3697	81533	5436	190149	12677	138955	22736	37694	78525
新罗区	99346	6623	21101	1407	40125	2675	38120	2541	43455	8681	18923	15851
永定区	227791	15186	34354	2290	41408	2761	152029	10135	95500	14055	18771	62674
漳平市	125515	8368	19801	1320	50185	3346	55529	3702	56389	8338	24717	23334
长汀县	326027	21735	89711	5981	25946	1730	210370	14025	152417	38732	12792	100893
上杭县	324334	21622	81680	5445	52562	3504	190092	12673	146231	34431	26202	85598
武平县	348701	23247	80737	5382	62536	4169	205428	13695	150375	33454	30485	86436
连城县	232873	15525	63443	4230	70651	4710	98779	6585	97923	25685	32083	40155
宁德市	**871118**	**58075**	**14300**	**953**	**827563**	**55171**	**29255**	**1950**	**360689**	**5268**	**343869**	**11552**
宁德市辖区	47539	3169			47539	3169			19605		19605	
蕉城区	47539	3169			47539	3169			19605		19605	
福安市	113172	7545	430	29	104321	6955	8421	561	46726	149	43293	3284
福鼎市	84306	5620	9650	643	65772	4385	8884	592	36001	3570	28940	3491
霞浦县	60032	4002	4220	281	43862	2924	11950	797	26362	1549	20036	4777
古田县	265572	17705			265572	17705			107503		107503	
屏南县	102011	6801			102011	6801			42045		42045	
寿宁县	88291	5886			88291	5886			37045		37045	
周宁县	53571	3571			53571	3571			23036		23036	
柘荣县	56624	3775			56624	3775			22366		22366	

5–3 市县畜禽年末存栏数(2020年)

单位：头、只

地　区	生猪		牛				羊	家禽	家兔
		#能繁母猪		肉牛	奶牛	役用牛			
全　　省	**9109028**	**927684**	**316351**	**167794**	**44336**	**104221**	**1059022**	**207009373**	**5651530**
福 州 市	**1077164**	**108276**	**42713**	**22787**	**2802**	**17124**	**274696**	**12222454**	**811042**
福州市辖区	139046	12094	5323	4323	147	853	9559	1252590	63370
鼓楼区									
台江区									
仓山区									
马尾区	19638	1577	151	141	10		718	200536	
晋安区	26006	2376	511	301		210	2356	183373	706
长乐区	93402	8141	4661	3881	137	643	6485	868681	62664
福清市	337081	36356	10290	5406	2243	2641	68558	2101813	207855
闽侯县	191296	17689	8524	5061	182	3281	59655	3286147	184830
连江县	103410	11978	3460	3370	90		22088	990247	83547
罗源县	65253	5351	5947	2606	44	3297	27673	975235	106608
闽清县	80646	9163	2117	1032	24	1061	16610	2216907	30405
永泰县	76629	8726	3867		72	3795	59212	1172091	126843
平潭县	83803	6919	3185	989		2196	11341	227424	7584
厦 门 市	**200913**	**19433**	**8065**	**3585**	**408**	**4072**	**7670**	**2095871**	**7982**
厦门市辖区	200913	19433	8065	3585	408	4072	7670	2095871	7982
思明区									
海沧区			549	501	24	24	2272	241512	591
湖里区									
集美区			541	522	19		1462	460071	1846
同安区	101949	9466	3134	813	360	1961	2147	883087	3914
翔安区	98964	9967	3841	1749	5	2087	1789	511201	1631
莆 田 市	**319467**	**31845**	**6795**	**4262**	**667**	**1866**	**33032**	**8578497**	**8518**
莆田市辖区	221753	21739	3089	1851	362	876	13675	6658002	96
城厢区	51757	3754	24			24	1539	3036779	
涵江区	43065	4015	1930	920	362	648	4179	658626	
荔城区	53857	3764	156			156	2031	558943	96
秀屿区	73074	10206	979	931		48	5926	2403654	
仙游县	97714	10106	3706	2411	305	990	19357	1920495	8422
三 明 市	**1192851**	**111627**	**40094**	**12108**	**4500**	**23486**	**202685**	**12370800**	**1584657**
三明市辖区	164680	19623	1287	48	1193	46	2076	682899	17876
梅列区	29451	2752	1231	38	1193		996	237957	4264
三元区	135229	16871	56	10		46	1080	444942	13612
永安市	118265	10052	1084	367		717	17895	1974648	111734
明溪县	54809	5021	1936	1280		656	17568	466087	56044
清流县	73896	6182	15593	4946		10647	39189	1329828	56545
宁化县	110184	10788	6763	1296		5467	12675	745257	21670
大田县	129862	11872	4474	1580		2894	40235	1879496	1198533
尤溪县	193811	16253	2393	690		1703	35578	1732069	40581
沙　县	166340	14899	1153	598	42	513	11706	1351568	67070
将乐县	50739	4498	1149	439	127	583	7857	1602055	5804
泰宁县	61228	5289	762	624		138	3886	273365	8800
建宁县	69037	7150	3500	240	3138	122	14020	333528	
泉 州 市	**852200**	**90457**	**57427**	**29730**	**2231**	**25466**	**144453**	**19349856**	**383009**
泉州市辖区	72399	7941	5496	3598	151	1747	25013	3298409	7309
鲤城区			146	52	20	74	210	40120	26
丰泽区			87	33	54		672	39808	
洛江区	35898	4180	3756	2792	77	887	8851	1624302	4080
泉港区	36501	3761	1507	721		786	15280	1594179	3203

5-3 续表

单位：头、只

地　区	生猪	#能繁母猪	牛	肉牛	奶牛	役用牛	羊	家禽	家兔
石狮市			12	12			14	7931	
晋江市	29346	2357	2377	1560	718	99	5742	634272	23780
南安市	265710	44914	15402	6817	1182	7403	16052	5355183	8219
惠安县	84671	4185	10277	6304	5	3968	39907	4017049	9806
安溪县	165255	13124	12798	8170	136	4492	21775	3066919	52515
永春县	143871	12558	3372	2011	39	1322	19649	1640771	187546
德化县	90948	5378	7693	1258		6435	16301	1329322	93834
漳　州　市	**1163496**	**120824**	**38151**	**24786**	**5973**	**7392**	**58027**	**34262582**	**227219**
漳州市辖区	8057	810	2574	1546	904	124	4406	2257741	3389
芗城区	8057	810	2529	1515	890	124	4404	2191061	3389
龙文区			45	31	14		2	66680	
龙海市	144406	10998	6054	2755	920	2379	8211	3089278	25895
云霄县	102019	17737	3174	2645		529	3401	992832	850
漳浦县	229171	22553	5710	3690	118	1902	13273	4951656	10282
诏安县	73767	11876	6467	2628	3321	518	4015	2081041	3325
长泰县	56372	8005	5661	4816	411	434	4770	3892597	5565
东山县	50597	2747	849	584		265	5226	249948	5032
南靖县	235273	24099	1316	822	106	388	5362	13805082	52447
平和县	156169	13423	2084	1792	32	260	1293	843819	18829
华安县	107665	8576	4262	3508	161	593	8070	2098588	101605
南　平　市	**1116099**	**112540**	**44579**	**12630**	**26245**	**5704**	**109334**	**73898362**	**299846**
南平市辖区	534736	52596	22500	1485	19717	1298	29995	5542782	79665
延平区	490388	48995	16649	861	15064	724	16105	2842187	67051
建阳区	44348	3601	5851	624	4653	574	13890	2700595	12614
邵武市	56005	6005	7314	7226	42	46	15884	973365	124211
武夷山市	47479	5312	1163	607		556	6504	1022734	6171
建瓯市	158345	15834	3288	559	2586	143	12988	2135619	15798
顺昌县	110356	9817	3493	317	1609	1567	13315	333977	18349
浦城县	123225	13050	3780	1131	2277	372	11403	21376624	26076
光泽县	13919	932	1896	1077	14	805	6687	34372375	102
松溪县	37617	5605	302	70		232	6610	521100	8912
政和县	34417	3389	843	158		685	5948	7619786	20562
龙　岩　市	**2437810**	**259355**	**68106**	**51834**	**420**	**15852**	**143420**	**39138062**	**2140579**
龙岩市辖区	931158	97288	9838	9050	37	751	34305	15814602	265564
新罗区	468312	50603	2765	2680		85	24087	13305424	135454
永定区	462846	46685	7073	6370	37	666	10218	2509178	130110
漳平市	240777	24152	4535	1504		3031	32241	2119444	148063
长汀县	360617	37378	19002	19002			16890	5806592	184600
上杭县	380953	44544	16114	12376	289	3449	32062	9758623	873038
武平县	364152	37576	7554	2933		4621	16496	3129607	266551
连城县	160153	18417	11063	6969	94	4000	11426	2509194	402763
宁　德　市	**749028**	**73327**	**10421**	**6072**	**1090**	**3259**	**85705**	**5092889**	**188678**
宁德市辖区	152728	12522	946	778		168	7360	690128	7473
蕉城区	152728	12522	946	778		168	7360	690128	7473
福安市	102618	6185	854	629		225	14298	1130153	12700
福鼎市	41168	5747	592	224		368	10270	381799	12051
霞浦县	67112	6933	2180	1036		1144	13524	561104	20895
古田县	119569	10600	2766	1530	290	946	8952	887327	61562
屏南县	139308	19545	491	491			13227	489214	12033
寿宁县	40599	4671	1068	984		84	7377	564228	7752
周宁县	62070	5127	1310	252	800	258	5701	297735	37381
柘荣县	23856	1997	214	148		66	4996	91201	16831

5-4 市县畜禽出栏数(2020年)

单位：头、只

地 区	生猪	牛	羊	家禽	家兔
全 省	**12998570**	**220715**	**1590639**	**1031020715**	**11258593**
福 州 市	**1536429**	**31101**	**457336**	**22743411**	**1331545**
福州市辖区	247734	5023	21069	3700830	138735
鼓楼区					
台江区					
仓山区					
马尾区	32289	89	306	101084	
晋安区	45359	323	4310	669332	2170
长乐区	170086	4611	16453	2930414	136565
福清市	407345	12233	90640	3527898	101288
闽侯县	234228	5135	124183	7016277	401478
连江县	175815	3632	29531	1252562	186497
罗源县	111024	1639	35562	1289431	201135
闽清县	132126	741	24620	3350109	37740
永泰县	125555	1834	118560	2283276	253377
平潭县	102602	864	13171	323028	11295
厦 门 市	**260661**	**7131**	**8800**	**6375684**	**14948**
厦门市辖区	260661	7131	8800	6375684	14948
思明区					
海沧区		495	1353	423820	577
湖里区					
集美区		1004	1702	1138929	3710
同安区	111763	3558	3803	3043153	4799
翔安区	148898	2074	1942	1769782	5862
莆 田 市	**460918**	**4951**	**63155**	**35320929**	**13722**
莆田市辖区	341844	3536	28847	25964184	105
城厢区	142218		1919	15391124	
涵江区	110749	1118	7736	2160213	
荔城区	26929		3946	1977307	105
秀屿区	61948	2418	15246	6435540	
仙游县	119074	1415	34308	9356745	13617
三 明 市	**1544854**	**23110**	**310143**	**34207403**	**3233509**
三明市辖区	237466	856	2515	1583004	67198
梅列区	45330	818	865	621536	11498
三元区	192136	38	1650	961468	55700
永安市	158846	1065	20886	6992933	186273
明溪县	63568	3674	26477	999665	108775
清流县	90703	9884	73855	1807500	130965
宁化县	142586	2493	24968	2593523	41759
大田县	152038	1747	54483	3736590	2456389
尤溪县	247047	767	52561	4637680	47110
沙 县	243105	1255	21003	4434977	154204
将乐县	47080	426	10165	5047197	7892
泰宁县	83948	293	10790	1216737	32944
建宁县	78467	650	12440	1157597	
泉 州 市	**1196692**	**42450**	**235633**	**45759728**	**474165**
泉州市辖区	95196	5133	41528	6051183	10007
鲤城区		151	351	122037	91
丰泽区		31	395	55154	
洛江区	54734	3709	9496	3118082	4137
泉港区	40462	1242	31286	2755910	5779

5-4 续表

单位：头、只

地　区	生猪	牛	羊	家禽	家兔
石狮市		19	30	18012	
晋江市	38721	3915	3674	1442143	24109
南安市	495275	10577	25503	17428616	15406
惠安县	131018	4558	66330	7372837	5140
安溪县	162557	10025	38138	7020533	83943
永春县	145954	3032	39583	3499417	134378
德化县	127971	5191	20847	2926987	201182
漳　州　市	**1654278**	**40144**	**77016**	**145775034**	**481322**
漳州市辖区	5898	1660	4502	10031840	4143
芗城区	5898	1491	4502	9661632	4143
龙文区		169		370208	
龙海市	204241	3687	14009	17354380	123880
云霄县	150812	2684	4803	2106093	4495
漳浦县	365776	5049	14971	15121801	21579
诏安县	131460	3030	4541	6802138	4265
长泰县	50951	7181	4465	8183354	
东山县	40926	572	6488	524122	8417
南靖县	389800	3169	7646	74383148	98226
平和县	181914	4815	1407	4074093	51837
华安县	132500	8297	14184	7194065	164480
南　平　市	**1506832**	**18640**	**157418**	**536112239**	**837407**
南平市辖区	672359	7864	43160	14546026	180741
延平区	635043	4705	28767	8750091	165697
建阳区	37316	3159	14393	5795935	15044
邵武市	128992	5521	33546	2942040	515750
武夷山市	74444	782	12407	2449121	19590
建瓯市	187273	367	17639	8666403	36470
顺昌县	157300	881	15890	1402166	28015
浦城县	148998	1700	11665	161528241	25692
光泽县	35464	761	10668	292458737	796
松溪县	47096	366	6115	1747300	18921
政和县	54906	398	6328	50372205	11432
龙　岩　市	**4041321**	**48479**	**178720**	**195325031**	**4580105**
龙岩市辖区	1563767	10845	40535	86639985	684898
新罗区	820310	2346	26300	74606530	339042
永定区	743457	8499	14235	12033455	345856
漳平市	344804	1439	37920	4334126	231682
长汀县	624104	7120	18600	16327967	308600
上杭县	732080	13729	44787	52009497	2030125
武平县	477815	4151	15713	21953855	348216
连城县	298751	11195	21165	14059601	976584
宁　德　市	**796585**	**4709**	**102418**	**9401256**	**291870**
宁德市辖区	120413	492	9461	1355716	14474
蕉城区	120413	492	9461	1355716	14474
福安市	86093	703	19859	1763188	54825
福鼎市	39918	603	19024	1149635	22483
霞浦县	85959	886	13441	975731	23327
古田县	135792	1113	8809	1826991	81576
屏南县	184692	296	10357	728614	16330
寿宁县	49300	250	8004	957079	9494
周宁县	56664	245	5143	449415	39488
柘荣县	37754	121	8320	194887	29873

5-5 市县主要畜禽产品产量(2020年)

单位：吨

地区	肉蛋奶总产量	#肉类总产量	#猪肉	#牛肉	#羊肉	#禽肉
全　　省	**3308809**	**2593907**	**1037538**	**24583**	**22849**	**1465565**
福　州　市	**294746**	**169834**	**122702**	**3412**	**6360**	**34412**
福州市辖区	50319	30632	23271	512	303	5988
鼓楼区						
台江区						
仓山区						
马尾区	5951	4370	4171	12	8	179
晋安区	8843	7328	5557	39	65	1321
长乐区	35525	18934	13543	461	230	4488
福清市	83741	40362	31850	1360	1310	5492
闽侯县	50637	31057	16934	577	1692	11011
连江县	23557	15045	12364	416	375	1588
罗源县	23067	12745	9821	164	486	1951
闽清县	31006	14893	9883	110	348	4488
永泰县	21792	17127	11301	183	1660	3493
平潭县	10627	7972	7277	90	186	401
厦　门　市	**33624**	**29796**	**20723**	**713**	**123**	**7935**
厦门市辖区	33624	29796	20723	713	123	7935
思明区						
海沧区	1234	876		50	19	529
湖里区						
集美区	2620	1625		100	24	1496
同安区	15370	13166	8885	356	53	3865
翔安区	14401	14128	11837	207	27	2046
莆　田　市	**124025**	**89664**	**37275**	**607**	**890**	**50872**
莆田市辖区	87870	65712	27511	410	401	37390
城厢区	34457	33570	11627		16	21927
涵江区	20179	11951	8747	119	109	2977
荔城区	13514	5468	2182		60	3226
秀屿区	19720	14723	4955	291	216	9260
仙游县	36154	23952	9764	197	488	13482
三　明　市	**241889**	**188463**	**123333**	**2528**	**4362**	**51016**
三明市辖区	28442	21525	18958	31	35	2359
梅列区	10231	4607	3619	27	12	926
三元区	18212	16919	15339	4	23	1434
永安市	28938	23885	12681	118	294	10432
明溪县	10314	7711	5075	407	372	1493
清流县	21960	12297	7241	1107	1039	2696
宁化县	19636	16558	11383	276	351	3886
大田县	29798	22641	12138	216	766	5572
尤溪县	35009	28318	19723	85	740	6918
沙　县	32824	26854	19408	139	295	6612
将乐县	13478	11657	3759	47	143	7504
泰宁县	9484	8753	6702	32	152	1816
建宁县	12005	8264	6264	71	175	1727
泉　州　市	**264904**	**179061**	**96224**	**4483**	**3552**	**71572**
泉州市辖区	30177	18293	7644	581	662	9337
鲤城区	397	267		16	38	212
丰泽区	289	90		3	6	81
洛江区	13161	9656	4401	421	148	4630
泉港区	16330	8281	3243	140	469	4414

5–5 续表 1

单位：吨

地　　区	#兔肉	#禽蛋产量	#奶类产量	蜂蜜产量	蜂蜡产量	兔毛产量(公斤)
全　　省	**17751**	**536589**	**174773**	**17372**	**579**	**9481**
福 州 市	**2317**	**118560**	**6347**	**2502**	**164**	**20**
福州市辖区	215	18703	984	271		20
鼓楼区						
台江区						
仓山区						
马尾区		1483	98			
晋安区	3	1250	265	271		20
长乐区	211	15970	621			
福清市	350	39209	4170	18		
闽侯县	651	18708	872	160		
连江县	302	8457	55	251		
罗源县	311	10136	180	29		
闽清县	65	16065	48	167		
永泰县	405	4626	39	1606	164	
平潭县	18	2655				
厦 门 市	**22**	**2947**	**881**	**254**		
厦门市辖区	22	2947	881	254		
思明区						
海沧区	1	262	96	15		
湖里区						
集美区	6	864	130	103		
同安区	7	1566	638	113		
翔安区	9	255	17	23		
莆 田 市	**21**	**30755**	**3605**	**2759**	**11**	
莆田市辖区		19256	2902	1673	11	
城厢区		887				
涵江区		5739	2489	1650	11	
荔城区		7633	413	23		
秀屿区		4997				
仙游县	21	11499	703	1086		
三 明 市	**4962**	**46540**	**6869**	**2233**	**102**	
三明市辖区	107	2329	4588	56	2	
梅列区	23	1036	4588	48	2	
三元区	84	1293		8		
永安市	340	5041	13	57		
明溪县	168	2404	199	40		
清流县	214	9663		33		
宁化县	64	3078		26		
大田县	3686	7157		105	23	
尤溪县	71	6668	13	962	77	
沙　县	249	5967		892		
将乐县	13	1631	187	62		
泰宁县	49	731				
建宁县		1872	1869			
泉 州 市	**866**	**80139**	**5704**	**1176**	**2**	
泉州市辖区	24	11425	459	255		
鲤城区	0	67	63	24		
丰泽区			199			
洛江区	10	3327	178	50		
泉港区	14	8031	19	181		

5-5 续表 2

单位：吨

地 区	肉蛋奶总产量	#肉类总产量	#猪肉	#牛肉	#羊肉	#禽肉
石狮市	129	25		2	0	23
晋江市	13017	6003	3209	405	90	2260
南安市	87811	68913	41083	1082	356	26045
惠安县	30795	25314	10304	473	996	11653
安溪县	41704	25697	12468	1067	575	11423
永春县	39220	18551	11152	323	579	6107
德化县	22051	16264	10363	551	294	4724
漳 州 市	**448154**	**352201**	**132964**	**4648**	**1138**	**205121**
漳州市辖区	26370	19712	501	182	67	13582
芗城区	20937	15265	501	164	67	13048
龙文区	5433	4447		18		534
龙海市	63215	42736	16554	423	232	24346
云霄县	17530	16188	12176	327	71	3606
漳浦县	59546	52211	29046	547	219	21819
诏安县	45901	23991	10488	335	68	12932
长泰县	35743	16210	3966	753	69	11366
东山县	4972	4554	3339	70	87	1044
南靖县	140540	134198	31982	339	108	101183
平和县	23458	20236	14113	677	19	5322
华安县	30879	22167	10799	995	198	9920
南 平 市	**1107219**	**869128**	**121434**	**1983**	**2214**	**738912**
南平市辖区	211554	78493	55569	893	633	20422
延平区	149455	66094	52697	565	425	11879
建阳区	62099	12399	2872	328	208	8543
邵武市	20984	16608	10043	557	429	3917
武夷山市	19401	10850	5821	82	178	3433
建瓯市	48328	27081	15373	34	267	11316
顺昌县	28076	14388	12160	96	227	1688
浦城县	266647	236822	11760	166	155	224547
光泽县	428066	406481	2721	78	160	403510
松溪县	6877	6226	3747	37	88	2322
政和县	77286	72178	4239	40	77	67757
龙 岩 市	**685686**	**635206**	**319903**	**5685**	**2672**	**291159**
龙岩市辖区	275376	258621	125281	1269	604	130431
新罗区	185861	174864	64545	252	385	109171
永定区	89515	83757	60736	1017	219	21260
漳平市	40795	34080	26675	169	560	6305
长汀县	80915	76041	48539	854	270	25800
上杭县	152468	146932	57470	1606	719	77861
武平县	78666	70721	38828	473	217	29057
连城县	57466	48811	23110	1313	302	21706
宁 德 市	**108562**	**80554**	**62981**	**524**	**1538**	**14567**
宁德市辖区	13508	11401	9206	49	140	1954
蕉城区	13508	11401	9206	49	140	1954
福安市	17709	10665	6846	94	337	3099
福鼎市	7658	5076	3155	67	293	1501
霞浦县	12697	9014	7103	92	189	1515
古田县	17825	14198	10867	122	138	2912
屏南县	18565	16079	14776	33	149	1091
寿宁县	7208	5550	3905	25	108	1451
周宁县	9437	5098	4103	30	70	759
柘荣县	3954	3472	3019	12	115	284

5-5 续表 3

单位：吨

地　区	#兔肉	#禽蛋产量	#奶类产量	蜂蜜产量	蜂蜡产量	兔毛产量(公斤)
石狮市		104				
晋江市	39	4361	2653			
南安市	27	16733	2165	293		
惠安县	9	5459	22			
安溪县	138	15686	321	128		
永春县	318	20585	84	360		
德化县	310	5787		141	2	
漳州市	**768**	**73072**	**20017**	**3313**	**88**	**116**
漳州市辖区	5	4297	1350			23
芗城区	5	4266	1319			23
龙文区		31	31			
龙海市	188	18959	1304	63	4	
云霄县	7	1334		70	5	2
漳浦县	29	7111	219	80		
诏安县	8	5410	16500	102		
长泰县	14	18667	157	136	10	
东山县	14	418				
南靖县	167	6203	76	418		
平和县	90	3005	192	142	9	91
华安县	246	7668	219	2302	60	
南平市	**1610**	**111342**	**126664**	**2028**	**126**	**1285**
南平市辖区	360	41271	91774	876	70	46
延平区	334	11374	71971	454	70	46
建阳区	26	29897	19803	422		
邵武市	1021	4106	249	149		
武夷山市	30	8502		173	4	
建瓯市	65	8211	13036	93	3	
顺昌县	45	2428	11260	106	19	
浦城县	37	19559	10266	173	29	1100
光泽县	1	21506	79	95		
松溪县	32	651		91		
政和县	19	5108		273	1	139
龙岩市	**6696**	**48903**	**1051**	**2087**	**21**	
龙岩市辖区	1030	16486	269	913		
新罗区	511	10934	63	190		
永定区	519	5552	206	723		
漳平市	313	6320		196	1	
长汀县	494	4764		156	1	
上杭县	3091	4930	606	402	14	
武平县	462	7945		293	4	
连城县	1306	8458	176	127	1	
宁德市	**490**	**24331**	**3635**	**1020**	**64**	**8060**
宁德市辖区	45	2107		200	8	
蕉城区	45	2107		200	8	
福安市	98	6924	113	154	56	7758
福鼎市	39	2583		278		228
霞浦县	37	3635	14	116		
古田县	139	3289	337	42		
屏南县	26	2332	154	76		
寿宁县	13	1658		85		74
周宁县	51	1322	3017	31		
柘荣县	42	481		38		

5-6 设区市全体居民人均可支配收入(2020年)

单位：元

地 区	可支配收入	工资性收入	经营净收入	财产净收入	转移净收入
全 省	**37202**	**21651**	**6567**	**4011**	**4972**
福 州	40477	24770	4665	4851	6191
厦 门	58140	41495	5007	7089	4549
莆 田	32106	16911	5651	3803	5741
三 明	30302	16740	7483	1951	4128
泉 州	40772	23366	10334	3869	3203
漳 州	30949	17184	7594	2030	4142
南 平	28579	15229	6679	2024	4647
龙 岩	30403	18189	6841	2390	2983
宁 德	28574	11757	11229	2177	3410

5-7 设区市全体居民人均可支配收入构成(2020年)

单位：%

地 区	可支配收入	工资性收入	经营净收入	财产净收入	转移净收入
全 省	**100.0**	**58.2**	**17.7**	**10.8**	**13.4**
福 州	100.0	61.2	11.5	12.0	15.3
厦 门	100.0	71.4	8.6	12.2	7.8
莆 田	100.0	52.7	17.6	11.8	17.9
三 明	100.0	55.2	24.7	6.4	13.6
泉 州	100.0	57.3	25.3	9.5	7.9
漳 州	100.0	55.5	24.5	6.6	13.4
南 平	100.0	53.3	23.4	7.1	16.3
龙 岩	100.0	59.8	22.5	7.9	9.8
宁 德	100.0	41.1	39.3	7.6	11.9

5-8 设区市全体居民人均生活消费支出(2020年)

单位：元

地区	生活消费支出	食品烟酒	衣着	居住	生活用品及服务	交通通信	教育文化娱乐	医疗保健	其他用品及服务
全省	**25126**	**8385**	**1182**	**7305**	**1275**	**2972**	**1896**	**1583**	**527**
福州	27280	8861	1431	9097	1317	2559	2238	1115	662
厦门	36491	11081	1614	12205	1802	4558	2546	1842	843
莆田	21595	8105	887	6494	1065	1880	1600	1214	349
三明	20370	7245	1055	4743	1135	2379	2067	1268	478
泉州	25161	8751	1337	6970	1483	3023	1833	1129	636
漳州	20164	7451	913	5246	950	2128	1643	1383	450
南平	18240	6570	1056	4208	955	1894	1948	1266	344
龙岩	19736	7385	977	4668	1043	2131	1963	1133	436
宁德	19373	7292	1288	4563	1086	1417	1687	1654	386

5-9 设区市全体居民人均生活消费支出构成(2020年)

单位：%

地区	生活消费支出	食品烟酒	衣着	居住	生活用品及服务	交通通信	教育文化娱乐	医疗保健	其他用品及服务
全省	**100.0**	**33.4**	**4.7**	**29.1**	**5.1**	**11.8**	**7.5**	**6.3**	**2.1**
福州	100.0	32.5	5.2	33.3	4.8	9.4	8.2	4.1	2.4
厦门	100.0	30.4	4.4	33.4	4.9	12.5	7.0	5.0	2.3
莆田	100.0	37.5	4.1	30.1	4.9	8.7	7.4	5.6	1.6
三明	100.0	35.6	5.2	23.3	5.6	11.7	10.1	6.2	2.3
泉州	100.0	34.8	5.3	27.7	5.9	12.0	7.3	4.5	2.5
漳州	100.0	37.0	4.5	26.0	4.7	10.6	8.1	6.9	2.2
南平	100.0	36.0	5.8	23.1	5.2	10.4	10.7	6.9	1.9
龙岩	100.0	37.4	4.9	23.7	5.3	10.8	9.9	5.7	2.2
宁德	100.0	37.6	6.6	23.6	5.6	7.3	8.7	8.5	2.0

5-10 市(县、区)全体居民人均收支情况(2020年)

单位:元

地区	可支配收入	生活消费支出	地区	可支配收入	生活消费支出
全　　省	**37202**	**25126**	石狮市	56947	33484
福 州 市	**40477**	**27280**	晋江市	44827	26943
福州市辖区			南安市	39385	24802
鼓楼区	58160	38167	惠安县	37336	24345
台江区	53912	34996	安溪县	25574	17445
仓山区	45916	30233	永春县	27886	18131
马尾区	46543	31956	德化县	32568	20802
晋安区	49328	31816	**漳 州 市**	**30949**	**20164**
长乐区	36409	25018	漳州市辖区		
福清市	36775	25363	芗城区	43341	28206
闽侯县	33534	22591	龙文区	43244	29679
连江县	28232	19795	龙海市	31776	20507
罗源县	24650	17314	云霄县	26307	17144
闽清县	22777	16574	漳浦县	30316	19470
永泰县	22554	15852	诏安县	23794	16760
平潭县	28305	19842	长泰县	31040	21214
厦 门 市	**58140**	**36491**	东山县	32127	20482
厦门市辖区			南靖县	27106	17209
思明区	74012	48885	平和县	25524	15311
海沧区	54704	36336	华安县	27154	17050
湖里区	60263	36026	**南 平 市**	**28579**	**18240**
集美区	52540	32436	南平市辖区		
同安区	45016	26723	延平区	32228	20333
翔安区	36402	23596	建阳区	29429	19216
莆 田 市	**32106**	**21595**	邵武市	33432	21119
莆田市辖区			武夷山市	30125	20022
城厢区	40405	24312	建瓯市	28069	17155
涵江区	36116	22379	顺昌县	25514	16017
荔城区	40076	27806	浦城县	25093	15740
秀屿区	24976	18636	光泽县	23922	15722
仙游县	25485	17749	松溪县	22856	14699
三 明 市	**30302**	**20370**	政和县	22654	15122
三明市辖区			**龙 岩 市**	**30403**	**19736**
梅列区	44521	30838	龙岩市辖区		
三元区	39660	25880	新罗区	38531	24028
永安市	33314	22565	永定区	29759	18491
明溪县	25415	16823	漳平市	29215	19199
清流县	25240	16886	长汀县	23353	16376
宁化县	22290	15501	上杭县	28434	18523
大田县	28618	19153	武平县	25562	17150
尤溪县	26911	18030	连城县	25014	16971
沙　县	32967	22168	**宁 德 市**	**28574**	**19373**
将乐县	28488	18716	宁德市辖区		
泰宁县	26350	17757	蕉城区	31350	21535
建宁县	23867	15402	福安市	31818	21622
泉 州 市	**40772**	**25161**	福鼎市	30578	21512
泉州市辖区			霞浦县	26576	17907
鲤城区	49217	29484	古田县	25871	16803
丰泽区	60100	33940	屏南县	22732	14344
洛江区	33471	20632	寿宁县	22079	14711
泉港区	30157	18699	周宁县	24380	16054
			柘荣县	24462	16324

5-11　设区市农村居民人均可支配收入(2020年)

单位：元

地　区	可支配收入				
		工资性收入	经营净收入	财产净收入	转移净收入
全　省	**20880**	**9411**	**7510**	**393**	**3567**
福　州	22669	11992	5525	1197	3955
厦　门	26612	17726	5504	1235	2147
莆　田	20823	10751	4269	565	5237
三　明	19533	7186	9641	424	2281
泉　州	23459	12516	8294	363	2286
漳　州	21103	10368	8404	195	2137
南　平	18557	7024	9629	164	1740
龙　岩	20150	7850	9597	245	2458
宁　德	19050	5835	11126	205	1884

5-12　设区市农村居民人均可支配收入构成(2020年)

单位：%

地　区	可支配收入				
		工资性收入	经营净收入	财产净收入	转移净收入
全　省	**100.0**	**45.1**	**36.0**	**1.9**	**17.1**
福　州	100.0	52.9	24.4	5.3	17.4
厦　门	100.0	66.6	20.7	4.6	8.1
莆　田	100.0	51.6	20.5	2.7	25.1
三　明	100.0	36.8	49.4	2.2	11.7
泉　州	100.0	53.4	35.4	1.5	9.7
漳　州	100.0	49.1	39.8	0.9	10.1
南　平	100.0	37.9	51.9	0.9	9.4
龙　岩	100.0	39.0	47.6	1.2	12.2
宁　德	100.0	30.6	58.4	1.1	9.9

5-13 设区市农村居民人均生活消费支出(2020年)

单位：元

地区	生活消费支出	食品烟酒	衣着	居住	生活用品及服务	交通通信	教育文化娱乐	医疗保健	其他用品及服务
全省	**16339**	**6274**	**755**	**3943**	**874**	**1688**	**1232**	**1271**	**302**
福州	17713	6524	1118	4313	1240	1416	1545	1087	471
厦门	20902	7252	871	5874	1178	2799	1570	1082	276
莆田	16165	6853	646	4016	843	1413	1420	640	335
三明	13530	4866	613	3052	660	1627	1569	853	291
泉州	16749	7250	685	4204	791	1798	1068	626	326
漳州	13804	5530	560	3706	419	1294	997	986	312
南平	12769	5108	669	2738	660	1492	1199	746	157
龙岩	13649	5563	572	3036	642	1541	1088	870	336
宁德	13666	5532	745	3178	597	853	1100	1377	284

5-14 设区市农村居民人均生活消费支出构成(2020年)

单位：%

地区	生活消费支出	食品烟酒	衣着	居住	生活用品及服务	交通通信	教育文化娱乐	医疗保健	其他用品及服务
全省	**100.0**	**38.4**	**4.6**	**24.1**	**5.3**	**10.3**	**7.5**	**7.8**	**1.8**
福州	100.0	36.8	6.3	24.3	7.0	8.0	8.7	6.1	2.7
厦门	100.0	34.7	4.2	28.1	5.6	13.4	7.5	5.2	1.3
莆田	100.0	42.4	4.0	24.8	5.2	8.7	8.8	4.0	2.1
三明	100.0	36.0	4.5	22.6	4.9	12.0	11.6	6.3	2.1
泉州	100.0	43.3	4.1	25.1	4.7	10.7	6.4	3.7	1.9
漳州	100.0	40.1	4.1	26.8	3.0	9.4	7.2	7.1	2.3
南平	100.0	40.0	5.2	21.4	5.2	11.7	9.4	5.8	1.2
龙岩	100.0	40.8	4.2	22.2	4.7	11.3	8.0	6.4	2.5
宁德	100.0	40.5	5.4	23.3	4.4	6.2	8.0	10.1	2.1

5–15　市(县、区)农村居民人均收支情况(2020年)

单位：元

地　　区	可支配收入	生活消费支出
全　　省	**20880**	**16339**
福 州 市	**22669**	**17713**
福州市辖区		
鼓楼区		
台江区		
仓山区		
马尾区	29323	23276
晋安区	23184	14953
长乐区	25888	20101
福清市	26779	20260
闽侯县	21693	17323
连江县	20779	16448
罗源县	17329	13846
闽清县	17204	13932
永泰县	16808	13099
平潭县	18742	15054
厦 门 市	**26612**	**20902**
厦门市辖区		
思明区		
海沧区	32781	27996
湖里区		
集美区	32056	27847
同安区	24619	18215
翔安区	24206	18162
莆 田 市	**20823**	**16165**
莆田市辖区		
城厢区	23067	16420
涵江区	20055	15564
荔城区	23567	17372
秀屿区	21735	17829
仙游县	18792	14621
三 明 市	**19533**	**13530**
三明市辖区		
梅列区	21197	14250
三元区	22268	14638
永安市	20784	15043
明溪县	18212	12664
清流县	18594	12509
宁化县	17904	12649
大田县	19682	13811
尤溪县	20054	13632
沙　县	21855	16283
将乐县	19763	13502
泰宁县	18474	13264
建宁县	18321	10770
泉 州 市	**23459**	**16749**
泉州市辖区		
鲤城区		
丰泽区		
洛江区	19929	13816
泉港区	22698	15948
石狮市	29023	19055
晋江市	27344	19166
南安市	25094	17429
惠安县	24258	17156
安溪县	19145	14331
永春县	18163	12828
德化县	18105	13697
漳 州 市	**21103**	**13804**
漳州市辖区		
芗城区	21087	16065
龙文区	22874	18048
龙海市	22191	15193
云霄县	19417	12163
漳浦县	23111	14897
诏安县	18798	12790
长泰县	22228	16241
东山县	24141	15842
南靖县	20009	13433
平和县	20770	11556
华安县	20630	12573
南 平 市	**18557**	**12769**
南平市辖区		
延平区	20386	13469
建阳区	18607	13277
邵武市	21200	14310
武夷山市	19956	14178
建瓯市	20134	13318
顺昌县	17725	11862
浦城县	17048	11858
光泽县	16138	11723
松溪县	14449	10166
政和县	14662	10749
龙 岩 市	**20150**	**13649**
龙岩市辖区		
新罗区	23925	15989
永定区	21062	13533
漳平市	20290	13027
长汀县	18149	12790
上杭县	19699	14050
武平县	19244	12759
连城县	18331	12739
宁 德 市	**19050**	**13666**
宁德市辖区		
蕉城区	19271	13661
福安市	19851	14639
福鼎市	19288	14476
霞浦县	19286	14214
古田县	20262	13581
屏南县	17201	10909
寿宁县	16536	11396
周宁县	17705	12840
柘荣县	16797	10594

5–16 设区市城镇居民人均可支配收入(2020年)

单位：元

地 区	可支配收入	工资性收入	经营净收入	财产净收入	转移净收入
全 省	**47160**	**29119**	**5992**	**6219**	**5830**
福 州	49300	31101	4238	6662	7299
厦 门	61331	43901	4956	7681	4793
莆 田	41007	21771	6741	6357	6139
三 明	39259	24685	5688	3221	5665
泉 州	50968	29755	11535	5934	3744
漳 州	40008	23455	6849	3718	5986
南 平	36492	21707	4350	3493	6943
龙 岩	40190	28057	4210	4438	3485
宁 德	37121	17072	11322	3947	4779

5–17 设区市城镇居民人均可支配收入构成(2020年)

单位：%

地 区	可支配收入	工资性收入	经营净收入	财产净收入	转移净收入
全 省	**100.0**	**61.7**	**12.7**	**13.2**	**12.4**
福 州	100.0	63.1	8.6	13.5	14.8
厦 门	100.0	71.6	8.1	12.5	7.8
莆 田	100.0	53.1	16.4	15.5	15.0
三 明	100.0	62.9	14.5	8.2	14.4
泉 州	100.0	58.4	22.6	11.6	7.3
漳 州	100.0	58.6	17.1	9.3	15.0
南 平	100.0	59.5	11.9	9.6	19.0
龙 岩	100.0	69.8	10.5	11.0	8.7
宁 德	100.0	46.0	30.5	10.6	12.9

5-18　设区市城镇居民人均生活消费支出(2020年)

单位：元

地　区	生活消费支　出	食品烟酒	衣着	居住	生活用品及服务	交通通信	教育文化娱　乐	医疗保健	其他用品及服务
全　省	**30487**	**9673**	**1444**	**9356**	**1519**	**3755**	**2301**	**1774**	**665**
福　州	32019	10019	1586	11468	1355	3125	2582	1129	757
厦　门	38069	11469	1689	12846	1865	4736	2644	1919	901
莆　田	25878	9093	1077	8449	1241	2248	1742	1668	360
三　明	26059	9224	1422	6150	1530	3005	2481	1614	634
泉　州	30114	9635	1720	8599	1890	3744	2284	1425	818
漳　州	26015	9218	1238	6663	1439	2896	2237	1749	576
南　平	22560	7724	1361	5369	1188	2211	2539	1677	491
龙　岩	25547	9124	1363	6225	1425	2695	2799	1384	532
宁　德	24495	8871	1776	5806	1526	1923	2213	1903	478

5-19　设区市城镇居民人均生活消费支出构成(2020年)

单位：%

地　区	生活消费支　出	食品烟酒	衣着	居住	生活用品及服务	交通通信	教育文化娱　乐	医疗保健	其他用品及服务
全　省	**100.0**	**31.7**	**4.7**	**30.7**	**5.0**	**12.3**	**7.5**	**5.8**	**2.2**
福　州	100.0	31.3	5.0	35.8	4.2	9.8	8.1	3.5	2.4
厦　门	100.0	30.1	4.4	33.7	4.9	12.4	6.9	5.0	2.4
莆　田	100.0	35.1	4.2	32.6	4.8	8.7	6.7	6.4	1.4
三　明	100.0	35.4	5.5	23.6	5.9	11.5	9.5	6.2	2.4
泉　州	100.0	32.0	5.7	28.6	6.3	12.4	7.6	4.7	2.7
漳　州	100.0	35.4	4.8	25.6	5.5	11.1	8.6	6.7	2.2
南　平	100.0	34.2	6.0	23.8	5.3	9.8	11.3	7.4	2.2
龙　岩	100.0	35.7	5.3	24.4	5.6	10.5	11.0	5.4	2.1
宁　德	100.0	36.2	7.3	23.7	6.2	7.9	9.0	7.8	2.0

5-20 市(县、区)城镇居民人均收支情况(2020年)

单位：元

地　　区	可支配收入	生活消费支出
全　　省	**47160**	**30487**
福 州 市	**49300**	**32019**
福州市辖区		
鼓楼区	58160	38167
台江区	53912	34996
仓山区	45916	30233
马尾区	54653	35994
晋安区	49670	32160
长乐区	50670	31752
福清市	49967	32613
闽侯县	46538	28649
连江县	40563	25403
罗源县	36790	22940
闽清县	35151	22427
永泰县	34285	21628
平潭县	43278	27645
厦 门 市	**61331**	**38069**
厦门市辖区		
思明区	74012	48885
海沧区	55989	37010
湖里区	60263	36026
集美区	54960	32978
同安区	51775	29546
翔安区	43816	26826
莆 田 市	**41007**	**25878**
莆田市辖区		
城厢区	47081	27563
涵江区	39059	23852
荔城区	46074	32426
秀屿区	34060	19865
仙游县	35338	22012
三 明 市	**39259**	**26059**
三明市辖区		
梅列区	45261	31426
三元区	42615	27946
永安市	40236	26760
明溪县	33206	21716
清流县	34586	22792
宁化县	31579	21274
大田县	39325	25596
尤溪县	37824	24952
沙　县	39981	25901
将乐县	37743	24345
泰宁县	35999	23435
建宁县	32615	22594
泉 州 市	**50968**	**30114**
泉州市辖区		
鲤城区	49217	29484
丰泽区	60100	33939
洛江区	44706	26280
泉港区	39011	21956
石狮市	64830	37553
晋江市	54594	31282
南安市	50667	30614
惠安县	48007	30204
安溪县	35548	22265
永春县	35077	22047
德化县	37702	23321
漳 州 市	**40008**	**26015**
漳州市辖区		
芗城区	45163	29201
龙文区	46019	31263
龙海市	41054	25654
云霄县	35484	23778
漳浦县	40788	26116
诏安县	32992	24095
长泰县	41660	27208
东山县	39823	24953
南靖县	35816	21843
平和县	34940	22744
华安县	37289	24005
南 平 市	**36492**	**22560**
南平市辖区		
延平区	37591	23222
建阳区	37425	23719
邵武市	38343	23771
武夷山市	37405	24191
建瓯市	36683	21938
顺昌县	33361	20415
浦城县	34340	20345
光泽县	33093	20666
松溪县	32074	20160
政和县	32260	20377
龙 岩 市	**40190**	**25547**
龙岩市辖区		
新罗区	44519	27323
永定区	42535	25776
漳平市	38053	25310
长汀县	28988	20259
上杭县	43768	26375
武平县	37837	25681
连城县	34644	23071
宁 德 市	**37121**	**24495**
宁德市辖区		
蕉城区	38788	26384
福安市	39660	26199
福鼎市	39610	27141
霞浦县	37118	23248
古田县	35018	22058
屏南县	30976	19464
寿宁县	28941	18816
周宁县	31917	19684
柘荣县	30150	20575

5-21　福州市住宅销售价格月环比指数(2020年)

(上月=100)

指　　标	1月	2月	3月	4月	5月	6月	7月	8月	9月	10月	11月	12月
新建商品住宅销售价格指数	**99.5**	**100.6**	**100.4**	**100.5**	**100.5**	**100.6**	**100.4**	**100.3**	**100.3**	**100.1**	**100.5**	**100.7**
90平方米及以下	100.0	99.9	100.1	101.1	99.6	99.9	100.2	100.0	100.1	99.9	100.1	101.6
90-144平方米	99.1	100.9	100.7	100.5	100.6	100.5	100.5	100.0	100.4	99.9	100.6	100.7
144平方米以上	99.8	100.3	100.1	100.2	100.7	101.0	100.3	100.8	100.3	100.6	100.5	100.4
二手住宅销售价格指数	**99.7**	**99.9**	**99.8**	**100.8**	**101.0**	**100.2**	**99.8**	**99.9**	**100.4**	**100.4**	**99.9**	**100.8**
90平方米及以下	99.6	99.8	99.5	101.0	100.9	100.3	99.5	99.6	99.8	100.2	100.2	101.4
90-144平方米	99.8	100.1	99.8	100.7	100.9	100.3	99.4	99.7	100.6	100.6	99.8	100.6
144平方米以上	99.5	99.6	100.1	100.6	101.1	100.0	100.5	100.6	100.6	100.4	99.9	100.3

5-22　厦门市住宅销售价格月环比指数(2020年)

(上月=100)

指　　标	1月	2月	3月	4月	5月	6月	7月	8月	9月	10月	11月	12月
新建商品住宅销售价格指数	**100.2**	**100.0**	**100.0**	**99.9**	**100.5**	**101.0**	**100.7**	**100.4**	**100.6**	**100.2**	**100.4**	**100.6**
90平方米及以下	100.4	100.0	99.6	99.8	100.9	101.3	100.9	100.4	100.6	100.4	100.0	100.3
90-144平方米	100.1	100.0	100.3	99.5	100.4	100.8	100.6	100.1	100.8	100.0	100.7	100.6
144平方米以上	100.0	100.0	99.8	100.8	100.3	101.2	100.7	100.7	100.3	100.3	100.4	100.9
二手住宅销售价格指数	**100.4**	**100.0**	**100.1**	**100.5**	**100.9**	**100.8**	**100.5**	**100.0**	**99.9**	**100.4**	**100.5**	**100.7**
90平方米及以下	100.4	100.6	100.3	100.3	101.4	100.3	100.4	100.5	99.7	100.3	100.7	100.6
90-144平方米	100.6	99.8	100.2	100.9	100.7	101.1	100.5	99.5	100.1	100.3	100.6	100.8
144平方米以上	99.9	99.6	99.9	100.2	100.7	101.0	100.8	100.1	99.9	100.8	100.1	100.6

5-23　泉州市住宅销售价格月环比指数(2020年)

(上月=100)

指　　标	1月	2月	3月	4月	5月	6月	7月	8月	9月	10月	11月	12月
新建商品住宅销售价格指数	**100.3**	**99.6**	**100.4**	**100.3**	**101.0**	**100.8**	**100.5**	**100.9**	**100.7**	**100.3**	**100.2**	**100.5**
90平方米及以下	100.3	98.8	100.4	100.1	100.5	100.7	100.6	101.4	100.8	100.6	100.6	101.1
90-144平方米	100.4	99.9	100.5	100.0	101.0	101.0	100.7	100.8	100.5	100.1	100.1	100.4
144平方米以上	100.2	99.7	100.2	100.8	101.2	100.5	100.3	100.7	100.9	100.5	100.0	100.3
二手住宅销售价格指数	**100.2**	**99.8**	**99.8**	**100.0**	**100.8**	**100.5**	**100.3**	**100.8**	**100.6**	**100.4**	**100.5**	**100.6**
90平方米及以下	100.0	100.2	99.5	100.3	101.2	100.3	100.9	100.6	100.7	100.5	100.7	100.5
90-144平方米	100.4	99.7	99.7	100.1	100.6	100.8	100.0	100.6	100.4	100.8	100.1	100.7
144平方米以上	100.2	99.5	100.3	99.4	100.6	100.3	99.9	101.6	100.9	99.8	100.8	100.8

5-24 福州市住宅销售价格月同比指数(2020年)

(上年同月=100)

指标	1月	2月	3月	4月	5月	6月	7月	8月	9月	10月	11月	12月
新建商品住宅销售价格指数	**103.5**	**104.0**	**104.0**	**103.8**	**103.4**	**103.7**	**103.6**	**103.3**	**103.2**	**103.1**	**103.5**	**104.4**
90平方米及以下	104.4	104.4	103.5	104.1	103.5	102.9	102.5	102.0	101.3	100.9	100.9	102.5
90-144平方米	102.5	103.4	103.8	103.8	103.3	103.6	103.5	103.2	103.3	102.8	103.4	104.5
144平方米以上	104.6	104.9	104.5	103.8	103.4	104.3	104.3	103.9	103.8	104.6	104.9	105.2
二手住宅销售价格指数	**103.8**	**103.5**	**102.7**	**103.0**	**103.4**	**103.7**	**103.5**	**104.4**	**104.8**	**103.6**	**102.8**	**102.5**
90平方米及以下	104.9	104.7	103.5	103.8	104.1	104.3	103.9	104.3	104.0	102.0	101.3	101.8
90-144平方米	103.1	103.1	102.2	102.6	102.8	103.9	103.3	103.9	105.0	104.2	103.2	102.5
144平方米以上	103.5	102.8	102.7	102.6	103.5	102.9	103.4	105.2	105.4	104.6	103.7	103.3

5-25 厦门市住宅销售价格月同比指数(2020年)

(上年同月=100)

指标	1月	2月	3月	4月	5月	6月	7月	8月	9月	10月	11月	12月
新建商品住宅销售价格指数	**104.4**	**104.2**	**103.5**	**102.8**	**103.0**	**103.1**	**102.4**	**101.9**	**102.8**	**103.7**	**104.4**	**104.5**
90平方米及以下	101.4	101.4	100.8	100.2	100.9	101.3	101.1	101.2	102.5	104.2	104.8	104.5
90-144平方米	106.1	105.9	105.5	104.2	104.1	104.0	102.7	102.0	102.8	103.5	104.2	103.9
144平方米以上	103.4	103.3	102.3	102.5	102.4	103.0	102.8	102.3	103.1	103.9	104.6	105.5
二手住宅销售价格指数	**105.9**	**105.6**	**104.1**	**103.3**	**103.8**	**104.3**	**103.5**	**103.3**	**103.3**	**104.2**	**104.9**	**104.8**
90平方米及以下	105.5	105.7	104.2	103.0	103.8	104.0	103.6	104.3	104.3	105.3	105.9	105.5
90-144平方米	105.7	105.2	103.5	103.1	104.0	104.4	103.5	102.8	102.9	103.6	104.7	104.9
144平方米以上	106.9	106.2	104.9	104.1	103.5	104.7	103.4	103.1	102.8	103.7	103.9	103.6

5-26 泉州市住宅销售价格月同比指数(2020年)

(上年同月=100)

指标	1月	2月	3月	4月	5月	6月	7月	8月	9月	10月	11月	12月
新建商品住宅销售价格指数	**103.5**	**103.5**	**103.7**	**103.6**	**104.5**	**105.2**	**105.2**	**105.6**	**106.1**	**105.5**	**105.6**	**105.5**
90平方米及以下	103.5	103.3	103.9	103.1	103.6	104.6	104.5	105.6	107.2	106.3	106.8	106.1
90-144平方米	103.8	103.7	104.2	104.5	105.1	105.7	105.8	105.6	105.9	105.1	105.3	105.4
144平方米以上	103.0	103.2	102.8	102.7	104.2	105.0	104.8	105.6	105.9	105.6	105.2	105.2
二手住宅销售价格指数	**102.3**	**102.2**	**101.6**	**101.7**	**102.3**	**102.6**	**102.4**	**102.6**	**103.5**	**103.7**	**103.9**	**104.5**
90平方米及以下	101.2	101.4	101.0	101.5	102.2	102.7	102.7	103.3	104.5	104.8	105.6	105.5
90-144平方米	103.1	103.0	101.7	101.6	101.9	102.4	101.9	102.1	102.6	103.6	103.2	103.8
144平方米以上	102.7	102.1	102.4	102.0	103.2	102.9	102.7	102.7	103.6	102.6	102.8	104.1

六 附　录

资料整理：吴正喜　陈晓兵　滕国达　王　娟

李　君　陈嘉玲　郑骁喆

附录1 主要年份全国及各省(区、市)粮食播种面积

单位：千公顷

地区	2010年	2015年	2016年	2017年	2018年	2019年	2020年
全国	**111695**	**118963**	**119230**	**117989**	**117038**	**116064**	**116768**
北京	223	104	86	67	56	47	49
天津	311	352	362	351	350	339	350
河北	6441	6772	6791	6659	6539	6469	6389
山西	3210	3256	3227	3181	3137	3126	3130
内蒙古	5846	6580	6803	6781	6790	6828	6833
辽宁	3243	3605	3515	3467	3484	3489	3527
吉林	4677	5534	5542	5544	5600	5645	5682
黑龙江	12445	14283	14202	14154	14215	14338	14438
上海	201	181	158	133	130	117	114
江苏	5372	5573	5583	5527	5476	5381	5406
浙江	1115	990	951	977	976	977	993
安徽	6948	7281	7359	7322	7316	7287	7290
福建	**1073**	**874**	**833**	**833**	**834**	**822**	**834**
江西	3686	3815	3807	3786	3721	3665	3772
山东	7451	8407	8517	8456	8405	8313	8282
河南	10027	11126	11220	10915	10906	10735	10739
湖北	4136	4784	4816	4853	4847	4609	4645
湖南	4848	5054	5011	4979	4748	4616	4755
广东	2386	2193	2178	2170	2151	2161	2205
广西	3004	2951	2897	2853	2802	2747	2806
海南	400	310	292	282	286	273	271
重庆	2097	2021	2039	2031	2018	1999	2003
四川	6195	6286	6291	6292	6266	6279	6313
贵州	3018	3111	3122	3053	2740	2709	2754
云南	4135	4194	4201	4169	4175	4166	4167
西藏	170	179	188	186	185	185	182
陕西	3199	3019	3144	3019	3006	2999	3001
甘肃	2722	2716	2684	2647	2645	2581	2638
青海	274	280	285	283	281	280	290
宁夏	815	728	718	723	736	677	679
新疆	2024	2403	2405	2296	2220	2204	2230

附录2 主要年份全国及各省(区、市)粮食总产量

单位：万吨

地　区	2010年	2015年	2016年	2017年	2018年	2019年	2020年
全　国	**55911**	**66060**	**66044**	**66161**	**65789**	**66384**	**66949**
北　京	116	63	53	41	34	29	31
天　津	161	184	200	212	210	223	228
河　北	3121	3602	3783	3829	3701	3739	3796
山　西	1108	1314	1380	1355	1380	1362	1424
内蒙古	2344	3293	3263	3255	3553	3653	3664
辽　宁	1804	2187	2316	2331	2192	2430	2339
吉　林	2791	3974	4151	4154	3633	3878	3803
黑龙江	5633	7616	7416	7410	7507	7503	7541
上　海	132	125	112	100	104	96	91
江　苏	3285	3595	3542	3611	3660	3706	3729
浙　江	686	584	565	580	599	592	606
安　徽	3208	4077	3962	4020	4007	4054	4019
福　建	**585**	**500**	**477**	**487**	**499**	**494**	**502**
江　西	1989	2236	2234	2222	2191	2157	2164
山　东	4503	5153	5332	5374	5320	5357	5447
河　南	5582	6470	6498	6524	6649	6695	6826
湖　北	2304	2915	2796	2846	2839	2725	2727
湖　南	2882	3094	3052	3074	3023	2975	3015
广　东	1249	1212	1204	1209	1193	1241	1268
广　西	1372	1433	1419	1370	1373	1332	1370
海　南	167	154	146	138	147	145	145
重　庆	1081	1051	1078	1080	1079	1075	1081
四　川	3183	3395	3470	3489	3494	3499	3527
贵　州	1079	1211	1264	1242	1060	1051	1058
云　南	1502	1791	1815	1843	1861	1870	1896
西　藏	91	101	104	107	104	104	103
陕　西	1186	1205	1264	1194	1226	1231	1275
甘　肃	949	1155	1117	1106	1151	1163	1202
青　海	102	104	105	103	103	106	107
宁　夏	356	373	371	370	393	373	380
新　疆	1362	1895	1552	1485	1504	1527	1583

附录3　全国及各省(区、市)居民人均可支配收入(2013–2020年)

单元：元

地　区	2013年	2014年	2015年	2016年	2017年	2018年	2019年	2020年
全　国	**18311**	**20167**	**21966**	**23821**	**25974**	**28228**	**30733**	**32189**
北　京	40830	44489	48458	52530	57230	62361	67756	69434
天　津	26359	28832	31291	34074	37022	39506	42404	43854
河　北	15190	16647	18118	19725	21484	23446	25665	27136
山　西	15120	16538	17854	19049	20420	21990	23828	25214
内蒙古	18693	20559	22310	24127	26212	28376	30555	31497
辽　宁	20818	22820	24576	26040	27835	29701	31820	32738
吉　林	15998	17520	18684	19967	21368	22798	24563	25751
黑龙江	15903	17404	18593	19838	21206	22726	24254	24902
上　海	42174	45966	49867	54305	58988	64183	69442	72232
江　苏	24776	27173	29539	32070	35024	38096	41400	43390
浙　江	29775	32658	35537	38529	42046	45840	49899	52397
安　徽	15154	16796	18363	19998	21863	23984	26415	28103
福　建	**21218**	**23331**	**25404**	**27608**	**30048**	**32644**	**35616**	**37202**
江　西	15100	16734	18437	20110	22031	24080	26262	28017
山　东	19008	20864	22703	24685	26930	29205	31597	32886
河　南	14204	15695	17125	18443	20170	21964	23903	24810
湖　北	16472	18283	20026	21787	23757	25815	28319	27881
湖　南	16005	17622	19317	21115	23103	25241	27680	29380
广　东	23421	25685	27859	30296	33003	35810	39014	41029
广　西	14082	15557	16873	18305	19905	21485	23328	24562
海　南	15733	17476	18979	20653	22553	24579	26679	27904
重　庆	16569	18352	20110	22034	24153	26386	28920	30824
四　川	14231	15749	17221	18808	20580	22461	24703	26522
贵　州	11083	12371	13697	15121	16704	18430	20397	21795
云　南	12578	13772	15223	16720	18348	20084	22082	23295
西　藏	9740	10730	12254	13639	15457	17286	19501	21744
陕　西	14372	15837	17395	18874	20635	22528	24666	26226
甘　肃	10954	12185	13467	14670	16011	17488	19139	20335
青　海	12948	14374	15813	17302	19001	20757	22618	24037
宁　夏	14566	15907	17329	18832	20562	22400	24412	25735
新　疆	13670	15097	16859	18355	19975	21500	23103	23845

附录4　全国及各省(区、市)城镇居民人均可支配收入(2013—2020年)

单元：元

地　区	2013年	2014年	2015年	2016年	2017年	2018年	2019年	2020年
全　国	**26467**	**28844**	**31195**	**33616**	**36396**	**39251**	**42359**	**43834**
北　京	44564	48532	52859	57275	62406	67990	73849	75602
天　津	28980	31506	34101	37110	40278	42976	46119	47659
河　北	22227	24141	26152	28249	30548	32977	35738	37286
山　西	22258	24069	25828	27352	29132	31035	33262	34793
内蒙古	26004	28350	30594	32975	35670	38305	40782	41353
辽　宁	26697	29082	31126	32876	34993	37342	39777	40376
吉　林	21331	23218	24901	26530	28319	30172	32299	33396
黑龙江	20848	22609	24203	25736	27446	29191	30945	31115
上　海	44878	48841	52962	57692	62596	68034	73615	76437
江　苏	31585	34346	37173	40152	43622	47200	51056	53102
浙　江	37080	40393	43714	47237	51261	55574	60182	62699
安　徽	22789	24839	26936	29156	31640	34393	37540	39442
福　建	**28174**	**30722**	**33275**	**36014**	**39001**	**42121**	**45620**	**47160**
江　西	22120	24309	26500	28673	31198	33819	36546	38556
山　东	26882	29222	31545	34012	36789	39549	42329	43726
河　南	21741	23672	25576	27233	29558	31874	34201	34750
湖　北	22668	24852	27051	29386	31889	34455	37601	36706
湖　南	24352	26570	28838	31284	33948	36698	39842	41698
广　东	29537	32148	34757	37684	40975	44341	48118	50257
广　西	22689	24669	26416	28324	30502	32436	34745	35859
海　南	22411	24487	26356	28453	30817	33349	36017	37097
重　庆	23058	25147	27239	29610	32193	34889	37939	40006
四　川	22228	24234	26205	28335	30727	33216	36154	38253
贵　州	20565	22548	24580	26743	29080	31592	34404	36096
云　南	22460	24299	26373	28611	30996	33488	36238	37500
西　藏	20394	22016	25457	27802	30671	33797	37410	41156
陕　西	22346	24366	26420	28440	30810	33319	36098	37868
甘　肃	19873	21804	23767	25693	27763	29957	32323	33822
青　海	20352	22307	24542	26757	29169	31515	33830	35506
宁　夏	21476	23285	25186	27153	29472	31895	34328	35720
新　疆	21091	23214	26275	28463	30775	32764	34664	34838

附录5 全国及各省(区、市)农村居民人均可支配收入(2013–2020年)

单元：元

地 区	2013年	2014年	2015年	2016年	2017年	2018年	2019年	2020年
全 国	**9430**	**10489**	**11422**	**12363**	**13432**	**14617**	**16021**	**17131**
北 京	17101	18867	20569	22310	.	.	28928	30126
天 津	15353	17014	18482	20076	21754	23065	24804	25691
河 北	9188	10186	11051	11919	12881	14031	15373	16467
山 西	7949	8809	9454	10082	10788	11750	12902	13878
内蒙古	8985	9976	10776	11609	12584	13803	15283	16567
辽 宁	10161	11191	12057	12881	13747	14656	16108	17450
吉 林	9781	10780	11326	12123	12950	13748	14936	16067
黑龙江	9369	10453	11095	11832	12665	13804	14982	16168
上 海	19208	21192	23205	25520	27825	30375	33195	34911
江 苏	13521	14958	16257	17606	19158	20845	22675	24198
浙 江	17494	19373	21125	22866	24956	27302	29876	31930
安 徽	8850	9916	10821	11720	12758	13996	15416	16620
福 建	**11405**	**12650**	**13793**	**14999**	**16335**	**17821**	**19568**	**20880**
江 西	9089	10117	11139	12138	13242	14460	15796	16981
山 东	10687	11882	12930	13954	15118	16297	17775	18753
河 南	8969	9966	10853	11697	12719	13831	15164	16108
湖 北	9692	10849	11844	12725	13812	14978	16391	16306
湖 南	9029	10060	10993	11930	12936	14093	15395	16585
广 东	11068	12246	13360	14512	15780	17168	18818	20143
广 西	7793	8683	9467	10359	11325	12435	13676	14815
海 南	8802	9913	10858	11843	12902	13989	15113	16279
重 庆	8493	9490	10505	11549	12638	13781	15133	16361
四 川	8381	9348	10247	11203	12227	13331	14670	15929
贵 州	5898	6671	7387	8090	8869	9716	10756	11642
云 南	6724	7456	8242	9020	9862	10768	11902	12842
西 藏	6553	7359	8244	9094	10330	11450	12951	14598
陕 西	7092	7932	8689	9396	10265	11213	12326	13316
甘 肃	5589	6277	6936	7457	8076	8804	9629	10344
青 海	6462	7283	7933	8664	9462	10393	11499	12342
宁 夏	7599	8410	9119	9852	10738	11708	12858	13889
新 疆	7847	8724	9425	10183	11045	11975	13122	14056

附录6 主要年份全国及各省(区、市)居民消费价格指数

(上年=100)

地 区	2005年	2010年	2015年	2016年	2017年	2018年	2019年	2020年
全 国	**101.8**	**103.3**	**101.4**	**102.0**	**101.6**	**102.1**	**102.9**	**102.5**
北 京	101.5	102.4	101.8	101.4	101.9	102.5	102.3	101.7
天 津	101.5	103.5	101.7	102.1	102.1	102.0	102.7	102.0
河 北	101.8	103.1	100.9	101.5	101.7	102.4	103.0	102.1
山 西	102.3	103.0	100.6	101.1	101.1	101.8	102.7	102.9
内蒙古	102.4	103.2	101.1	101.2	101.7	101.8	102.4	101.9
辽 宁	101.4	103.0	101.4	101.6	101.4	102.5	102.4	102.4
吉 林	101.5	103.7	101.7	101.6	101.6	102.1	103.0	102.3
黑龙江	101.2	103.9	101.1	101.5	101.3	102.0	102.8	102.3
上 海	101.0	103.1	102.4	103.2	101.7	101.6	102.5	101.7
江 苏	102.1	103.8	101.7	102.3	101.7	102.3	103.1	102.5
浙 江	101.3	103.8	101.4	101.9	102.1	102.3	102.9	102.3
安 徽	101.4	103.1	101.3	101.8	101.2	102.0	102.7	102.7
福 建	**102.2**	**103.2**	**101.7**	**101.7**	**101.2**	**101.5**	**102.6**	**102.2**
江 西	101.7	103.0	101.5	102.0	102.0	102.1	102.9	102.6
山 东	101.7	102.9	101.2	102.1	101.5	102.5	103.2	102.8
河 南	102.1	103.5	101.3	101.9	101.4	102.3	103.0	102.8
湖 北	102.9	102.9	101.5	102.2	101.5	101.9	103.1	102.7
湖 南	102.3	103.1	101.4	101.9	101.4	102.0	102.9	102.3
广 东	102.3	103.1	101.5	102.3	101.5	102.2	103.4	102.6
广 西	102.4	103.0	101.5	101.6	101.6	102.3	103.7	102.8
海 南	101.5	104.8	101.0	102.8	102.8	102.5	103.4	102.3
重 庆	100.8	103.2	101.3	101.8	101.0	102.0	102.7	102.3
四 川	101.7	103.2	101.5	101.9	101.4	101.7	103.2	103.2
贵 州	101.0	102.9	101.8	101.4	100.9	101.8	102.4	102.6
云 南	101.4	103.7	101.9	101.5	100.9	101.6	102.5	103.6
西 藏	101.5	102.2	102.0	102.5	101.6	101.7	102.3	102.2
陕 西	101.2	104.0	101.0	101.3	101.6	102.1	102.9	102.5
甘 肃	101.7	104.1	101.6	101.3	101.4	102.0	102.3	102.0
青 海	100.8	105.4	102.6	101.8	101.5	102.5	102.5	102.6
宁 夏	101.5	104.1	101.1	101.5	101.6	102.3	102.1	101.5
新 疆	100.7	104.3	100.6	101.4	102.2	102.0	101.9	101.5

附录7 主要年份全国及各省(区、市)商品零售价格指数

(上年=100)

地区	2005年	2010年	2015年	2016年	2017年	2018年	2019年	2020年
全国	**100.8**	**103.1**	**100.1**	**100.7**	**101.1**	**101.9**	**102.0**	**101.4**
北京	99.7	100.4	98.5	98.1	99.2	101.1	100.5	101.0
天津	99.9	103.4	100.3	100.5	100.8	101.6	101.7	101.0
河北	101.1	103.1	100.2	101.2	101.4	102.2	101.8	101.4
山西	100.3	102.3	99.3	100.5	101.3	101.7	101.8	100.9
内蒙古	101.5	103.0	100.5	100.6	101.2	101.6	101.5	100.5
辽宁	100.1	103.2	100.5	101.0	100.7	101.4	101.7	101.1
吉林	101.1	104.1	99.8	101.3	101.4	102.4	102.1	100.7
黑龙江	100.4	103.1	100.1	101.1	99.9	101.1	102.1	101.5
上海	99.4	101.7	101.1	100.8	100.9	101.6	100.4	100.9
江苏	100.3	103.2	100.6	100.8	101.9	102.6	102.6	101.8
浙江	100.9	103.9	99.9	101.0	101.4	102.1	102.5	101.2
安徽	100.6	103.2	99.7	100.8	101.7	101.9	101.9	101.6
福建	**100.6**	**103.4**	**99.9**	**100.7**	**100.6**	**101.5**	**101.9**	**101.3**
江西	100.9	102.7	100.5	100.6	101.0	101.0	101.9	101.6
山东	100.6	102.7	100.2	101.3	100.8	102.2	102.2	102.0
河南	101.7	103.7	99.8	100.3	101.3	102.9	102.4	100.9
湖北	102.1	103.1	100.5	100.8	100.3	101.2	102.6	102.2
湖南	102.3	103.1	99.9	101.0	101.3	102.3	102.3	101.3
广东	101.8	103.3	99.6	100.8	101.6	102.1	101.4	100.8
广西	101.1	103.0	100.1	100.4	101.2	101.6	103.2	101.4
海南	100.9	104.6	99.8	101.0	102.0	102.5	102.5	101.6
重庆	98.7	101.7	100.2	101.3	100.8	101.2	101.6	102.2
四川	100.6	103.0	100.2	100.8	100.5	101.4	102.7	102.7
贵州	101.3	103.0	100.1	100.2	100.9	101.8	101.7	101.6
云南	100.1	103.6	100.8	100.7	101.3	101.5	101.5	102.4
西藏	100.8	101.0	101.4	102.1	101.4	101.5	102.0	102.0
陕西	100.1	103.6	99.8	100.3	101.3	102.1	102.4	101.9
甘肃	99.9	104.6	101.0	100.9	101.4	101.7	101.9	101.3
青海	100.7	104.3	101.0	100.4	101.2	102.1	102.0	102.4
宁夏	100.4	103.2	100.1	100.7	101.8	102.9	101.1	100.6
新疆	99.4	104.6	99.6	100.5	100.9	100.9	101.3	100.6

附录8　主要年份全国及各省(区、市)工业生产者出厂价格指数

(上年=100)

地　区	2010年	2015年	2016年	2017年	2018年	2019年	2020年
全　国	**105.5**	**94.8**	**98.6**	**106.3**	**103.5**	**99.7**	**98.2**
北　京	102.2	96.9	98.1	100.7	100.0	99.6	99.1
天　津	105.1	90.3	97.9	108.4	105.4	99.3	97.1
河　北	109.0	89.1	99.9	115.0	106.2	100.2	98.5
山　西	109.5	87.7	96.8	119.4	106.7	99.7	96.7
内蒙古	106.7	94.0	98.9	110.6	103.2	102.1	99.7
辽　宁	107.4	93.9	98.8	108.1	104.8	99.5	97.0
吉　林	105.2	95.3	98.4	103.1	102.8	98.9	98.6
黑龙江	115.0	86.0	95.1	109.3	109.0	98.2	93.4
上　海	102.3	96.1	98.8	103.5	101.7	98.8	98.3
江　苏	107.3	95.3	98.1	104.8	102.8	98.9	97.8
浙　江	106.2	96.4	98.3	104.8	103.4	98.9	96.9
安　徽	109.0	93.9	98.5	108.0	103.0	100.3	99.1
福　建	**103.2**	**97.0**	**99.1**	**104.1**	**102.8**	**100.6**	**98.4**
江　西	115.3	93.7	98.6	107.9	104.2	98.9	98.3
山　东	107.2	95.2	98.5	105.5	103.7	99.7	98.1
河　南	107.8	95.4	99.0	106.8	103.6	100.2	99.2
湖　北	104.9	96.7	99.0	105.6	104.2	100.2	99.1
湖　南	106.9	96.3	98.9	105.8	103.2	99.6	99.0
广　东	103.2	96.8	99.4	103.3	101.8	100.2	99.0
广　西	112.0	97.0	99.1	107.6	103.2	99.3	99.4
海　南	107.7	89.8	96.0	108.8	108.2	97.4	93.8
重　庆	103.1	97.2	98.6	104.1	102.1	99.8	99.1
四　川	105.0	96.4	98.9	106.5	103.6	100.4	98.8
贵　州	104.7	96.1	97.9	107.2	101.8	99.8	98.3
云　南	108.8	94.9	97.6	105.2	102.4	100.0	98.6
西　藏	105.8	93.2	102.9	110.0	100.1	98.9	99.4
陕　西	108.7	90.8	97.6	110.8	105.4	100.8	95.1
甘　肃	115.0	87.0	94.9	114.5	109.5	98.3	93.9
青　海	109.4	93.1	98.5	116.7	104.8	98.5	96.6
宁　夏	109.1	93.7	99.1	112.1	107.3	99.4	96.9
新　疆	125.3	82.4	94.5	113.7	111.2	98.5	91.6

附录9　全国及各省(区、市)工业生产者购进价格指数

(上年=100)

地　区	2010年	2015年	2016年	2017年	2018年	2019年	2020年
全　国	**109.6**	**93.9**	**98.0**	**108.1**	**104.1**	**99.3**	**97.7**
北　京	110.5	93.7	98.5	104.4	100.8	99.6	99.5
天　津	110.0	92.4	98.3	111.1	106.2	98.8	96.9
河　北	110.9	90.3	98.3	114.5	104.0	102.1	98.4
山　西	109.0	93.1	98.1	115.2	105.5	101.1	97.2
内蒙古	105.0	95.9	97.4	106.3	102.4	101.1	99.5
辽　宁	108.6	93.5	97.9	108.0	104.5	100.8	98.2
吉　林	108.6	96.6	97.8	103.4	103.5	99.2	98.7
黑龙江	114.5	88.2	96.0	110.2	109.0	100.3	95.1
上　海	111.2	90.6	97.7	108.9	105.2	98.7	96.9
江　苏	112.8	92.1	98.0	109.7	104.6	97.2	96.5
浙　江	112.0	94.5	97.8	109.6	105.1	97.1	95.9
安　徽	111.8	93.5	98.4	109.2	105.3	99.9	98.5
福　建	**107.7**	**96.1**	**98.0**	**105.3**	**102.8**	**99.0**	**98.6**
江　西	111.8	93.6	97.7	107.2	103.2	98.2	97.0
山　东	109.3	95.0	98.0	107.3	103.6	99.2	97.5
河　南	110.2	95.4	99.2	107.3	104.0	101.2	99.4
湖　北	110.4	92.8	98.3	108.3	104.8	99.3	98.4
湖　南	110.0	94.5	98.0	107.2	103.5	100.2	98.9
广　东	107.3	95.3	98.0	105.3	102.5	99.2	97.4
广　西	111.2	95.7	98.3	106.5	103.4	99.5	98.5
海　南	110.3	88.5	94.8	112.4	110.8	103.1	92.0
重　庆	106.9	97.1	98.4	104.4	102.5	100.1	99.9
四　川	106.1	96.7	98.8	108.3	105.3	100.6	98.1
贵　州	109.8	97.5	98.5	109.7	103.4	99.4	98.6
云　南	109.0	96.9	95.9	106.2	104.4	99.0	97.3
西　藏							
陕　西	109.7	95.2	95.9	106.4	104.2	100.3	97.6
甘　肃	114.4	87.0	94.6	115.5	109.8	99.0	94.1
青　海	108.6	97.7	96.2	108.0	104.5	98.2	96.1
宁　夏	114.1	92.1	96.9	112.9	106.5	97.5	94.7
新　疆	123.9	84.3	95.5	112.8	109.2	100.0	93.4

附录10　主要年份全国及各省(区、市)固定资产投资价格指数

(上年=100)

地　区	2005年	2010年	2015年	2016年	2017年	2018年	2019年
全　国	**101.6**	**103.6**	**98.2**	**99.4**	**105.8**	**105.4**	**102.6**
北　京	100.7	102.5	97.6	99.7	104.7	103.8	102.1
天　津	101.2	102.6	99.9	99.4	104.3	104.5	101.7
河　北	101.9	103.7	98.0	99.4	106.7	105.0	103.0
山　西	103.0	103.7	98.2	100.0	106.3	104.5	104.0
内蒙古	103.7	105.4	98.0	99.5	103.4	103.6	101.7
辽　宁	102.8	103.3	97.9	99.2	104.0	103.5	103.1
吉　林	102.0	102.4	97.6	98.7	104.7	104.6	102.6
黑龙江	102.2	105.2	99.0	99.4	103.4	103.3	100.8
上　海	100.8	103.8	97.0	99.6	106.7	105.6	101.4
江　苏	100.9	105.1	96.2	98.8	107.6	106.0	101.3
浙　江	100.3	104.7	97.4	99.5	105.8	105.7	102.1
安　徽	101.0	105.4	96.9	99.2	107.4	105.8	102.3
福　建	**100.7**	**103.3**	**98.3**	**100.0**	**105.6**	**104.9**	**101.5**
江　西	100.5	104.8	96.8	100.0	106.1	106.4	102.4
山　东	102.9	103.6	97.7	99.1	105.8	106.1	102.8
河　南	101.4	103.5	97.6	99.2	107.4	105.4	103.2
湖　北	102.2	104.7	99.4	100.1	105.9	106.6	104.0
湖　南	103.6	104.0	100.4	100.4	105.7	104.8	101.7
广　东	101.6	103.0	99.0	100.3	105.3	106.2	104.2
广　西	101.4	103.0	98.8	99.5	104.4	104.5	102.4
海　南	101.2	105.2	99.4	100.1	104.1	106.2	103.3
重　庆	104.6	102.1	98.2	98.9	105.3	105.0	103.4
四　川	102.3	102.5	97.9	99.8	107.7	106.4	101.6
贵　州	103.9	102.7	98.4	98.6	106.1	105.2	102.3
云　南	101.4	102.7	99.1	100.1	104.9	104.9	102.3
西　藏							
陕　西	103.7	103.6	98.8	99.9	105.3	105.4	102.6
甘　肃	102.2	103.5	97.7	98.7	105.9	104.6	102.6
青　海	102.1	103.8	98.2	99.6	106.1	104.3	102.5
宁　夏	102.1	104.2	97.5	99.6	105.9	103.5	102.0
新　疆	102.8	104.6	98.3	99.9	103.5	103.7	102.8

附录11　全国及各省(区、市)建筑安装工程投资价格指数

(上年=100)

地　　区	2005年	2010年	2015年	2016年	2017年	2018年	2019年
全　　国	**101.8**	**104.9**	**97.3**	**99.4**	**108.0**	**107.2**	**102.8**
北　　京	100.5	104.0	94.4	98.8	110.5	108.2	101.0
天　　津	101.4	104.2	99.6	98.9	106.6	106.9	102.6
河　　北	101.8	105.0	97.1	99.4	109.5	106.7	103.1
山　　西	102.7	105.5	97.7	100.5	109.4	106.5	104.6
内 蒙 古	104.5	107.3	97.3	99.6	104.5	104.6	101.4
辽　　宁	103.7	104.2	97.0	99.1	105.3	104.4	101.7
吉　　林	102.5	103.2	96.3	98.6	107.4	107.8	102.4
黑 龙 江	102.2	106.7	98.7	99.4	104.5	104.4	100.6
上　　海	100.9	106.1	94.9	99.3	110.9	109.2	102.3
江　　苏	99.6	106.9	93.4	98.3	112.9	109.6	102.3
浙　　江	99.3	106.7	95.4	99.3	109.3	108.8	102.8
安　　徽	101.0	107.5	95.5	99.3	109.9	108.5	102.7
福　　建	**101.1**	**104.9**	**97.6**	**99.8**	**107.6**	**106.7**	**102.0**
江　　西	99.2	105.6	95.4	100.3	108.6	109.2	102.6
山　　东	103.7	105.3	96.6	99.1	108.7	108.7	102.9
河　　南	101.3	104.9	96.5	99.1	110.9	107.4	103.8
湖　　北	102.1	105.9	99.1	100.2	108.0	108.8	104.4
湖　　南	104.3	104.8	100.3	100.7	107.7	105.8	101.5
广　　东	102.3	104.3	98.4	100.4	107.4	108.4	104.3
广　　西	101.3	103.8	98.0	99.4	106.2	106.3	102.4
海　　南	101.4	105.5	99.2	100.4	105.2	108.0	103.9
重　　庆	105.4	102.7	97.5	98.5	106.9	106.3	103.5
四　　川	102.2	103.2	96.4	100.1	112.3	109.0	102.0
贵　　州	105.3	103.6	98.1	98.3	107.3	106.0	102.0
云　　南	101.8	103.5	98.7	100.1	105.8	105.7	102.6
西　　藏							
陕　　西	103.7	105.3	98.4	99.8	107.4	107.1	102.8
甘　　肃	102.4	105.0	97.5	98.5	107.0	105.4	103.0
青　　海	102.1	104.5	97.7	99.6	107.4	105.2	102.9
宁　　夏	102.2	105.3	96.9	99.5	107.6	104.7	101.9
新　　疆	102.7	105.9	97.6	99.9	104.5	104.5	103.0

附录12　主要年份全国及各省(区、市)农产品生产者价格指数

地　区	2010年	2015年	2016年	2017年	2018年	2019年	2020年
全　国	**110.9**	**101.7**	**103.4**	**96.5**	**99.1**	**114.5**	**115.0**
北　京	106.5	99.8	99.7	96.2	103.6	109.9	110.9
天　津	110.2	100.7	103.0	95.5	104.2	108.8	114.9
河　北	115.1	97.5	96.8	96.2	104.7	107.1	111.5
山　西	110.2	95.8	95.2	95.9	104.7	115.2	109.4
内蒙古	111.4	98.0	95.1	95.6	102.0	105.6	111.0
辽　宁	110.6	99.5	100.7	93.6	103.7	107.6	108.1
吉　林	111.8	100.6	93.1	89.5	106.1	108.7	117.1
黑龙江	109.2	98.7	93.6	95.1	100.8	106.2	118.5
上　海	107.1	102.4	106.6	98.4	100.5	105.6	106.7
江　苏	108.8	102.3	104.0	97.9	100.9	109.3	107.5
浙　江	114.8	102.0	104.5	99.1	100.8	109.9	107.3
安　徽	110.8	99.8	101.0	98.4	99.0	109.3	115.6
福　建	**111.5**	**101.2**	**108.3**	**98.9**	**102.6**	**106.9**	**102.3**
江　西	107.5	103.7	104.1	97.3	97.4	113.2	111.0
山　东	118.8	100.1	102.8	98.6	100.5	112.2	108.7
河　南	112.5	100.7	103.2	94.9	97.9	119.9	116.8
湖　北	112.3	99.5	106.2	99.3	96.6	110.1	118.1
湖　南	109.9	104.1	104.7	98.0	95.4	118.0	123.3
广　东	107.6	102.3	106.5	99.4	101.3	107.3	104.7
广　西	107.6	102.0	106.1	98.2	97.3	115.5	115.5
海　南	107.9	99.1	106.7	101.9	97.3	109.2	112.8
重　庆	103.2	102.4	109.8	96.8	99.7	112.1	113.6
四　川	105.9	103.3	105.6	97.8	100.2	115.6	116.1
贵　州	106.7	104.6	108.7	96.7	92.6	116.2	122.6
云　南	112.5	101.3	103.9	98.7	96.9	109.6	120.2
西　藏							
陕　西	121.7	96.3	98.0	98.4	100.9	107.7	112.3
甘　肃	113.8	99.8	99.2	99.1	101.7	109.9	106.6
青　海	124.3	96.1	104.5	101.0	100.3	109.6	122.6
宁　夏	117.0	98.4	98.7	99.3	105.0	106.4	113.1
新　疆	131.5	90.4	107.6	100.7	106.3	99.6	111.0